法律与社会译丛

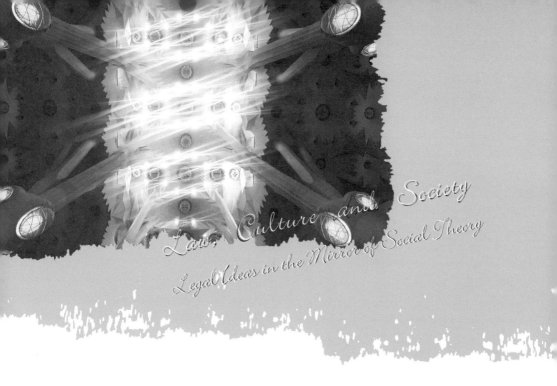

# 法律、文化与社会
## 社会理论镜像中的法律观念

〔英〕罗杰·科特雷尔（Roger Cotterrell）／著
郭晓明 ／译

著作权合同登记号　图字：01-2015-6725
图书在版编目(CIP)数据

法律、文化与社会：社会理论镜像中的法律观念/(英)罗杰·科特雷尔(Roger Cotterrell)著；郭晓明译. —北京：北京大学出版社，2020.5
（法律与社会译丛）
ISBN 978-7-301-30902-5

Ⅰ. ①法⋯　Ⅱ. ①罗⋯ ②郭⋯　Ⅲ. ①法律社会学　Ⅳ. ①D902

中国版本图书馆CIP数据核字(2019)第237471号

© Roger Cotterrell, September 2006
This translation of Law, Culture and Society is published by arrangement with Ashgate Publishing Limited.

| | |
|---|---|
| 书　　　名 | 法律、文化与社会：社会理论镜像中的法律观念<br>FALÜ、WENHUA YU SHEHUI：SHEHUI LILUN JINGXIANGZHONG DE FALÜ GUANNIAN |
| 著作责任者 | 〔英〕罗杰·科特雷尔（Roger Cotterrell）著　郭晓明　译 |
| 策划编辑 | 王　晶 |
| 责任编辑 | 邓丽华 |
| 标准书号 | ISBN 978-7-301-30902-5 |
| 出版发行 | 北京大学出版社 |
| 地　　　址 | 北京市海淀区成府路205号　100871 |
| 网　　　址 | http://www.pup.cn |
| 电子信箱 | law@pup.pku.edu.cn |
| 新浪微博 | @北京大学出版社　@北大出版社法律图书 |
| 电　　　话 | 邮购部 010-62752015　发行部 010-62750672<br>编辑部 010-62752027 |
| 印　刷　者 | 三河市博文印刷有限公司 |
| 经　销　者 | 新华书店 |
| | 965毫米×1300毫米　16开本　20.5印张　293千字<br>2020年5月第1版　2023年2月第3次印刷 |
| 定　　　价 | 52.00元 |

未经许可，不得以任何方式复制或抄袭本书之部分或全部内容。
版权所有，侵权必究
举报电话：010-62752024　电子信箱：fd@pup.pku.edu.cn
图书如有印装质量问题，请与出版部联系，电话：010-62756370

本书献给伊利亚和凯姿娅,我们的新一代

# 中文版序言

《法律、文化与社会》是一部横跨八年研究历程的论文集。但是，我不想把这几篇相互联系的文章只当作论文集。我认为收录的所有这些成果都源自一项单独的、联结紧密的研究课题，即便这一课题存在着多个分支领域。通过本书，我想要展示给读者的是一种研究社会中的法律（law in society）所需的新视角。多年来，我的研究兴趣一直是法律理论，并致力于透过社会学视角研究法律。关于如何以一种理论融贯的方式把社会学视野适用到法律观念的解释当中，本书首次尝试总结了我所积累下来的最富成效的方法。因此，本书的副标题是"社会理论镜像中的法律观念"。在大部分的成果中，贯穿始终的研究动机在于展示社会学洞见对于法律的法理—教义研究（juristic, doctrinal studies of law）的重要性，而后者是法律职业者和法科学生最为熟悉的那类研究。

有两个具体的原因决定了《法律、文化与社会》一书的结构。其一，我对比较法研究越来越感兴趣。相较于大多数学术领域，比较法研究在其发展进程中与社会科学的结合最为频繁。通过与比较法学者建立稳固的联系，我被激发并开始认真思考社会学视角如何有助于比较法研究，同时追问比较法在整体上通过利用社会理论的观点如何获得更加坚实的理论基础。所以，从某种程度上讲，我写作本书是为了回应研习比较法的法科学生。

在一个日趋全球化的世界，比较法似乎显然将变得越来越重要。人们对跨越国境的法律统一表达了越来越强烈的吁求。但与此同时，"地方"文化——时常反映了特定的传统、价值和忠诚——试图抵制人们统一法律的某些吁求，并且号召通过法律去表达地方文化的独特性（distinctiveness）。这里似乎存在着两股聚焦于法律的运动，一是要通过统一带来相似性以寻求效率，二是要去理解义化差异。因此，"文化"已经变成法律学者的一个非常重要的关注点。

社会学和人类学已经阐发了许多关于文化本质的观点。然而,在我考察当前社会—法律研究(socio-legal studies)中关于"法律文化"的观点时,我发现现有的研究都不够严谨。所以,作为我的研究课题的重要组成部分,《法律、文化与社会》中所体现的观点旨在寻找这样一种文化思维方式,即它在概念上是合理的、连贯的和系统的,且在操作上有助于法律分析以及法律的社会科学探究。

另一个原因对于本书结构的影响同样十分重要。我已经感到社会—法律研究的早期议题——即"法律"与"社会"的关联研究——已经没有多少探讨价值了。社会—法律学者习惯把"社会"指作民族社会(national societies),并把"法律"看作民族国家法。但是,社会研究表明社会和经济关系在世界上的许多地方正变得越来越具有跨国性和国际性,同时实践中的法律(law in practice)在许多情形下正变得越来越不受国家法律的约束。

《法律、文化与社会》介绍和阐发的观点涉及的是共同体关系网(communal networks),这些关系网能够跨越民族国家的边界。本书指出不同类型的共同体关系通常引发着不同的法律问题,并提出不同的规制需求。同理,民族社会内部的各种共同体关系网是一个极具法理价值的问题。民族社会的法律经验并不必然是统一的。往往,不同共同体关系网具有不同的法律经验。在不同关系网中的人们可以对法律抱有不同的理解和期待。所以,本书致力于取代法律早期对民族社会的单一关注,进而透过共同体关系网采取一种包括国家的、国内的和跨国的更加开放的视角。

当我首次以共同体关系网为题写作的时候,我并没有考虑到文化。然而,我逐渐意识到文化应当从关系网的角度去理解。文化是各种关系网得以存续的一系列纽带。因此,对于法律的社会研究(social study of law)而言,本书的研究进路提出了新的课题。该进路在这里被用来反思法律跨文化"移植"的各种可能性,还有权威在比较法中的本质以及法律所关注的文化所具有的多面特征。更概括地讲,法律与共同体进路(law-and-community approach)能够有助于澄清法律分析中的一个最为基础的焦点问题,即关于责任的概念。

自本书首次出版以来，我进一步阐述了这一进路，而许多专注于不同领域的学者也一直在援用这一方法。今天，我们能够清楚地看到法律的社会研究正变得愈加重要。随着法律变得更具跨国性和国际性，同时社会经济关系网在国界的内外变得愈加多变、多样和复杂，这些研究的特征也在不断变化。社会—法律研究者以及关注社会问题的法律职业者还有大量的工作要做。我希望本书独到的研究进路能够被证明是有益助的。

罗杰·科特雷尔
2018年3月

# 目 录

译者导言 解释性共同体视域下的比较法律与社会 　1
　一、西方法律与社会的智识轨迹:当代趋向 　5
　二、当代法律与社会的研究动态:聚焦英国 　14
　三、社会—法律研究的"社会"解剖:共同体进路 　18
　四、社会—法律研究的"法律"解释:多元—反身性
　　　视角 　26
　五、比较法的社会—文化应用:以法律移植为例 　35
　六、比较法律社会学的学科际思考:寻求智识合作 　42
　七、法律与社会研究在中国:法律思潮可以移植吗？　50
　八、余评:"我们现在都是社会—法律学者!" 　61
导　论　接近法律 　65
　联系点 　65
　法律参与者以及他们的视角 　68
　一个共同体的框架 　72
　文化与比较 　75
　致谢 　77

## 第一部分　视角(法律理论与社会理论)

### 第一章　法律与社会理论　83
古典社会理论中的法律　83
法律与当代社会变迁　88
法律权威的基础　94
超越民族国家的法律　97

### 第二章　法律哲学与法律多元主义　101
关于社会的问题　101
法律理论与民族国家　107
法律思想中的多元主义　113
共同体与当代法　117

### 第三章　为什么应当通过社会学解释法律观念？　121
一个关于法律社会学的神话　121
社会学的"事实"是无力的吗？　123
法律具有自己观察世界的方式吗？　128
什么是一种社会学的视角？　133
应当如何解释法律观念？　138

### 第四章　法律的共同体概念　144
为什么是共同体？　144
集体参与的四种类型　148
共同体：稳定性、依恋和边界　151
共同体与信任　154
民族与法律　158

## 第二部分 应用(比较法与文化)

**第五章 法律文化的概念** 163
- 导论 163
- 法律文化的概念问题 165
- 法律文化与法律观念形态 172
- 理想类型的应用 175
- 文化集合的研究 177
- 结论 181

**第六章 文化中的法律** 183
- 法律与文化的交集 184
- 文化的社会—法律成分 190
- 文化与规制的复杂性 194
- 结论 197

**第七章 存在一种法律移植的逻辑吗?** 198
- 沃森:"社会学无涉"的比较法 199
- 寻求理论的逻辑 202
- 法律移植与法律共同体 208
- 法律变迁的社会框架 213
- 结论 219

**第八章 社会学与比较法** 221
- 一段令人失望的关系? 221
- 适得其反的开拓性研究? 225
- 法律发展的"内部"过程 232
- 法律文化与比较法 236
- 结论 240

| 第九章 | 比较法中的解释 | 242 |
| | 导论 | 242 |
| | 比较法与法律解释 | 244 |
| | 比较法学者的权威 | 247 |
| | 社会的范围 | 252 |
| | 规制非工具性的共同体关系 | 254 |
| | 结论 | 259 |
| 结 论 | 共同体的前沿 | 261 |
| | 共同体与责任 | 262 |
| | 民族共同体？ | 266 |
| | 全球共同体？ | 268 |
| 参考文献 | | 272 |
| 关于作者 | | 289 |
| 索 引 | | 290 |
| 译后记 | | 313 |

# 译者导言  解释性共同体视域下的比较法律与社会

按照美国学者哈罗德·伯尔曼(Harold Berman)的分析,自人类社会步入20世纪(尤其是20世纪后半叶),西方法律传统的应变能力遭遇三重前所未有的系统性危机,即漠视非西方文明的普适价值危机、法律社会化导致的制度变革危机以及形式主义失衡下的法律信仰危机。在这三重危机的冲击下,法律的统一性、保守性、自洽性、中立性、支配性以及安定性这六大西方法律传统的典型特征正面临着直接的威胁或是侵蚀。作为首要任务,伯尔曼指出当前我们需要一种法律的社会理论(social theory of law),即突破把法律视作附带现象(epiphenomenon)和单因变量的理论窠臼,并转而创建一种能够把分析法学派的规则解释、自然法学派的哲学价值以及历史法学派的传统经验融为一炉的整合法理学(integrative jurisprudence)。[1] 应该说,伯尔曼的结论反映了现代西方法学发展的核心趋势,并预示了未来西方法学研究的智识走势。但与此同时,他所提出的法律的社会理论似乎依然隐含着三点应对性不足,即在法律规则的逻辑结构和规则运作的功能结构之间、在法律信仰的普遍性要求和价值诉求的语境化理解之间、在历史保守主义的法律性格和社会进步主义的改革立场之间缺乏进一步的调和性对策和整合性方案。总之,从智识来源的角度来看,伯尔曼设想建立的是一种传统主义取向的法律的内源型社会理论,它致力于从历史视野出发、在法学学科内部、在学术流派之间寻求一种能够有效回应社会挑战和制度需求的社会—法律分析框架。

---

[1] 参见〔美〕哈罗德·J.伯尔曼:《法律与革命(第一卷):西方法律传统的形成》,贺卫方等译,法律出版社2008年版,第31—42页。

如果说现代西方社会迫切需要一种法律的社会理论,那么这并不必然意味着前现代西方社会不存在任何关于法律的社会思想(观点或学说)。相反,西方前现代社会孕育和萌发了大量富含社会意蕴的法律思想。一方面,在西方奴隶社会和封建社会,法律的社会思想在本质上内嵌于、根植于它的哲学思想、伦理思想或是宗教思想之中,并往往通过朴素务实的社会观点或是超验主义的社会学说得以表达,例如古希腊城邦社会的共和主义公民观和自然主义法治观;古罗马帝国社会的公私法划分学说和世界主义万民法;中世纪宗教社会的法律多元主义和神权主义法治观,等等。在这段历史时期,法律的社会思想初步回答了法律与社会之间的简单联系,突出体现了伦理自然法的普遍主义约束,并集中反映了宗教法和世俗法二元并立的规范格局以及世俗法内部(日耳曼习惯法、封建地方法、王室法、商人法、城市法、罗马法)多元主义的规范秩序。另一方面,在近代西方资本社会,法律的社会思想广泛渗透于反对专制主义、崇尚自由主义的政治思想之中,并且彰显了法律与人文主义社会观点或是理性主义社会学说的结合,例如卢梭的社会契约论、孟德斯鸠的地理环境论、萨维尼的民族精神论、梅因的历史进程论以及马克思的经济基础论。随着反封建、反教会思想的传播以及市民社会与政治国家的逐渐分离,西方法律的社会思想在智识上开始摆脱自然哲学或是宗教信仰的观念束缚,直到19世纪分析法学派在英国的诞生,法律实证主义取代了法律道德主义的独尊地位,而法律的社会思想相应被转化为一套逻辑自足、道德无涉的形式主义思想。自此,西方法律的社会思想实现了从"依附"到"自治"的演变过程,即从法律的"道德思想"到"宗教思想"再到"政治思想"直至"逻辑思想"的四阶跳跃。

相较于法律的道德思想或是宗教思想,法律的政治思想和逻辑思想是近代西方资产阶级革命和自由资本主义的产物,它们显然含有更加理性和深刻的社会意蕴,其原因主要有二:其一,随着阶级政权推翻专制王权和宗教神权的挟制,天赋人权和社会契约的学说深入人心,三权分立和私法自治的制度初步建立。这意味着社会空间(即免于国家权力干预的私人空间)得到扩张,崇尚自由和创造的社会力量得到激发;其二,人类知识体系和学科分化在

19世纪初期基本确立,法学(尤其得益于分析实证法学)正式从哲学、伦理学、神学乃至政治学的知识禁锢中解脱出来,进而形成以逻辑分析和规范演绎为基础的话语体系。通过聚焦"习惯性服从"的政治社会,法律的逻辑思想力求从实在法的角度去界定社会成员的权义和责任边界。从某种意义上讲,近代西方法律的政治思想和逻辑思想均以政治社会为观察对象,前者表现为一种先验主义取向的法律的社会思想,而后者则属于一种形式主义取向的法律的社会思想。自19世纪中叶,西方社会相继遭到人口激增以及工业革命引发的经济和环境危机的挑战,求变的资产阶级当政者开始反思社会结构和社会秩序的本质。在知识界,求真的社会科学学者(特别是社会学学者)尝试将自然科学的研究方法应用到社会科学的研究之上,以求在理论上揭示人类社会的发展规律,并在经验上预测和控制人类社会的未来趋势。[1] 到了20世纪初,现代西方社会从自由资本主义转向国家垄断资本主义,国家加强了对经济社会领域的干预,公共空间(即由社会成员支配的社会权力空间)进一步扩充了社会空间的结构。法律社会化需求高涨,法律工具论的呼声渐盛,法学界逐渐形成了由新分析法学派、新自然法学派和社会法学派三强共存的理论格局。正是在这一系列政治背景、社会条件和思想氛围的影响下,工具主义导向的法律和经验主义导向的社会理论相结合,法律的社会理论在现代西方社会应运而生。

应当看到,自西方成功步入现代社会以来,其法律的社会思想实现了从"依附"到"自治"再到"开放"的发展轨迹,社会科学界和法学界的双重肯认和投入共同促进了法律的社会思想的理论化。就智识开放的程度而言,我们可以从两个角度观之:第一,从19世纪法律实证主义的传统出发,法律的内源型社会理论旨在从自然法学派、历史法学派和分析法学派三足鼎立的学术资源中调制一种法学学科内部的社会—法律分析框架。第二,从20世纪法律经验主义的现实来看,一种革新主义导向的法律的外源型社会理论

---

[1] 参见〔德〕托马斯·莱塞尔:《法社会学导论(第6版)》,高旭军等译,上海人民出版社2014年版,第3—4页。

立基于三强共存的学术新格局,志在突破法学流派之间的智识壁垒,并进而探索法学学科与其他社会科学之间的科际互动,特别是将多元主义的规则运作、实用主义的社会价值以及科学导向的现实经验相结合。可见,这样一种法律的外源型社会理论更加贴合当代西方法学研究的前沿趋势。与此同时,通过注入社会科学的研究视角和方法,当代西方法律的社会理论得到了前所未有的智识补充和理论更新。而在很大程度上,当今最能体现这一理论动态的科际法律研究是在如下诸多称谓下展开的,例如"法律与社会科学"(law and social science)[1]、"法律与社会研究"(law and society studies)[2],或 law and society research[3],亦或 law and society scholarship[4]、"社会—法律研究"(socio-legal studies)[5],或 socio-legal research[6]或是"社会—法律理论"(socio-legal theory)[7]。无论采取哪种称谓,当代西方法律的外源型社会理论都可以被看作是在"法律与社会"(law and society)[8]的名号下展开的。总的来说,"法律与社会"的研究对象大致包括社会科学中的法律(law in social science)、法律中的社会科学(social science in law)

---

[1] E.g., see Karl N. Llewellyn, "Law and the Social Sciences: Especially Sociology", *Harvard Law Review*, Vol. 62, No. 8 (1949), pp. 1286-1305.

[2] E.g., see Kun Yang, "Law and Society Studies in Korea: Beyond the Hahm Theses", *Law and Society Review*, Vol. 23, No. 5 (1989), pp. 891-902.

[3] E.g., see Susan S. Silbey and Austin Sarat, "Critical Traditions in Law and Society Research", *Law and Society Review*, Vol. 21, No. 1 (1987), pp. 165-174.

[4] E.g., see Austin Sarat, "Vitality amidst Fragmentation: On the Emergence of Postrealist Law and Society Scholarship", in Austin Sarat (ed.), *The Blackwell Companion to Law and Society*, Blackwell Publishing Ltd, 2004, pp. 15-29.

[5] E.g., see David Cowan and Daniel Wincott (eds.), *Exploring the 'Legal' in Socio-Legal Studies*, Palgrave, 2016.

[6] E.g., see Reza Banakar, *Merging Law and Sociology: Beyond the Dichotomies of Socio-Legal Research*, Galda & Wilch Verlag, 2003.

[7] E.g., see Brian Z. Tamanaha, *Realistic Socio-Legal Theory: Pragmatism and a Social Theory of Law*, Oxford University Press, 1997.

[8] 例如参见〔美〕劳伦斯·弗里德曼:《法律与社会》,杨锡堂、吴满郁译,巨流图书公司1991年版。

以及作为社会科学的法律(law as social science);同时,其研究范围主要涵盖考察行动中法律(law in action)的差距研究(gap studies)、检验实效中法律(law in effect)的影响研究(impact studies)以及分析语境中法律(law in context)的关联研究(nexus studies);而其研究侧重或是把社会因素纳入法律考量,或是把社会科学融入法学研究,或是介于两者之间。

## 一、西方法律与社会的智识轨迹:当代趋向

作为一场诞生于20世纪的法律思潮,当我们使用"法律与社会"这一术语的时候,这里至少隐含着四点智识前设:其一,法律在认知上是能够与社会相分离的,无论这种分离是在多大程度上实现的;其二,法律在规范上取决于法律外部的社会因素,例如社会结构或社会互动、社会目的或社会现实;其三,法律外部的社会因素可以通过社会科学的理论和方法来考察和甄别;其四,此处的"社会"在时空范围上通常特指西方从现代社会向后现代社会的变迁过程。其中,第一点智识前设激发着法律学者的思考,第二和第三点智识前设吸引了社会科学学者的参与,因此,现代西方法律与社会思潮具有先天的交叉学科的智识属性,即其内部一直存在着法学和社会科学两大阵营,而这两群学者在历史上往往散布并活跃于欧洲和英美的学术场域。其智识轨迹大致可以从以下四个阶段去考察:

在**隔阂—摸索阶段**(19世纪90年代—20世纪30年代),社会科学学者开始在宏观的社会结构或是社会演化的进程中去考察法律的形态,而法律学者亦尝试把社会科学的方法或是理论应用到法律研究之上。在这段时期,两大阵营基本处于一种缺乏互信的隔阂状态,即社会科学阵营或是断言法律终将随着社会的发展而消亡,或是只把法律边缘化为一种附带性的社会现象;而法学阵营则专注于借用社会科学的分析方法来探讨反形式主义的法律社会化过程,或是揭示现实司法决策过程中的法官行为。简言之,在社会科学阵营,法律只是一个范围不大的研究对象或是无须质疑的分析数据;而在法学阵营,社会科学只不过提供了一套有用的分析

框架,经验实证的研究方法起到的是补充作用。作为这一时段的标志性事件,意大利法律哲学家迪奥尼西奥·安齐洛蒂(Dionisio Anzilloti)于1892年创造了"法律社会学"这一术语。同期,代表性的意大利学者还有切萨雷·龙勃罗梭(Cesare Lombroso)和恩里科·菲利(Enrico Ferri),前者开创了运用心理学、病理学、人类学和精神病学的实证犯罪学,后者进一步转向分析犯罪的社会原因的犯罪社会学。在德国,卡尔·马克思(Karl Marx)早期开创了以历史唯物观、阶级工具论以及法律消亡论为核心的批判法律社会学,而通过对法律的理性化进程进行因果性说明和解释性理解,马克斯·韦伯(Max Weber)为解释法律社会学的建立奠定了理论基础。在法国,埃米尔·涂尔干(Émile Durkheim)透过社会团结的结构演化关注法律的整合功能,进而为实证法律社会学指明了方向。显然,莱翁·狄骥(Léon Duguit)的社会连带主义法学深受其影响。在俄国,波兰裔俄国学者莱翁·彼得拉日茨基(Leon Petrażycki)借助心理学深入探讨了个体体验的直觉法与权力支配的实在法之间的互动关系。而在瑞典,阿克塞尔·哈格斯特罗姆(Axel Hägerström)和威廉·伦德斯泰特(Vilhelm Lundstedt)开创了经验实证导向的斯堪的纳维亚现实主义法学。我们看到,上述代表性的法律与社会学者主要出自社会理论导向的欧洲社会科学阵营。

自20世纪伊始,主张法典崇拜和形式逻辑的概念法学在欧洲社会遭遇理论挑战,由此自由法运动(Free Law movement)在以德国和法国为首的欧陆法系应运而生。这场运动中的法律学者致力于打通概念法学的封闭逻辑,进而打造更能应对社会现实的法律理论。在德国,自由法运动的代表学派包括鲁道夫·冯·耶林(Rudolph von Jhering)的目的法学、菲利普·赫克(Philipp Heck)的利益法学以及赫尔曼·康特罗维奇(Hermann Kantorowicz)的自由法学。在奥地利,欧根·埃利希(Eugen Ehrlich)于1913年出版了第一部以"法律社会学"命名的学术专著——《法律社会学的基本原理》。该书的核心理念是号召法官自由地发现"活法"。在法国,雷蒙·萨雷伊(Raymond Saleilles)和弗朗索瓦·惹尼(François Gény)提出"自由的科学研究"(free scientific research)

的概念,即法律解释应当摆脱实在法的权威束缚,并根据社会学、经济学、语言学、哲学以及神学的观点和方法填补法律漏洞。与欧洲的自由法运动遥相呼应,法律的社会学运动(sociological movement in law)[1]同期在美国也顺势展开。通过把矛头指向当时支配美国司法实务的机械法学,这场源自美国本土的法律思潮分为前后相继的两大学术派别,包括进步时代的社会法理学(sociological jurisprudence)和新政时期的法律现实主义运动(Legal Realist movement)。前者由罗斯科·庞德(Roscoe Pound)首创,志在探讨法律在社会控制过程中的功能效果,而后者侧重司法行为在具体个案中的经验描述,其领军人物有奥利弗·霍姆斯(Oliver Holmes)、本杰明·卡多佐(Benjamin Cardozo)、杰罗姆·弗兰克(Jerome Frank)和卡尔·卢埃林(Karl Llewellyn)等。尽管存在学术旨趣上的差异,但两大派别的共通之处在于运用经济学、社会学、统计学、人种学以及行为科学(尤其是心理学和文化人类学)的方法寻求解决社会问题的法律方案。[2]

在疏离—初创阶段(20世纪40年代—20世纪60年代),社会科学学者和法律学者逐渐开始意识到法律的社会科学研究同时存在着两股旨趣相异的智识思潮,但由于分析实证主义法律传统的智识排挤,两大阵营在很大程度上依然沟通困难甚或彼此疏远,但后期制度性的对话平台还是初步搭建了起来。在东欧,基于彼得拉日茨基的心理法律社会学的影响,俄裔法国学者乔治·古尔维奇(Georges Gurvitch)、俄裔美国学者尼古拉斯·蒂玛谢夫(Nicholas Timasheff)以及彼蒂里姆·索罗金(Pitirim Sorokin)共同走向

---

[1] 作为现代法律社会学的智识前身,法律的社会学运动始于19世纪最后10年,并终于第二次世界大战爆发。在相当程度上,这场立基于英美法系的法律思潮主要是在美国的社会语境下兴起的,其门槛特征(minimum characteristic)是把法律视作一种社会现象,本质特征(essential characteristic)是运用社会学的理论和方法去分析法律,显著特征(significant characteristic)表现为法学和社会学两股思潮的相互影响。See Alan Hunt, *The Sociological Movement in Law*, The Macmillan Press Ltd, 1978, pp. 1-10.

[2] See G. Edward White, "From Sociological Jurisprudence to Realism: Jurisprudence and Social Change in Early Twentieth-Century America", *Virginia Law Review*, Vol. 58, No. 6 (1972), pp. 1014-1020.

了科学法律社会学的道路。与理论色彩浓厚的东欧学派相比,法律社会学在美国、瑞典和荷兰呈现出重经验考察、轻理论阐述的学术风格;而战后的法律社会学在德国和意大利也开始针对具体的社会问题展开经验研究。[1]而在法学阵营,以瑞典学者卡尔·奥利弗科罗纳(Karl Olivecrona)和丹麦学者阿尔夫·罗斯(Alf Ross)为代表的法律学者继续传承和深化着斯堪的纳维亚的法律现实主义传统。在法国,由政府资助的法律社会学研究旨在通过实验性改革预测法律的实施效果,相关代表人物有亨利·莱维—布律尔(Henry Lévy-Bruhl)和让·卡尔波尼埃(Jean Carbonnier)。同时,各大法律院系自1964年起相继将"社会科学方法"列为必修课。[2]在美国,兴衰于20世纪40年代至50年代的法律、科学与政策运动(Law, Science, and Policy movement)和法律过程运动(Legal Process movement)诉诸法律与政策科学的结合。前者由哈罗德·拉斯韦尔(Harold Lasswell)和迈尔斯·麦克杜格尔(Myres McDougal)发起,他们强调经验地研究法律政策的价值偏好和方案选择;后者由亨利·哈特(Henry Hart)和阿尔伯特·萨克斯(Albert Sacks)创立,他们寻求通过中立法律原则的价值嵌入以提高司法机构的制度回应性。[3]自20世纪60年代,由一批社会科学学者发起、但由法律学者主导的法律与社会运动(Law and Society movement)颇具影响。这场政治中立(偏左)的法律运动主张将工具导向的法律、经验构建的科学和激进主义的社会政策相结合。然而,在初创阶段,法律的应用经验研究远未撼动传统教义研究在美国法学院的地位,且法律的科学属性也仅是方法意义上的。正如劳伦斯·弗里德曼(Lawrence Friedman)所言,"这场运

---

[1] See Renato Treves, "Introduction", in Renato Treves and J. F. Glastra van Loon (eds.), *Norms and Action: National Reports on Sociology of Law*, Martinus Nijhoff, 1968, pp. 4-10.

[2] 参见〔苏〕C. B. 鲍鲍托夫:《法国法律社会学》,王兴全译,《国外社会学科》1979年第6期,第102—104页。

[3] See G. Edward White, "From Realism to Critical Legal Studies: A Truncated Intellectual History", *Southwestern Law Journal*, Vol. 40, No. (1986), pp. 825-830.

动是(或将是)一门科学,但其研究对象完全是非科学的。"[1]这段时期,一些重要的学术机构亦相继建立,例如波兰社会学会的法律社会学部(1961)、国际社会学会的法律社会学研究委员会(1962)以及美国的法律与社会学会(1964)。

在**对话—探索阶段**(20世纪70年代—20世纪90年代),分别来自社会科学和法学阵营的学者摆脱了早期单兵作战的研究现状,所谓的"法律与社会"学圈随着越来越多对话性平台的建立以及政府和基金会的资助不断壮大,相关的研究在很多时候都是由两大阵营的学者共同完成的。在这段时期,虽然重要的学术贡献离不开个别学者的智识引领,但法律的社会科学研究明显更加依靠制度平台的依托以及周期性的学术对话。在美国,通过将法律与新古典经济学相结合,兴起于20世纪70年代的法律与经济学运动(Law and Economics movement)注重行为导向的法律、经验构建的科学和新自由主义的经济政策相结合。这场弥漫右翼政治思想的法律运动得益于一些重要学者的奠基性研究,例如罗纳德·科斯(Ronald Coase)、圭多·卡拉布雷西(Guido Calabresi)和理查德·波斯纳(Richard Posner)。同期,规范主义导向的法理社会学(jurisprudential sociology)和科学主义导向的纯粹法律社会学(pure sociology of law)展开了激烈的论战,前者由法学阵营的菲利普·塞尔兹尼克(Philip Selznick)和菲利普·诺内特(Philippe Nonet)为代表,后者则由社会科学阵营的唐纳德·布莱克(Donald Black)一手创建。在20世纪80年代,通过将法律与政治学相结合,批判法律研究运动(Critical Legal Studies movement)由一群支持左翼政治思想的学者发起,他们呼吁把解释主义的法律、经验解构的批判和反自由主义的意识形态相结合,其中的领军人物包括罗伯托·昂格尔(Roberto Unger)、邓肯·肯尼迪(Duncan Kennedy)和大卫·楚贝克(David Trubek)等。到了20世纪90年代,随着宏观理论范型的失灵以及小型法理学(minor jurisprudence)的兴起,后现代或是说当代西方的法律与社会思潮先后发生了三大

---

[1] Lawrence M. Friedman, "The Law and Society Movement", *Stanford Law Review*, Vol. 38, No. 3 (1986), p. 766.

智识转向:其一,通过将法律与文学或语言学相结合,文学法理学(literary jurisprudence)体现了人文主义转向的法律与社会视角;其二,通过将法律与解释社会科学相结合,叙事法理学(narrative jurisprudence)揭示了主观主义转向的法律与社会视角;其三,通过把法律与批判社会科学相结合,边缘法理学(outsider jurisprudence)聚焦种族批判、拉美批判、女权主义以及同性恋等弱势群体的微型法学课题。这段时期的代表性学者包括寻求社会—法律实证主义的布莱恩·塔玛纳哈(Brian Tamanaha)、主张解释法律经验主义的奥斯丁·萨拉特(Austin Sarat)、力推新法律现实主义的布莱恩·加斯(Bryant Garth)以及解读法律日常生活话语的萨利·安格尔·梅丽(Sally Engle Merry)和苏珊·西尔贝(Susan Silbey)等。

在这段时期,美国的法律与社会思潮最为强势,并呈现出从绝对的经验主义向多元的法律视角转向的智识风格。在普通法国家,类似的变化也发生在英国。20世纪70年代,为了从外部研究法律的行为和制度形态,英国的社会—法律研究(socio-legal studies)开始运用社会科学作为数据收集的工具。随着话语分析、文化研究、女权主义以及后现代思想流派的影响,该项研究自80年代以来转而通过多元的理论和方法去阐述法律的内部意涵。[1] 其中代表性学者包括创建经验法律理论的罗杰·科特雷尔(Roger Cotterrell)、注重批判法律理论的艾伦·亨特(Alan Hunt)、专注法律全球化理论的威廉·退宁(William Twining)、探讨法律视觉理论的琳达·墨尔凯希(Linda Mulcahy)以及开发社会—法律方法论的雷扎·巴拿卡(Reza Banakar)等。相较于法律与社会在英美的智识轨迹,法律与社会思潮在当代欧洲一直延续着由社会科学阵营引领的亲理论传统。在德国,旗帜性人物有尼克拉斯·卢曼(Niklas Luhmann)的法律系统理论、贡塔·托依布纳(Gunther Teubner)的法律自创生理论以及尤尔根·哈贝马斯(Jürgen Habermas)

---

[1] See Reza Banakar and Max Travers, "Introduction", in Reza Banakar and Max Traver (eds.), *Theory and Method in Socio-legal Research*, Hart Publishing, 2005, pp. xi-xiii.

的法律商谈理论等;在法国,代表性人物有米歇尔·福柯(Michel Foucault)的法律治理理论、皮埃尔·布迪厄(Pierre Bourdieu)的法律场域理论以及伊夫斯·德扎雷(Yves Dezalay)的法律职业理论。在意大利,早期犯罪社会学的学术传统孕育着法律社会学的理论倾向,因此后期的学者往往活跃于理论法律社会学领域,例如雷纳托·特雷维斯(Renato Treves)、文岑佐·费拉里(Vincenzo Ferrari)以及移居意大利的英国学者大卫·奈尔肯(David Nelken)。在葡萄牙,博温托·桑托斯(Boaventura Santos)热衷于构思对抗式的后现代法律理论。在波兰,亚当·坡杰瑞克(Adam Podgorécki)毕生投身于为法律社会学谋求学科空间。在捷克,伊利·普里班(Jiří Přibáň)专注于符号主义的法律系统理论。除代表性人物以外,新的学术平台亦纷纷建立起来。例如,法律社会学国际研究院于 1989 年在西班牙欧尼亚提成立,该机构旨在为全世界从事法律的社会科学研究的学者提供智识人际网。

　　在**合作—雏型阶段**(21 世纪伊始),当代西方法律与社会思潮基于早期制度性对话的智识积累以及援助机构的项目资助已经初步成型,即法律的社会科学研究大致历经从作为社会学分支的边缘学科(法律社会学),到法学与社会科学方法结合的交叉学科,再到法学与社会科学科际互动的综合学科的智识发展轨迹。通过不断深入和多样的科际合作,法学和社会科学两大阵营的划分意义渐弱。通观当代西方法律与社会思潮的智识趋向,主导的智识趋势莫过于强调法学与两门以上科学(社会科学、人文科学乃至自然科学)相结合的科际法律研究(interdisciplinary legal studies)。这里我们至少可以看到三股学术支流:其一,通过将法律与认知心理学、认知语言学、认知人类学、认知神经科学等认知科学相结合,认知法理学(cognitive jurisprudence)探索的是法律运作过程中的心理—神经机制,例如司法决策过程中关于事实认定、价值认知、法律推理以及影响因子等方面的心智问题研究。其二,通过将法律与计算机科学(尤其是人工智能、数据库系统还有人机交互)相结合,智能法理学(intelligent jurisprudence)旨在为当代智能社会创制法学理论依据和法律规制对策,特别是在法律信息检索、法律专家系统、法官裁判模型、立法政策评估等领域。其三,通过将法律与精神病学、心理学、犯罪学、公共卫生学等学科相结合，愈疗法理学（therapeutic jurisprudence）关注的是特定案件中的弱势当事人以及相关法律工作者在行为、情感及精神健康方面有可能受到的法律心理影响。其四，通过将法律与生态科学、生物科学、环境科学等学科相结合，大地法理学（earth jurisprudence）针对当代地球共同体所面临的环境危机并围绕生态中心主义的环境伦理，提供新的法律思维和制度方案。

在学科际研究的主导趋势下，当代西方法律与社会思潮另有两股引领性的地域性趋势值得一提。一方面，在英美法系，法律与社会思潮的典型形态表现为经验法律研究。在美国，法律的应用型经验研究主张运用社会科学的方法和视角展开法律的定量分析，例如实证调查、数据统计、相关分析以及研究设计等方法。有学者声称："美国的经验法律研究（empirical legal scholarship/ELS）可以说是美国法律智识思想的下一个重大事件。"[1]在英国，法律的学理型经验研究注重将解释性或是批判性社会科学的学理和学说注入传统的法教义学研究，特别是针对法律教义展开经验的质性研究。另一方面，在欧陆法系，法律与社会思潮的典型形态集中体现为专注于引用社会科学理论的社会理论法学。相较于英国理论型经验研究所具有的反抽象理论的智识传统，欧洲的社会理论法学往往从三个层面展开理论作业。在宏观层面，社会理论法学注重从抽象、一般和理想的角度进行社会与法律的哲学思考；在中观层面，社会理论法学试图探究法律理想模式的可行性，并分析社会结构或是社会行为与法律之间的复杂关系；在微观层面，社会理论法学着眼于通过实证分析与经验总结考察具体社会行为的特点及具体法律制度的运作过程。[2] 在这里，社会理论既反映社会生活的象征性方面，又反映社会生活的实践状况；既反映关于思想或对社会加以理论化的不同传统，又反映不同社会秩序的现实；既反映它们所解释的社会现实，也对社会现实进行自我肯定式的

---

[1] Tracey E. George, "An Empirical Study of Empirical Legal Scholarship: The Top Law Schools", *Indiana Law Journal*, Vol. 81, Iss. 1 (2006), p. 141.

[2] 参见於兴中："社会理论与法学研究"，载高鸿钧、於兴中编：《清华法治论衡》（第12辑），清华大学出版社2009年版，第9—10页。

建构或是自我否定式的突破。[1] 因此,作为智识资源的社会理论主要呈现三种形态:一是注重经验实证和反映秩序的描述性社会理论,二是侧重多元规范和建构秩序的解释性社会理论,三是偏重权力分析和解构秩序的批判性社会理论。显然,当今欧洲的社会理论法学延续和发展着由其早期社会科学阵营引领的亲理论传统。

综而言之,当代西方的法律与社会已经从"学术思潮"转向"研究领域"。关于其基本意涵,我们可以从如下四个层次去把握:(1)从最狭义讲,"法律与社会"直指通过实证社会科学检测和预测法律;(2)从狭义上讲,"法律与社会"意指法律通过实证社会科学和诠释社会科学(解释性+批判性)描述和评价法律,即法律之社会科学研究或是经验研究的智识贡献首先源自法律社会学、法律人类学和法制史,其次出自政治科学、心理学和行为经济学,最后由政治理论、社会理论和法律理论起到锦上添花的作用;[2](3)从广义上讲,"法律与社会"是一项广于法律社会学的研究领域,它旨在运用社会科学和人文科学的理论和方法去考察法律与社会之间各种关系;[3](4)从最广义上讲,"法律与社会"泛指法律与社会科学、人文科学乃至自然科学相结合的综合性交叉学科。基于当代西方法律与社会思潮的智识轨迹,本文倾向采纳狭义的法律与社会。理由主要有二:第一,关于社会科学与人文科学或是其他学科的智识选择,西方不同国家的法律与社会学者尚未形成统一意见;第二,若从最广义理解,把"法律与社会"等同于"法律与某某"的做法虽然极大促进了研究方法的丰富性,但同时也有与科际法律研

---

[1] 参见〔德〕理查德·蒙克:"美国和欧洲反映社会实践的社会理论形式",郭辉、韩旭译,载〔德〕沃尔克玛·金斯纳、〔英〕大卫·奈尔肯:《欧洲法律之路——欧洲法律社会学视角》,高鸿钧等译,清华大学出版社 2010 年版,第 172—173 页。中译本将第二作者国籍标为"意",笔者调整为"英"。如更正有误,责任由笔者自担。该国籍更正适用于全文相关注释。

[2] See Brian Z. Tamanaha, "Law and Society", in Dennis Patterson (ed.), *A Companion to Philosophy of Law and Legal Theory*, 2nd edition, Blackwell Publishing Ltd, 2010, p. 368.

[3] See John Harrison Watts and Cliff Roberson, *Law and Society: An Introduction*, CRC Press, 2014, p. 22.

究混同的弊端。

## 二、当代法律与社会的研究动态：聚焦英国

之所以不惜篇幅梳理西方法律与社会研究的智识趋向，一个重要的原因是：在欧陆法系，以德国、奥地利、法国和意大利为代表的欧洲社会被视为理论型法律与社会研究的发源地；而在英美法系，以美国为统领的北美社会被看作是应用型法律与社会研究的大本营。当人们不约而同地把研究目光聚焦西方两大法系的时候，他们所实际关注的往往仅限于上述典型发达国家的法律与社会思潮。相应的，发起于东欧的科学法律社会学和位处北欧的斯堪的纳维亚现实主义法学则处于次要地位，而位于拉丁美洲、亚洲（日本除外）甚至是非洲的法律与社会研究更是处于学术关注的边缘或是空白地带。从这个意义上讲，法律与社会研究通常更容易诞生于那些早期顺利完成现代化转型并已成功步入后现代社会的西方发达国家。然而，尽管如此，如果说欧陆的亲理论传统和英美的重应用传统决定了西方法律与社会研究的学术底色，那么这一论断似乎不完全适用于位处西欧地域、地属普通法域的英国社会。如前所提，当代英国的法律与社会研究追捧理论型经验法律研究，它既排斥欧陆法系的法律的宏观社会理论，也不渴求美国所倡导的应用型经验法律研究。相反，英国的法律与社会研究从早期政策应用导向的定量法律研究逐渐转变为当期兼具理论应用的经验法律研究，它强调将法教义学与社会科学的方法或学说（而非宏大叙事或是抽象理论）相结合。

针对这一"英国特例"，我们不禁要问：为什么法律与社会研究在英国明显后发于其他欧洲发达国家？英国的法律与社会研究为什么抱有反理论主义的学术倾向？英国的法律与社会研究与本国的批判法律研究有何异同？为什么英国在后期仍然需要兼顾理论应用型的经验法律研究？针对这些问题，多数西方的法律与社会学者鲜有发问，他们似乎更感兴趣于各自本土的社会—法律问题；同时，由于西方法律与社会思潮在英国起步较晚、规模有限且影响不深，所以法律与社会研究在英国的情况几乎没有受到我国学界

最起码的关注。[1] 有鉴于此,加强这一领域的研究是有价值的,而最有资格回答这些问题的莫过于英国法律与社会研究的奠基人和经验理论研究的开拓者——罗杰·科特雷尔。自 20 世纪 80 年代以来,科特雷尔先后出版的重要法律与社会著作有:《法律社会学导论》(1984)、《法理学的政治分析:法律哲学批判导论》(1989)、《法律的共同体:社会学视角下的法律理论》(1995)、《埃米尔·涂尔干:道德领域中的法律》(1999)、《法律、文化与社会:社会理论镜像中的法律观念》(2006)、《活法:法律理论与社会理论研究》(2008)、《社会法理学:法理思想与社会探究》(2018)。[2] 作为其毕生的学术追求,科特雷尔专注于经验法律理论以及法律与共同体进路,进而开辟了西方法律与社会研究的英国理论。2013 年,为了表彰他对社会—法律共同体的学术贡献,英国社会—法律学会(Socio-legal Studies Association)授予其终身成就奖。2014 年,他又被选为英国社会科学院院士。[3] 在考察科特雷尔的社会—法律理论之前,简要回顾法律与社会研究在英国的发展历程是必要的。

在英国,法律与社会研究一般包括社会—法律研究和法律社会学两种学术形态。自第二次世界大战结束后,英国步入福利资本主义阶段,即英国政府开始在经济和社会领域引入大量激励性、

---

[1] 近年来,我国有学者尝试从学术史角度回顾法律与社会研究在英国的发展动态,以填补相应的学术空白。然而,现有研究侧重学术史梳理,其理论深度明显不足。其中,有些作者认为罗杰·科特雷尔属于批判法学者。其所提出的共同体概念不强调理论且缺乏方法论基础。这些观点是有待商榷的。参见何勤华、李琴:《英国法社会学研究 70 年——以"社会—法律"研究的变迁为重点》,《法学》2017 年第 12 期。

[2] 科特雷尔在 20 世纪 80 年代先后出版的两部专著均被翻译成中文,且对我国法学界(特别是初创期的法律社会学界)产生了重要的学术影响。中译本:〔英〕罗杰·科特雷尔:《法律社会学导论》,潘大松等译,华夏出版社 1989 年版;〔英〕罗杰·科特瑞尔:《法理学的政治分析:法律哲学批判导论》,张笑宇译,北京大学出版社 2013 年版。中文书评:潘大松:《通过法律研究社会 在社会中研究法律》,《比较法研究》1989 年第 1 期;陈金钊:《论法律的独立性及其意义——评罗杰·科特威尔的〈法律社会学导论〉》,《山东大学学报(哲学社会科学版)》2000 年第 5 期。

[3] See *Professor Roger Cotterrell FBA*, www. thebritishacademy. ac. uk/fellows/roger-cotterrell (last visited Sep. 30, 2019).

福利性的法律规制措施。同时,英国法学界亦开始吁求一种富有功利主义、实用主义和经验主义导向的法律与社会研究,即运用社会科学的方法和理论解决法律的本质和运作问题。申言之,在社会科学院系,法律社会学的关注点不在于推动法律制度的完善或是考察立法规定的实施,而是深入法律的形成或是创制过程,并寻求通过法律研究去理解社会秩序的本质,即在理论上将法律制度置于更加广阔的社会结构中去解读。它的研究立场主张对法律的批判性审视,即法律的本质被视为是存在问题的和值得研究的。相较于法律社会学在社会学领域的相对边缘的处境,源自法律院系的社会—法律研究强调从"硬法"(hard law)或是"黑字体法"(black letter law)转向政策背景下的"语境法"(contextual law),即通过社会调查、问卷调查、正式访问、定量技术等社会科学方法,突破成文法的概念本质以考察法律的经验本质和实际运作。它的关注点有三:(1)对社会不公的关注;(2)对法制改革的关注;(3)对经验社会科学方法的关注。因此,社会—法律研究普遍关注法律服务的可得性、被告的法庭待遇、穷困人群的社会福利、自由裁量的滥用、普遍的歧视和不公,特别是归属感缺失的社会群体(disenfranchised community)。其研究立场是:法律的应然规定应当在现实中得到反映,如果两者之间存在差异,那么其原因不是实体法的制度设计有缺陷,就是程序法的实施机制不完善。而解决社会不公的万全之策则是推动高效的法制改革。[1] 总而言之,或许是由于英国社会科学阵营和法学阵营存在着天然的智识隔阂,法律社会学与社会—法律研究起初经常处于互斥的状态,即强调精密理论的法律社会学指责社会—法律研究缺乏理论支撑且回避对法律秩序的本质批判,而注重经验考察的社会—法律研究认为法律社会学的理论过于抽象,以至于脱离法律实施的现实。

然而,上述两种学术形态的互斥状态并没有长期持续,而是发生了一系列深层的学术转向。按照科特雷尔的考察,英国的法律与社会研究大致经历了三个阶段的发展历程。其一,确立阶段(20

---

[1] See C. M. Campbell and Paul Wiles, "The Study of Law in Society in Britain", *Law & Society Review*, Vol. 10, No. 4 (1976), pp. 547-555.

世纪50年代—20世纪60年代):源自法学阵营的社会—法律研究在英国确立了合法地位。这项研究涉及两门以上学科,且强调利用任一社会科学的方法帮助解决法律问题。作为完成法学任务的助手,社会学以及其他社会科学当时被视为法学的"侍女"。其二,竞争阶段(20世纪70年代):20世纪60年代末,社会科学阵营的法律社会学初步确立。到了70年代中期,英国的法律社会学形成了重理论、轻方法且不受政策影响的学术风格。其三,趋同阶段(20世纪80年代):随着项目资助的减少,两大学术形态的竞争关系逐渐变为互补关系,即社会—法律研究基本放弃了其对经验法律研究的理论探索,而法律社会学成为了社会学分支下的边缘学科。[1]

自20世纪80年代以来,英国的社会—法律研究愈发注重从社会学、经济学、心理学、人类学、政治科学、社会历史等社会科学领域为法律研究提供经验性的智识资源。特别是在社会学领域,应用经验型的社会—法律研究所关注的课题主要有包括法官和律师在内的法律职业、裁决和解纷程序、家庭法的实施、政府规制的实效以及商法和事故赔偿。[2] 同期,理论经验型的法律社会学在英国取得了颇富成效的成果,特别是牛津社会—法律研究中心(Oxford Centre for Socio-Legal Studies)为法律学者和社会学者提供了有效的交流平台。通过马克思主义理论、符号互动理论、常人方法论、女权主义理论、福柯的治理术以及其他欧洲的社会学理论,这一时期的法律社会学者主要聚焦于刑事司法和法律职业问题。[3]

自20世纪90年代以来,英国的法律与社会研究进入相互融合的第四阶段。当代英国的法律与社会学者愈发意识到,应用经验型的社会—法律研究过于碎片化且难以摆脱学术研究的政策依赖。因此,一种更强调理论应用的社会—法律研究由两个维度的学术活动共同构成。其一,在"法律"维度,社会—法律学者将法律

---

[1] 参见[英]R. B. M. 科特雷尔:《当代英国的法社会学》,《比较法研究》1989年第2期,第59页。

[2] See D. R. Harris, "The Development of Socio-legal Studies in the United Kington", *Legal Studies*, Vol. 3, Iss. 3 (1983), pp. 315-333.

[3] See Max Travers, "Sociology of Law in Britain", *American Sociologist*, Vol. 32, Iss. 2 (2001), pp. 32-33.

实践置于其他社会实践的语境之中,后者是法律实践所处的直接环境。其二,社会—法律学者对法律实践展开更加宽泛意义上的经验探究,需要考察的不仅包括对相关规则和程序的法律表达,还有这些规则和程序在解释、实施和体验中的意义和效果。不过,虽然社会—法律研究也批判地去理解法律,但其对自身的社会—理论基础和道德取向往往缺乏反思,即一种更具反思性的社会—法律理论(socio-legal theory)需要超越现有政策框架的价值评价,并且突破法律与社会变迁之间的工具性理解。[1] 在英国的学术语境下,区分社会—法律研究与批判法律研究也是颇有益助的,尤其是在两者均在一定程度上采用批判视角的情况下。一般来讲,英国的社会—法律研究注重经验构建的科学主义和改革取向的法条主义,并且愈加看重从解释社会科学寻求理论资源,而批判法律研究在英国更倾向从马克思主义、女权主义、批判种族、同性恋群体等后结构主义和后现代主义社会学理论中汲取资源,它在很多时候是非经验主义的、深度批判主义的、解构主义的。总之,当代英国法律与社会研究呈现出日趋多元、细化的学术形态。我们从英国当地创办的法律与社会学术期刊便能看到这一点,例如 1974 年创刊并于 1982 年更名的《法律与社会杂志》(*Journal of Law and Society*)、1990 年创刊的《法律与批判》(*Law and Critique*)以及 1992 年创刊的《社会研究与法律研究》(*Social & Legal Studies*)。时至今日,当代英国的社会—法律研究是一项把政治自由主义、法律经验主义、立法改革主义和方法论科学主义相融合的本土学术,它包含有政策应用型兼具理论应用型的经验法律研究,前者侧重法条主义、定量分析和弱势群体视角,而后者则倾向于解释主义、定性分析和一般法律参与者视角。

## 三、社会—法律研究的"社会"解剖:共同体进路

即便英国的社会—法律研究在当今西方法律与社会研究的智

---

[1] See Nicola Lacey, "Normative Reconstruction in Socio-Legal Theory", *Social & Legal Studies*, Vol. 5, No. 2 (1996), pp. 131-138.

识格局中近乎默默无闻,但富有英国特色的社会—法律理论仍然不失学术价值。历经 70 余年的时间,传统政策应用型的社会—法律研究吸收了英国法律社会学的批判视角和社会理论传统,并成功转变为当今更具学术自主性的理论应用型社会—法律研究。自 20 世纪 90 年代以来,随着理论应用型社会—法律研究走过近 30 年的学术历程,相应的研究瓶颈或是理论局限也逐渐显现出来。当前主要问题有以下五点:第一,相较于传统实证主义的理论范畴,社会—法律研究所提出的可检验的理论命题太过抽象,以至于无法清晰地说明特定的社会现象;第二,现有理论的后现代性倾向太重,进而对现代性的批判过于极端,同时,大部分理论仍然关注文本和判例,进而对实际的社会现实缺乏关注;第三,福柯式的权力概念在现有理论研究中过于流行,这种普遍话语式的微观权力容易掩盖等级压迫式的宏观权力结构;第四,由于解构主义倾向对差异性和多样性的过分强调,一些重要的普遍性范畴被诋毁或是弃用;第五,宏大叙事遭遇理论破产,学者们逐渐认为从历史和语境上去说明宏大趋势是有可能的。所有这些问题导致当前英国理论导向的社会—法律研究忽略了对日常生活中不平等现实的经验考察以及法律形构这些关系的规范作用。[1] 正是在这样的理论背景下,科特雷尔在 2006 年出版了《法律、文化与社会》。这部作品既体现了作者对其一贯倡导的解释法律社会学和经验法律理论的深化,也突出了作者对其所提出的法律与共同体进路的理论应用,更代表着作者对当代英国社会—法律研究之理论困境所作出的法理创新。

我们看到,当代英国的社会—法律理论过于依赖后现代社会学(特别是批判社会学)的抽象范畴和概念框架,且对法律的解构性阐述多于建构性分析。这一理论困境在很大程度上难以回应当今西方社会的诸多社会新态和智识趋势。例如,在社会变迁上,当代社会呈现出复杂、多元、异质和流变的特质;在智识趋向上,一元

---

[1] See Paddy Hillyard, "Invoking Indignation: Reflections on Future Directions of Socio-legal Studies", *Journal of Law and Society*, Vol. 29, No. 4 (2002), pp. 649-652.

线性的宏大叙事崩溃,而后现代理论的当代解释力有限;在学术传统上,英国的法律实证主义传统深厚,但哲学实用主义和科学经验主义也吁求法理创新;在研究现状上,英国过往政策应用型社会—法律研究过于分散、零星和随机,进而缺乏必要的、可靠的理论引导。总之,从历史的维度来看,由于社会秩序在英国的工业化进程中维持着相对稳定的状态,因此社会制度被视为一系列务实调整的过程,而非只有新的理论才能理解的系统性变革。相应的,英国的政治和智识生活的核心特征一直是实用主义和简单的经验主义。这一经验传统导致英国社会对抽象的理论阐述怀有一种近乎本能的反感。[1] 因此,当代英国社会—法律研究的理论困境集中表现为:现有社会理论的后现代色彩浓重,而当代社会理论需要更具建构性、科学性和层次性的分析框架。

基于对上述社会格局和智识趋势的把握,科特雷尔把当代社会描述为这样一种典型图景:个人的利益、价值、方案和承诺是一个巨大的、不断变化的多样性,而个人要通过许多短暂的且种类各不相同的集体身份(memberships of collectivities)来表达和实现自己。那么,究竟什么样的社会—法律研究能够给当代西方社会带来科学精确的理论指导?科特雷尔分析了三个层次的法律社会学解释:(1) **宏观理论**(macrotheory)注重社会中整体的趋势、大致的走向以及长期的模式。其中,历时性的宏观理论忽略具体的社会事件或行动,并观察跨年代或是跨世纪的社会变迁;共时性的宏观理论不考察具体地方的社会现象,而对社会聚合体或是抽象范畴(现代社会或后现代社会)感兴趣。代表性的宏观社会—法律理论包括围绕法律现代性本质的法律进化论或法律转型论。(2) **中层理论**(middle-range theory)更关注相对具体的社会事件或是制度。其中,描述性的中层理论追溯历史进程的原因或是群体成员的社会活动,相应的社会—法律理论如法律多元论。同时,解释性的中层理论看重特定时空中的社会互动过程,而非一系列因果联系的事件,例如法律互动论就是典型一例。(3) **微观理论**(microtheo-

---

[1] See C. M. Campbell and Paul Wiles, "The Study of Law in Society in Britain", *Law & Society Review*, Vol. 10, No. 4 (1976), pp. 558-559.

ry)通过把法律作为社会变迁的独立的因果变量,聚焦具体的社会事件或行动,代表性的社会—法律理论往往借助个案研究考察法律的工具价值。在科特雷尔看来,当今英国社会—法律研究的理论困局可以从两个方向寻找突破口:其一,阐述不限于特定法域但反映社会条件变化的中层理论。其二,对特定的法律实践展开文化语境中的深瞄(thick description)。[1] 显然,《法律、文化与社会》这部作品集中体现了作者多年来在这两个方向所取得的研究成果。

沿着自己所笃定的研究方向,科特雷尔长期致力于阐发一种中观层面的社会—法律理论。他采用的是一种折中主义的理论定位,即社会—法律研究既不可能搞纯粹的统计数据和零散的个案研究,也不寄期望于欧陆的宏观社会理论传统。因此,他所感兴趣的是尝试将两者调和在一起的中观社会—法律理论。为了重新厘清法律与社会理论之间的智识关系,科特雷尔指出:在现代西方社会,古典社会理论往往建立在三点理论前设之上,包括统一的社会整体、以民族国家为界以及作为社会转型必备要素的民族国家法。从法律与社会的视角理解,现代社会—法律理论一方面认为法律是一种由社会学术语足以解释的附带性社会现象,另一方面又习惯于从"政治社会"出发去寻求社会的本质。随着西方社会向后现代转型,当代社会理论突出的是分散多样的社会群体和规范多元的法律制度。在法律全球化的浪潮下,当代法同时受到法律跨国化和法律地方化的双重影响。因此,现代民族国家法的管辖范围、权威基础以及运作机制不得不回应来自国际势力和地方社群的双向压力。有鉴于此,科特雷尔提出当代社会—法律研究应当从专权者(imperium)进路转向共同体(community)进路。申言之,法律与专权者进路强调法律的规范等级结构(国家渊源)、当权者的命令(政治权威)以及服从者的臣民视角,这一进路下的典型理论是实证法理论。相较而言,法律与共同体进路转而探求法律的社会

---

[1] See Roger Cotterrell, "Sociological Interpretations of Legal Development", *European Journal of Law and Economics*, Vol. 2, Iss. 4 (1995), pp. 347-359.

渊源、道德权威以及参与者的公民视角,其典型理论包括自然法理论和普通法理论。作为两种相对的理论进路,专权者导向的法律理论能够鼓励有关法律政治学及其政治权威基础的问题,而共同体导向的法律理论则鼓励社会的差异性、法律的经验表达并质疑共同体身份的本质。[1] 需要强调的是,如果说德国古典社会学家斐迪南·滕尼斯(Ferdinand Tönnies)早年阐述的是一个静止、封闭、排他和压迫的共同体[2],那么科特雷尔所阐发的则是一个多样、变化、开放、灵活的共同体。他认为法律与共同体进路能够发挥两项重要功用:其一,牢记当代社会关系的复杂性和多变性,很少有社会关系会长期保持不变,以及群体成员资格和人际社会互动的多样性。其二,通过严谨的分析区分数量严格有限的、不可化约的且相互矛盾的社会纽带类型,并进而探讨适用于不同类型社会纽带的独特规制特征。

针对古典社会理论和现代社会—法律理论所采用的抽象"社会"模型,科特雷尔坚信除非"社会"这一概念能够在理论上得到进一步的细化,否则说法律是一种社会现象是意义甚微的。从这个意义上讲,法律与共同体进路恰恰可以被看作是一种中观层面的法律的共同体理论,该理论的首要价值就是把现代社会—法律理论中的"政治社会"转变为了当代社会语境下的共同体关系网。在这里,共同体指的是人们对社会关系的错综理解,它反映了特定集体参与(collective involvement)的稳定性和持久性程度。其中,共同体关系的稳定性来自于群体成员相互的人际信任,而持久性则取决于群体对成员加入和退出的排他或包容态度。按照科特雷尔的阐发,并非所有的集体参与都算是共同体,只有符合一定内/外部标准的集体参与才可以被看作是一个具备共同体特征的群体——公共群体(communal group)。作为经验现象,有些共同体建立在平等、自愿的信任关系之上,还有一些则依赖于不平等、非自愿的权力关系之上。无论怎样,我们需要从两个角度界定共同

---

[1] 参见〔英〕罗杰·科特瑞尔:《法理学的政治分析:法律哲学批判导论》,张笑宇译,北京大学出版社 2013 年版,第 224—225 页。
[2] 参见〔德〕斐迪南·滕尼斯:《共同体与社会——纯粹社会学的基本概念》,林荣远译,商务印书馆 1999 年版。

体的存续和意义。一方面,在**外部标准**上,共同体的存续往往依靠群体外部成员的客观描述或是识别。这里主要有两个因素:其一,外部群体对内部成员的消极态度(异己);其二,内部成员限制外部加入的排他态度(共存)。另一方面,在**内部标准**上,共同体的意义往往取决于群体内部成员对集体参与的主观看法或是感受。它主要包括:在客观标准上,集体参与关系必须存在着持续且可靠的互动;在主观标准上,通过一定程度上的共同关注和参与,群体成员抱有某种依恋感、归属感或是身份感。我们看到,科特雷尔眼中的解释性共同体(interpretive community)不是社会结构,而是心理构念(mental constructs)。相较于形式意义上的外部标准,文化和符号意义上的内部标准决定了各种重叠、渗透和冲突的集体参与模式。

作为分析范畴,共同体概念把当代社会关系中的集体参与模式分为四种主要类型,包括:(1) 信仰/价值型共同体:基于共同的信仰、宗教或是理想而形成的一种非常稳固的社会关系,其典型经验相关物有宗教共同体和人权共同体;(2) 情感型共同体:往往通过婚姻、家庭、亲属和信托而建立起来的一种较为稳固的社会关系,其典型经验相关物有家族共同体和信托共同体;(3) 传统型共同体:基于地方、语言、习惯和经验积累而成的一种相对脆弱的社会关系,其典型经验相关物有地方性共同体、语言性共同体和职业性共同体;(4) 工具/利益型共同体:通过商事合作、贸易投资或战略方案等方式创建的一种相当脆弱的社会关系,其典型经验相关物有商业共同体、经济共同体和援助共同体。对此,科特雷尔特别指出:这四种类型的共同体与韦伯关于社会行动的四种理想类型是间接相关的。这些共同体所阐述的内容旨在把韦伯对社会行动的类型化扩大到集体参与和互动的基本形式上。因此,传统型共同体与韦伯的传统行动相关联,工具型共同体与目的—理性行动相关联,信仰型共同体与价值行动相关联,同时情感型共同体与情感行动相关联。所以,从韦伯的视角观之,这四种共同体类型可以被看作是根据个体社会行动的四种基本取向而发展出来的群体行动。作为理想类型,上述四种**地方共同体**是纯粹逻辑上的概念构造,它们不存在相应的经验对应物。相反,通过将现实复杂的社会关系与集体参与模式的偏离程度作比,个体行动的文化意义便能够在共同体关系网的多元语境中得到充分的解读。

相较于现代社会——法律理论与"民族国家"的亲缘关系,科特雷尔还提出了**"民族共同体"**的分析框架。为了突破传统"政治社会"的狭隘视域,作为政治体的民族转变成为作为共同体的民族。基于语境化的分析目的,民族共同体被分为四种典型形态:其一,民族在本质上可以是由地理或是语言上的偶然事件统合而成的传统型共同体(注重领土;共同的历史、传统或是语言);其二,民族可以是立基于公民趋同利益的工具型共同体(集体经济绩效、国民生产总值);其三,民族可以是共同信仰的象征或是共同价值的记载(宪法或是权利法案所奉为神圣的理念;公民宗教的信条);其四,民族还可以是作为敬仰和爱国情感对象的祖国(常常表现在国旗、国徽和国歌中,或是通过爱国神话或民族精神的理念得以表达)。在科特雷尔看来,地方共同体更多地体现的是横向平权的人际信任,而民族共同体则往往凸显了精英掌控的纵向权力关系。后者不仅是民族构念的产物,亦超出了传统民族国家的权力范围。与此同时,在当代社会的共同体关系网中,越来越多的地方共同体和民族共同体超越了民族国家的权限范围,进而为集体参与模式和跨国规制模式带来了新的挑战。对此,科特雷尔认为当代**跨国共同体**关系网应当着力回应三点全球挑战:其一,不同的跨国共同体关系网具有各自特有的规制需求和理想;其二,我们需要努力对大量不断演变的跨国共同体关系网作出更加理性的解释;其三,跨国共同体关系网的理性权威来自于相关成员国基于传统(和平共处)、利益(经贸同盟)、价值(人类尊严)和情感(人道援助)的集体经验之上,而其意志因素离不开权力政治以及民族国家间不平等的军事和经济关系的保障。

最后,值得一提的是,从方法论上讲,科特雷尔的共同体概念既不遵循宏观层面的结构主义,也不符合微观层面的还原主义,更不是鼓吹意识形态层面的集体主义,他所主张的是一种把个体行动放到群体生活语境中去考察的方法论关系主义,即共同体为了更加形象地描述社会应当是一个足够灵活的概念,进而能够被用来解释在 21 世纪发达社会中复杂、多元、流动和具有个人主义倾向的人群。科特雷尔在他的社会—法律研究中引用了社会学的研究方法(特别是中观层面的社会互动理论、社会角色分析以及方法论关系主义的研究路径),进而形成了其法律社会学研究的核心范式——法律互动论(legal interactionism)。申言之,法律互动论是一种旨在把法律实证主义、法律道德主义和法律经验主义结合在一起的社会—法律研究进路。它的核心主张有三点:其一,创制法(enacted law)是一种明述性规则(explicit rules),它产生于法律权威的授予和宣告,此处创制规则的主体包括国家机关、社会组织或是这些机构中的官员。体现这种从属性强制力的典型法是制定法。其二,互动法(interactional law)是一种默会性规则(implicit rules),它形成于社会交往不断演化的行为期待和准则。表达这种交互性的强制力的典型法是习惯法。其三,人们通过合意和沟通把互动法以书面的形式表述出来,进而成为了介于创制法与互动法之间的第三法源。在现代民主社会的语境下,创制法和互动法具有各自的权力来源,但后者为前者提供了更深的正当性基础。因为没有互动法基础的专制法不是法律,而是赤裸裸的暴力。[1]基于此,科特雷尔指出法律存在着理性和意志共存的双重本质。一方面,法律是建立在共同理性和演变的道德准则之上的商谈理解(negotiated understandings)。另一方面,法律亦是政府权力或是强制权威的体现。相应的,法律的权威包含强制性权威和说服性权威两个维度,后者直指关于工具效用以及对共有的信仰或终极的价值、传统或共有的情感的吁求。由此可见,作者之所以采用"'社会理论镜像'中的法律观念"作为副标题,其意在指明他的社会—法律研究从理论社会学汲取直接的智识养料。

---

[1] See Sanne Taekema and Wibren van der Burg, "Towards a Fruitful Cooperation between Legal Philosophy, Legal Sociology and Doctrinal Research: How Legal Interactionism May Bridge Unproductive Oppositions", in Richard Nobles and David Schiff (eds.), *Law, Society and Community: Socio-legal Essays in Honour of Roger Cotterrell*, Ashgate, 2014, pp.132-135.

表 1　社会—法律研究的方法论基础

| | 描述—分析 | 解释—理解 | 社会整体观 | 社会个体观 |
|---|---|---|---|---|
| 方法论整体主义 | 社会系统 | 社会冲突 | 结构/非还原 | 过度社会化的个体 |
| 方法论关系主义 | 社会交换 | 社会互动 | 人际/有限还原 | 语境化的个体 |
| 方法论个体主义 | 社会行为 | 社会行动 | 原子/还原 | 非社会化的个体 |

## 四、社会—法律研究的"法律"解释：多元—反身性视角

在法律互动论的范式指引下，法律与共同体进路蕴含着科特雷尔所特有的社会—法律立场，即法律根植于共同体的生活；法律是不断变化的错综规范，它表达和影响着许多不同共同体关系网之间的相互作用。对于这些关系网而言，法律并不是中立的。对于源发于这些关系网的特定规范，法律要依据现存的教义作出判断。同时，法律限制、采用、整合、调整或协调着这些规范。这里，我们至少能够获知四点社会—法律前设：第一，共同体进路回应的是当代西方社会的法律新态。如果说现代西方法呈现出保障性、一般性、普遍性、统一性的规范特质，那么作为典型后现代的知识或是教义形式，当代西方法具有鲜明的建构性、特殊性、地域性以及多变性。第二，当代西方法的多元意涵主要是一个与法条或法庭无必然联系的解释性实践，根植于共同体生活的法律必须寻求某种形式的社会学解释。第三，当代西方社会—法律研究逐渐转向非实证主义的分析路径。相较于现代西方社会—法律研究对实证社会学的路径依赖（科学主义、行为主义、结构功能主义以及客观经验主义），当代社会—法律研究的社会学基础往往是非实证主义取向的，它崇尚的是人本主义、解释主义、社会互动主义以及诠释经验主义。第四，法律意涵的社会学解释终究需要通过立法技术或是程序机制等方式转变为社会学导向的法律解释，无论是以立法规制还是司法裁判的形式。这意味着经验导向的社会学解释只有通过教义导向的法律解释才能够获得具有法律效力的社会意涵。基于此，科特雷尔的社会—法律理论在对法律的概念界定、教

义功能、规制形态、调控机制以及责任判定等方面提出了诸多独到的见解。

关于法律概念的界定,科特雷尔既不主张专权者进路下的国家法概念,也不认可过度涵盖自发秩序的多元法概念,而他所提出的折中主义的界定方案把法律理解为以专门的组织机构为特征的制度化教义(institutionalized doctrine)。正如科特雷尔在书中所指出的:本书的焦点是法律教义,它包括法律中的规则、程序、原则、规范性的概念和价值,以及专门适用于这些要素之上的推理模式。制度化是教义被视为"法律的"事实原因,即通过公认的程序和机构,这些教义按照某种社会认可的方式被创制、解释和实施。作为一种法律的社会学定义,我们看到科特雷尔对法律的界定有三大特点:其一,作为经验性概念,法律在本质上不同于法律教义学视域下的命令和规则,它的实际运作需要由社会而非国家认可的方式进行;其二,作为解释性概念,这一法律定义突破了把法律描述成系统、制度或行为的客观主义视角,相反,法律被看作是社会成员(官方或非官方)对法律概念、价值和推理的主观理解;其三,作为分析工具,法律应当被视为一种作用于无数日常社会场景和背景中的手段。传统的社会—法律进路把法律当作影响社会的政策工具,过多的研究集中在法律与社会的因果关系上,而法律被假定为是一个外在于社会生活的非社会工具或是技术。相反,新的研究进路把法律看作是根植于社会实践的规范观念(normative ideas)。[1] 正因为如此,本书的副标题为"社会理论镜像中的'法律观念'"。我们看到,科特雷尔对法律的社会学定义将传统法律社会学的研究视角从"行为"拉回到"教义",同时通过采用解释主义的研究路径,"法律教义"又进一步被转化为"法律观念",此举正是意在调和法律教义学与法律社会学之间长期的互斥状态。[2] 可

---

[1] See Roger Cotterrell, "Subverting Orthodoxy, Making Law Central: A View of Sociolegal Studies", *Journal of Law and Society*, Vol. 29, No. 4 (2002), pp. 639-640.

[2] 参见[德]因格·舒尔茨·费舍:"作为法社会学研究客体的法教义学——'带有更多法学元素的'法社会学",张福广译,载李昊、明辉编:《北航法律评论(2015年)》,法律出版社2016年版,第171—200页。

以说,在法律教义的解释社会学研究方面,科特雷尔所取得的成果居于当代西方社会—法律研究的前沿。

关于法律教义的功能定位,科特雷尔认为我们不仅要承认国家法的法律现实,还要承认特定社会群体的法律观念在民族国家内的独特地位。于是乎,法律的教义功能体现在两个方面:其一,法律的建构力(constitutive power)突出的是法律对社会的结构重构和思想影响作用。相较于现代法在消极确权和秩序维护方面的保障力,当代法的建构力在积极赋权和秩序重整方面也发挥着作用。简言之,法律不仅反映着社会,还能动地型构着社会。其二,法律的协力(coordinating power)着眼于国家法对多元法律经验的界定、协调和促进。相较于民族国家法在管辖范围、权威来源和法律渊源方面所具备的强力,共同体关系法致力于为地方和跨国的各种社会群体经验提供更具包容性的法律规制。关于法律教义的规制形态,科特雷尔指出现代社会崇尚立法至上和形式合理的自治型法治,而随着法律激增和行政立法成为当代社会的法律常态,回应型法治往往采用三种类型的规制形式:(1)自由裁量规章:借助一般条款或弹性条款提高法律的变通性和灵活性,特别是在福利立法、刑事审判或是法律政策化领域;(2)机械规章:法律责任归结和认定的精简化,刑法判定和操作的标准化,推定责任、严格责任和表格责任的采用或是简易程序的引用;(3)特殊规章:内容更加细化的单行法和特别法或是地方层面的授权立法和从属立法。[1] 总之,当代的法律教义不断地通过适应、修改、废止、补充以及重释以应对新的社会问题。

依据法律与共同体进路,稳定的共同体是以人际信任关系为基础的。同时,各种社会群体之间的中观人际信任关系进一步支撑和塑造着宏观层面的人际信赖系统(经济系统、政治系统、法律系统、宗教系统等),后者完全可以被看作是前者的延伸或是衍生。因此,与其说法律无法控制或是直接影响社会中的其他沟通系统,科特雷尔提出了一种法律的间接调控机制,即通过维系和促进体

---

[1] 参见〔英〕罗杰·科特雷尔:《法律社会学导论》,潘大松等译,华夏出版社1989年版,第189—194页。

现在理想的集体参与或是互动类型中的模式,法律能够间接、远程地为信赖系统提供基本的保障。而由于人际信任关系本质上属于特定共同体成员的主观理解,所以它不是法律的调整对象。换句话说,法律通过认可和保障那些促进各种人际信任关系的经验条件来提供间接支持。基于这一中观层面的间接调控机制,法律责任的判定亦被赋予了若干新的含义:(1)语境化的法律责任:道德责任及建立在其上的法律责任都是个体责任,但这些责任总处于个人在共同体身份的语境之中;(2)多元化的法律责任:由于个体责任是在共同体的语境中形成的,并受到各种相互矛盾的共同体语境的评判,所以在判定责任归属和课以责任的场合,国家不应当试图大力施行统一的责任标准;(3)社会化的法律责任:个人在共同体关系网中的责任本质及其对该责任的预见能力需要通过社会学视角去评判,即法律责任是随着相关共同体的具体类型和关系网性质的改变而改变的。

通观全书第一部分("视角"),作者向我们折射的是当代英美法理学日益多元的研究视角,尤其是在法律理论与社会理论的智识互构方面。这里,有必要就作者所使用的"法律哲学"一词的确切含义作一个必要的说明,特别是其与法理学之间的关系。简单来说,在当代英语法律世界,法律哲学尤指建立在道德哲学之上的自然法理学和政治哲学之上的分析法理学。在这两大理论阵营中,法律实证主义被视为当代美英法律哲学的核心。上述两类法理学探讨的往往或是普遍绝对的法律价值或是语境无涉的法律教义。而作为日益壮大的英美法理学第三大阵营,经验的社会—法律探究(empirical socio-legal inquiry)旨在通过社会学思考去分析特定社会语境中的法律经验。由此,当代英美法理学已经变成一个能够从哲学、人文社会科学以及其他智识科学中汲取方法或是视角的拼合型法理学(bricolage jurisprudence)。[1]在英美法系的语境下,法律哲学在广义上包括自然法理学和分析法理学,而在狭义上特指分析实证导向的法律教义学。同时,当代英美法理学已

---

[1] See Roger Cotterrell, "Why Jurisprudence Is Not Legal Philosophy", *Jurisprudence*, Vol. 5, Iss. 1 (2014), pp. 41-55.

经成为一门可以向任何智识学科汲取智识养分的综合性交叉学科,其范围远远超出了法律哲学的智识容量。在书中,作者总体上是按照"法律教义学"的意义去理解"法律哲学"的。通过将法律哲学的教义视角与法律社会学的多元视角作比,科特雷尔苦心向我们传达的讯息是:通过借助社会学的理论资源以及共同体的分析框架,法律的社会视角能够得到有益的补充。然而,任一共同体的法律观点都是局部的法律视角,也是对社会现象加以规制的局部视域。我们无法建立一种"完整的"法律视角,除非我们依靠了某些集权政治权威的统一强制力(意志),例如国家。此处的复杂过程在于,人们总是期许拓宽法律的社会视角,但相应的风险则始终在于:广阔的视角有可能剥夺"法律的"(the legal)经验或是实践所特有的丰富性和独特性。法律方法或许需要补充,但是它也有自身的价值。

当代英美法理学之所以呈现出多元的研究视角,这在很大程度上得益于科际法律研究的智识供给。正基于此,科特雷尔认为根据法律理论的学术贡献主要来自于法律哲学亦或法律社会学,当代西方的法律理论可以被分为两大类:(1) **规范法律理论**:主张法律的统一性、体系性、规范分析以及法律的内部—外部视角的划分,其典型理论包括教义分析的实证法律理论、道义分析的自然法理论和政策分析的社会法律理论;(2) **经验法律理论**:突出法律的差异性、分散性、经验解释以及法律的社会语境和政治背景,它通常表现为法律的社会科学理论,无论采用的是描述性、解释性还是批判性的研究取向。上述两类理论往往直接决定的是法律识别的标准问题、法律实践的解释问题以及法律职业的身份背景。作为毕生的学术事业,科特雷尔长期投身于将规范法律理论和经验法律理论相调和的学术课题,并建立一种社会理论导向的经验法律理论,其核心视角注重的是"在语境中看待规范法律理论就是试图将关于法律现实的视角定位在更'宏大'的社会现实的视角上,关于法律的哲学性思考和特定的哲学化的法律经验仅仅是这种视角的一部分"[1]。申言之,科特雷尔的解释法律社会学将分析实证的法律教义转变为社会互动的法律观念,特别是把法律教义的语义解释扩张至法律观念的社会学解释。在科特雷尔看来,法律观念的社会学解释的本质建立在三个假设之上:其一,法律是一种经验的**社会现象**;其二,法律的社会现象应当被**经验**地理解;其三,法律的社会现象应当被**系统**地理解,而非依凭传闻或是印象。相较于神学、哲学、文学、艺术、历史学和经济学等其他智识学科,解释法律社会学旨在系统地、经验地研究作为社会现象的法律,它能够从一种更加宽阔的视角评估特殊性的意义,把丰富的独特经验与更加广泛的理论语境联系在一起,进而用来指导我们对法律观念的社会学解释。我们看到,经验法律理论所真正关切的是无数社会群体及其成员在共同体生活中的法律经验表达。通常而言,规范法律理论侧重于提供一种自上而下的同质化法律视角,例如立法者视角、主流者视角或侵犯者视角等。相对而言,经验法律理论则专注于表达一种自下而上的异质化法律视角,例如用法者的视角、边缘者视角或受害者视角等。科特雷尔的学术坚持不仅是对当代英国社会—法律研究困局的回应,更与后现代西方身份法理学(identity jurisprudence)和视角法理学(perspective jurisprudence)的理论诉求相呼应。

从某种意义上讲,当代英美法理学所探求的是从法律的内部—教义视角转向法律的外部—社会视角。在科际法律研究的智识引领下,法律的社会视角呈现出多元、差异、竞合甚或是融合的复杂视域。实际上,在法律的社会科学研究领域,内部—外部划分在诸多不相关联的语境下被广泛使用,例如法律规则的本质、法理学的地位、价值评价在法律实践中的属性、批判法学与主流法学的关系、法律社会学统一或分流的思路等。尽管如此,内部—外部划分依然缺乏充分且明确的学术标准。按照塔玛纳哈的分析,这一划分在社会科学领域可以从两个层面去理解:其一,在方法论层面,这一划分特指研究社会生活的分析策略。其中,实证主义观察

---

[1] 参见〔英〕罗杰·科特瑞尔:《法理学的政治分析:法律哲学批判导论》,张笑宇译,北京大学出版社2013年版,第1—19页。

外部的行为模式,而解释主义理解主体(间)的意义和情境;其二,在认识论层面,这一划分意指能否用外在于社会生活的标准去评价观察到的知识。这里尤其反映了基础主义与反基础主义之争,即是否存在着反映客观现实的坚实可靠的知识基础。对此,塔玛纳哈又从三个层次分析了法律语境下的内部—外划分。第一,按照**观察对象**的方法论立场,存在两种分析视角:(1)外部视角:行为主义的方法论只关注参与者的外部行为模式;(2)内部视角:解释主义的方法论考虑相关参与者的主观理解;第二,按照观察者是否具有特定的法律职业身份,**观察主体**主要包括两种类型:(1)参与型观察者(participant observers):观察者自身也是被观察法律活动的职业参与者,例如法官卡多佐从内部视角阐述司法过程的性质,或是法官波斯纳从外部视角进行法律的经济分析;(2)非参与型观察者(nonparticipant observers):观察者是被观察法律活动以外的成员,例如罗纳德·德沃金(Ronald Dworkin)作为解释性事业的法律帝国,或是布莱克作为实证性科学的纯粹法律社会学;第三,按照观察者是否对内部视角进行价值评价,**观察视角**包括三种典型的认识论倾向:(1)中立的观察者(detached observers):描述参与者行为的规范意义,但对规范本身不作任何价值评价;(2)约束的观察者(committed observers):支持或是接受参与者行为的规范效力;(3)批判的观察者(critical observers):否定或是解构参与者行为的规范效力。除以上三种典型视角,塔玛纳哈认为还有例如沉思的、操控的、工具的、玩闹的、冷漠的、日常的等至少六种观察者视角。[1]

　　按照塔玛纳哈的分析框架,我们也可以大致从三个层次解读科特雷尔所呼吁的法律观念的社会学解释。第一,关于观察对象的分析策略,科特雷尔主张采用立基于解释主义的方法论多元主义。一方面,法律观念的社会学理解应当由解释主义进路引领,因为"社会学所关注的是以社会行为者的主观意义来理解社会现象,

---

[1] See Brian Z. Tamanaha, "The Internal/External Distinction and the Notion of a Practice in Legal Theory and Sociolegal Studies", *Law & Society Review*, Vol. 30, No. 1 (1996), pp. 163-204.

而不仅仅是测量可观察的规律性"[1]。另一方面,法律观念的社会学解释在方法论意义上反映了其自身碎片化和多样化的方法论特征。法律研究不存在固定的方法论,法律理解和社会学理解是相互依赖的。针对这一点,科特雷尔特别强调方法论的扩大要顺着明确的方向审慎推进,这一方向旨在不断重释法律思维的社会性、系统性和经验性这三大属性。第二,关于观察主体的职业身份,传统思路将法律参与者的视角视为内部的,法律观察者的视角视为外部的。对此,科特雷尔认为当人们通过社会学理解法律思维的时候,法律的内部观点(法律参与者)和外部观点(社会科学的观察者)之间的划分便不复存在了。换句话说,法律视角本身既包括教义视角,亦富含多元的社会视角。第三,关于内部观点的观察视角,既然法律是社会的重要组成部分,那么法律的真理就不仅限于法律自身的真理,还应当包括法律的社会真理。一方面,法律自身的真理依赖于两大方面的智识支撑:(1)职业技能:法律工作者识别、判断、处理和解决法律问题的专门方法,尤其是关于法律解释、推理和论辩方面的技能;(2)智识话语:法律往往表现为统一的理解模式、独特的沟通系统或是具体的技能方法,其所特有的规范符码包括合法/非法、公平/正义、可行性/可得性以及制度性事实等。另一方面,通过共同体进路的理论引导,法律的社会真理内嵌于复杂的共同体关系网(传统的、情感的、工具的、价值的)中。此处,科特雷尔主张一种实用主义的认识论立场,即认为法律的社会真理是多元的,而各类真理的选择要放到具体的社会语境中去考察。

综上所述,法律的多元视角包括法律的教义视角和法律的社会视角。然而,这里有必要区分**社会的法律视角**和**法律的社会视角**。简言之,法律观念的社会学解释通常涉及四个重要的环节:(1)输出阶段:社会的法律视角指那些具有法律意义的社会学解释,这些观点是系统的、经验的、社会的,但往往缺乏法律规范的效力保障。(2)输入阶段:法律的社会视角指那些富有社会学意义的

---

[1] 〔英〕罗杰·科特雷尔:《法律社会学导论》,潘大松等译,华夏出版社1989年版,第14页。

法律解释。社会学理解不会把法律观念简化为除了法律以外的其他东西。它表达了法律观念在法律自身丰富的复杂性中所具有的社会意义。(3) 闭合阶段：通过确保官方的法律解释者作出判定，国家政治权力能够终止法律论证的过程，决定哪些解释性概念占据优势，维护其所倾向的规范性判断优于其他所有竞相适用的判断，并通过官方强制的威胁以保证规范的封闭（normative closure）。(4) 再启动阶段：随着特定社会结构和语境的变化，法律观念的规范意义需要被不断地重释和重构。

由此可见，法律的多元视角在本质上是一种反身性视角（reflexive perspective）。[1]通过对法律观念的社会学形构和解释，社会学洞见同时在法律观念之内外穿梭。它不仅能够揭示法律的特征，还可以像其他知识形式一样丰富法律的讨论、影响法律的解释，并且巩固或是推翻法律话语所指向的控制策略（strategies of control）。它的观察视角是批判性的，也是建构性的，更是建设性的。在科特雷尔看来，法律观念的社会学解释并不是一种可取的补充，而是一种法律理解的必要方法。法律观念是一种型构社会世界的方法。通过社会学理解法律观念就在于从这个意义上去领悟和认识法律观念的范围和边界。法律的多元社会视角是一种能够兼容一元和多元、经验和规范、开放和闭合、包容和终局、说理和强制等诸多智识思路的反身性、综合性视角。

---

[1] 需要指出的是，科特雷尔所主张的法律反身性与卢曼和托依布纳所倡导的法律递归性（recursivity）在形式上存在着相似之处，然而，两者的智识区别主要在于：前者属于遵循主观主义、解释主义、建构主义和社会互动的中层法律社会学，后者属于坚持客观主义、经验主义、功能主义、系统沟通的宏观法律社会学。在大卫·奈尔肯（David Nelken）看来，"我和科特雷尔都认为反身性这一重要概念能够促进人们对法律与社会学之间关系的理解。但是，我们审慎地采纳关于自我指涉递归性的自创生概念"。See David Nelken, "Blinding Insights? The Limits of a Reflexive Sociology of Law", *Journal of Law and Society*, Vol. 25, No. 3 (1998), p. 414.

表 2　社会—法律研究的分析模式

| | 法学模式 | | 社会学模式 | |
|---|---|---|---|---|
| 中心 | 正义 | 规则 | 行为 | 行动 |
| 过程 | 价值 | 逻辑 | 利益 | 观念 |
| 范围 | 普遍的 | 自足的 | 经验的 | 建构的 |
| 目标 | 理想的 | 分析的 | 科学的 | 人本的 |
| 视角 | 思辨者 | 参与者 | 观察者 | 解释者 |

## 五、比较法的社会—文化应用：以法律移植为例

与英国传统的政策应用型社会—法律研究相比，理论应用型社会—法律研究不沉迷于数据本位的定量研究和政策导向的对策研究，而更多注重通过社会理论解释英国社会的现实法律问题。在本书的第二部分，科特雷尔的研究重点转向了解释法律社会学在比较法领域的理论应用问题，特别是法律与共同体进路是否能够解决法律移植领域的一些疑难问题。其中，科特雷尔所选择的研究切入点是法律文化概念。因为在他看来，当代法在全球化的进程中似乎存在着两股并行的智识运动，一是要通过统一带来相似性以寻求效率，二是通过文化去理解异质社会群体的差异性。鉴于"文化"一词俨然已变成当今法律社会学和比较法共同关注的研究焦点，所以科特雷尔的研究目的在于：通过探寻一种具有概念合理性、连贯性和系统性的文化—法律思维方式，以求在操作上有助于更好地解释移植型法律发展的社会本质和运作逻辑。从另一个角度来看，科特雷尔旨在通过将比较法与法律社会学结合在一起，以重新审视和诠释比较法的本体论问题和认识论问题。其中，前者主要涉及为什么比较？比较所带来的知识本质是什么？它具有什么样的知识地位？比较所得到的是关于什么的知识并且受制于哪些条件？后者则追问的是：哪些是可以比较的？法律规则、法律原则、法律文化、法律制度、法系、法律功能、法律风格？或者，比较是否应当通过法律回应社会的需求、利益或是问题？换句话说，比较法有哪些必要的主题？

基于当代法律全球化的两股智识趋势，科特雷尔认为存在着两种实践形态的比较法。一方面，**求同型比较法**拥抱法律的趋同性特征，寻求法律的统一或是协调，进而探索人类共同法的普遍性规律。这一阵营的比较法学者通常从以下几个角度分析问题：(1) 为了更高的规制效率（例如经济效用），例如统一商法典的颁布；(2) 为了体现、象征或践行共有的价值或是信仰，例如统一人权法表达关乎人类尊严和自治的普遍文明价值；(3) 基于具有共同的语言、传统或历史经验，法律的统一能够增进简约性、可测性或是安全性；(4) 统一的法律方案有可能符合并且公开表达着某种普遍认同的情感。另一方面，**求异型比较法**看重法律的特殊性特征，倾听法律的地方性诉求，并探讨法律的多元方案或是差异性理解。相应，这一领域的比较法学者近期往往采取如下方法来回答问题：(1) 援用法律文化的概念或是竭力主张人们广泛认可不同的法律风格或是制度背后的文化差异；(2) 传统是指法律精英的传统，而非更广泛的社会传统；(3) 依靠特有的集体利益（例如国家的经济利益）证成法律差异；(4) 使用集体情感（collective sentiments）这一概念去证成法律差异，例如爱国主义感、民族主义感或是集体认同感。对此，科特雷尔认为当代比较法的核心是建立一种**平衡型比较法**，它旨在寻求相似性和理解差异性之间谋求法律平衡，这一定位既要促进法系之间相似的法律制度安排，又要维护相异的地方法律风格或是文化。或许细心的读者会发现，科特雷尔此处所指的"平衡"始终隐含着这样一种学术志向，即求同型比较法向求异型比较法的适度倾斜。

回顾比较法的智识轨迹，四种前后相继的学术传统包括：寻求人类共同法的普世主义传统、志在扩张法律版图的殖民主义传统、专注实证法规则的国家主义传统以及考察法律社会效果的功能主义传统。[1] 在很大程度上，无论上述哪一传统均与求同型比较法的智识风格高度契合，即法律普世主义、法律殖民主义、法律国家

---

[1] 关于比较法研究的若干学术传统或是智识流派，参见〔法〕皮埃尔·勒格朗、〔英〕罗德里克·芒迪编：《比较法研究：传统与转型》，李晓辉译，北京大学出版社 2011 年版，"第二编 比较法研究及其传统"。

主义或是法律功能主义均不同程度上指向法律规律的探寻、统一的法律体系或是趋同的法律安排。显然,传统比较法的智识局限在于"没有对正在推动或者接受法律迁移的社会正在发生的其他变化进行经验研究"[1]。这意味着传统比较法往往过于依赖实证层面的教义比较或是经验层面的功能比较,但却忽视或是缺乏在更加广阔的社会层面去把握法律教义的社会学思考。对此,科特雷尔首先指出传统比较法与法律社会学存在着许多相似的研究作业,包括:(1)梳理和了解社会世界;(2)理解社会世界中的规范性规制;(3)评估和比较不同社会提供规制的不同方法。尽管如此,科特雷尔同样承认传统比较法"重教义、轻社会"的学术倾向与法律社会学"重社会、轻教义"的学术特色亟须通过某种方式得以调和,而当代比较法与法律社会学之间合作的可行出路在于:把教义比较的分析过程置于法律与共同体的研究进路之中。由此,比较法与法律社会学借助语境主义思路形成了"比较法律社会学"(comparative sociology of law)这一研究新态。此举不仅能够为求异型比较法提供社会—法律依据,还能够在操作层面上实现法律文化的要素识别以及差异化理解和比较。应当说,科特雷尔绝非第一位主张将比较法与法律社会学相结合的学者。然而,早期的智识合作追求的是一种实证主义和功能主义的比较法律社会学,无论是法律指标的比较法律社会学、临时的比较法律社会学或是全球化的比较法律社会学。[2] 而科特雷尔所探讨的则是一种解释主义和语境主义的比较法律社会学,例如法律观念的比较法律社会学或是兼具地方化和跨国化的比较法律社会学。从这个意义上讲,科特雷尔将比较法从传统意义上的"比较法律教义"转换成了当代意义上的"比较法律文化"。

实际上,这种比较法的文化主义进路把传统比较法学者的观察焦点从书本中的或是行动中的法律教义转向具体社会语

---

[1] 参见〔英〕达维德·内尔肯:"比较法学家和法律的可迁移性",载〔法〕皮埃尔·勒格朗、〔英〕罗德里克·芒迪编:《比较研究:传统与转型》,李晓辉译,北京大学出版社2011年版,第422页。

[2] 参见朱景文:《从比较法、法社会学到比较法社会学》,《环球法律评论》2001年第1期,第115页。

境中的法律观念,此举并不意在疏远对法律教义的考察,而在于从更加复杂的社会关系网中去探讨法律教义的文化逻辑。有趣的是,虽然"法律文化"成为了比较法律社会学的基石范畴,但科特雷尔对这一概念的解释力和分析力提出了诸多批评(尤其是针对弗里德曼的法律文化概念)。他认为法律文化概念仍然依赖于对复杂社会—法律现象的因果说明或是功能阐释,进而无法帮助比较法律社会学实现系统的经验解释。具体来说,科特雷尔认为法律文化概念存在着四点主要缺点:其一,概念的外延太过宽泛,以至于成为一个剩余范畴,它往往指涉所有法律制度以外的法律现象;其二,概念的弹性太大,意图同时涵盖国家或是民族的宏观法律文化和多元庞杂的地方法律文化,且无法清楚解释内部法律文化与外部法律文化之间的社会性联系;其三,似乎过度强调法律文化对于回应制度需求的因果作用,而相对忽视法制改革对回应制度需求的作用;其四,缺乏对法律现象的经验检验,更多表现为对一般法律趋势的印象派描绘。尽管缺乏有效的分析效用,但科特雷尔认为法律文化这一概念在如下两个领域仍有适用余地,包括小规模的或是相对封闭的地方性法律文化,或是对文化集合的民族志研究。不过,针对复杂多变的当代社会,科特雷尔相信法律观念形态(legal ideology)是一个比法律文化更有益助的解释性概念。它的优势包括:其一,通过对法律教义展开系统的经验解释,法律观念形态的渊源及其形成和影响机制更加具体;其二,法律观念形态的生成和维系依赖于职业化、制度化的法律实践;其三,法律观念形态能够储藏着法律教义在当代所有无法实现的愿望,进而反映法律教义的非技术性特征;其四,能够被用来具体界定多样甚至是冲突的法律价值;其五,法律观念形态可以识别和考察作为修辞符号的法律在教义体系中的作用;其六,能够提供比法律文化更具可操作性的分析框架。总之,法律观念形态关注的是法律教义的观念意义以及法律观念转变为规制实践的过程。

  针对科特雷尔的批判性解读,作为法律文化之父的弗里德曼提出了若干辩护意见。简言之,他的法律文化概念是实证主义的、需求导向的,即更加注重社会大众对法律制度的期待、态度甚至是压力。关于其概念优势,弗里德曼认为有四点:其一,作为中介变量,有效解释法律制度和社会变化之间的作用机理;其二,作为一般范畴,能够把其他较为明确和较易测量的现象和信息收集在一起;其三,作为分析工具,能够考察较小的文化样板,以引发更具普遍意义的社会—法律思考;其四,相较于"法律观念形态",法律文化概念更关注外部社会因素(而非来自内部法律职业者)的影响。[1] 实际上,弗里德曼对法律文化的用法是权威的,但也不是唯一的。例如,荷兰学者艾哈德·布兰肯伯格(Erhard Blankenburg)提出的就是另一种实证主义的法律文化概念。这一供给导向的法律概念包括三个分析层次:其一,实体法与程序法之间的关系;其二,法院与法律职业等法律机构之间的关系;其三,法律行为和法律态度之间的关系。[2] 我们看到,上述两位学者所提出的法律文化概念分别侧重于制度需求和制度供给两个维度,但均遵循实证主义的分析路径。与此相对照,科特雷尔的法律观念形态概念沿着解释主义的分析路径,剖析的是法律教义的观念意义和文化逻辑。它更多考察的是国家法律体系对普通公民之间的社会理解、态度和价值结构的影响力,而较少关注各种分散的理解、态度和价值对国家法律体系运作的形塑。所以,基于上述各种分析路径,英国学者奈尔肯准确指出了法律文化概念内部存在着实证主义与解释主义的方法论之争。为了打开法律文化的"黑匣子",突破性的分析应当尝试将制度结构和文化模式结合起来考察,因为两者总是互为因果、相互作用的。[3] 应该说,各种不同的分析路径没有绝对的优势或是对错,不同解释性概念具有交叉、互补甚至是重叠的适用范围和解释空间。

---

[1] 参见〔美〕劳伦斯·M.弗里德曼:"法律文化的概念:一个答复",沈明译,载〔英〕戴维·奈尔肯编:《比较法律文化论》,高鸿钧、沈明等译,清华大学出版社2003年版,第51—62页。

[2] 参见〔荷〕艾哈德·布兰肯伯格:"作为法律文化指标的民事诉讼率",袁开宇译,载同上书,第73页。

[3] 参见〔英〕戴维·奈尔肯:"法律文化的困惑:评布兰肯伯格",袁开宇译,载同上书,第128—134页。

如是看来，争论的焦点似乎不是该不该使用"法律文化"这一概念表述，而是比较法律社会学是否能够设计更加有效的分析性概念去解释不同国家或是地区的文化—法律现象。针对这一挑战，科特雷尔相信未来的一个重要研究方向就是将法律置于文化之中以识别和验证文化的社会—法律成分。按他的话讲，"如果能找到将文化分解为能在它与法律的关系上进行比较的成分，而且能发觉始终存在于思维中的方法论困境的话，那么关注文化的比较法学就开启了令人兴奋的可能性，以致比较法学家在他们关于能够理解'他者'及其法律的主张中变得谦虚。"[1]依据这一设想，科特雷尔实际上将共同体进路与法律文化概念结合在了一起，进而形成"文化中的法律"的新框架。与其把文化看作是一个抽象的概念范畴，科特雷尔将文化视为共同体关系网的复杂集合，它通常涵盖工具性、情感性、价值性、传统性四种典型类型的共同体关系网。其中，工具性文化往往与全球化背景下的跨国法激增（主要是经济领域）相联系，而其他三种非工具性文化则更贴近反全球化势头下的地方法强化。正是通过"文化中的法律"这一新框架，抽象的文化被分解为各种具体多元的解释性共同体。通过这种分析方式，科特雷尔相信法律对文化的依赖与支配、忽视与促进、漠视与保护、表达与反表达等貌似矛盾的现象能够得到更好的语境化解释。更进一步讲，与其局限于现代法中工具导向的程序价值（统一性、一贯性和可测性），社会—法律理论可以探讨：受到有力辩护的普遍价值是如何与特定的态度联系在一起的，包括人们对法律的看法、对实践中法律解释和应用的理解、关于公私领域的利益观以及如何适当地实现这些利益的想法。在这里，法律不是国家规制的工具，而是文化的组成部分，它是对如下文化形态的经验表达：价值或信仰、传统（在特定自然或社会环境中建立已久的共存体系）、情感（依恋、忠诚、抗拒或是排斥）。[2] 显然，共同体进路下的

---

[1] 〔英〕罗杰·科特雷尔：."差异有如此糟糕吗？比较法与多样性青睐"，赖骏楠译，载〔英〕埃辛·奥赫绪、〔英〕戴维·奈尔肯编：《比较法新论》，马剑银、鲁楠等译，清华大学出版社2012年版，第168页。

[2] See Roger Cotterrell, "Theory and Values in Socio-legal Studies", *Journal of Law and Society*, Vol. 4, Iss. S1 (2017), pp. 19-36.

社会—法律理论给比较法律社会学带来了新的理论出路。

作为本书的亮点之一,科特雷尔把共同体进路应用到了法律移植领域,以求从理论上更有力地解决传统比较法的当代挑战。例如,他指出法律移植的成功标准不是单一的,其中至少存在着三个标准:其一,作为实证规则的法律(书本上的法),官方颁布是成功移植的标准,法律隔离论是移植的理论基础;其二,作为技术工具的法律(行动中的法律),社会实效是成功移植的标准,法律工具论是移植的理论基础;其三,作为文化表达的法律(观念中之法),价值认同是成功移植的标准,法律镜像论是移植的法律移植。按照以上三种不同的移植标准和理论,法律移植的难度是依次递增的。但是,科特雷尔认为以上三种法律移植理论均不能充分涵盖当代社会各种复杂的移植逻辑。对此,他相信法律共同体理论可以作为可靠的替代方案。精言之,法律共同体理论的社会—法律假设是:在其他社会条件不变的前提下,社会共同体与法律共同体之间存在着反比关系,即社会纽带越稳固,法律联系越脆弱;反之,社会纽带越脆弱,法律联系越稳固。基于此,科特雷尔分析了四种典型的法律共同体及其主导的移植和规制逻辑,包括:(1)工具型法律共同体:基于短期的共同目标建立起来的最为稳固的法律联系,注重经济效率和行为预测的移植逻辑,典型法律形式例如合同法、公司法、产业法、商事法和援助法;(2)传统型法律共同体:在安全、保卫、健康、风险、和平共处、民族遗产的享有、环境保护和自然资源领域较为稳固的法律联系,移植逻辑崇尚秩序和稳定,典型法律形式主要有刑事法、侵权法、财产法以及新兴跨国法;(3)情感型法律共同体:由于情感型共同体在观察、界定和规制方面均存在难度,所以这类法律联系是相对脆弱的,典型的法律形式主要涉及婚姻法、家庭法、继承法和信托法;(4)信仰型法律共同体:高度含糊抽象的价值理想决定了这类法律联系是最为脆弱的,宗教法和人权法是这类共同体典型的法律形式。科特雷尔认为,在工具型和传统型共同体领域,比较法学者倾向于寻求法律的相似性;在情感型共同体领域,比较法学者在寻求法律统一的同时也同样关注这类法律共同体的移植特性;而在信仰型共同体领域,比较法学者最看重的既不是法律统一也不是法律差异,而是充分意识到法律不干预的必要性。

可见,根据共同体进路来看待问题,我们有可能理解任何法律移植的复杂逻辑。科特雷尔认为只有将法律移植与特定的社会语境联系在一起,并且关注传统、信仰、情感和工具性之间在特定经验背景之下的复杂互动,这样一种逻辑才能够得以展开。就比较法律社会学的研究而言,科特雷尔在书中所阐述的最终观点是:比较法和法律社会学是相互依存的,且虽然各个研究作业具有各种各样的恰当目的,但是两者核心的、最一般意义上的、最艰巨的科学课题是相同的,即理解法律在自身发展过程中的本质,以及法律作为社会生活组成部分的各种形态。

## 六、比较法律社会学的学科际思考:寻求智识合作

如前所述,"法律与社会"从最广义讲泛指法律与社会科学、人文科学乃至自然科学相结合的综合性交叉学科。然而,纵览法律与社会将近130年的智识发展历程,我们看到社会科学(特别是社会学)对法律的智识影响是奠基性的。特别是自20世纪60年代以来,现代法律社会学不仅进一步运用社会学去解释在多样化的社会背景下法律的运作模式和作用机制,而且也促使其他社会科学发展各自独立的法律研究方法,并把各种社会科学的视角汇集到传统的"法律与社会"这一旗帜之下,并得到世界范围的追捧。[1] 从这一学术传统出发,法律的社会研究(social studies of law)、法律的社会学研究(sociological studies of law)以及法律的社会科学研究(social scientific studies of law)是互通的。各种研究形态的共同目标均在于:通过法律研究社会以及在社会中研究法律。需要留意的是,法律与社会科学之间的科际互动并不总是畅通无阻的,相反,法律与社会研究在整个20世纪大部分时间里都存在着法学和社会科学两大对立阵营。无论是20世纪初期的隔阂——摸索阶段还是20世纪中叶的疏离——初创阶段,两大阵营的关系既不

---

[1] 参见〔美〕马修·戴弗雷姆:《法社会学讲义——学术脉络与理论体系》,郭星华等译,北京大学出版社2010年版,第2页。

和谐也更不亲密。直到 20 世纪后半叶以后,两大阵营的学者才逐渐展开对话。特别是随着 20 世纪 90 年代的解释性转向,法律与社会研究沿着人文主义、解释主义和批判主义的方向取得了诸多实质性的智识突破。即便如此,两大阵营真正展开智识合作还是 21 世纪以后的事情,尤其是随着科际法律研究在西方的兴起。造成这一局面的原因主要在于:在整个 20 世纪,法律社会学的学科性质究竟属于法学还是社会学在两大阵营看来始终是一个悬而未决的问题。可以想象的是,如果法律学者和社会科学学者依旧在这个问题上无法达成基本共识,那么两大阵营的智识对话归根结底是粗浅的,两者之间智识合作的基础亦是羸弱的。

通常来说,法学与社会学本来并没有多少对话的余地。一方面,作为一门古老的学科,法学被视为公平正义之学和教义注释之学,前者以自然法理论为依托,呼唤法律的道德本质和终极价值,而后者以实证法理论为基础,探讨法律的政治权威和正式渊源。从学科的层面来看,追求公平正义的价值法学聚焦于法律的伦理关系,而立基于教义注释的分析法学关注的是法律的逻辑关系。直到当今,法学在很大程度上都被人们看作是一门规范科学,无论是作为最低限度的道德戒律还是强力保障的政府命令。另一方面,作为一门发端于 19 世纪的年轻学科,实证社会学强调通过经验社会科学的理论和方法去描述社会现象,而 20 世纪下半叶兴起的非实证社会学注重解读社会现象的意义和解构社会秩序的本质。无论哪种形式,社会学所采用的定量或是定性研究法与法学主导的价值或教义分析法交集甚微。如果认为法律社会学意味着法律是法学和社会学的研究交点,是两门学科对话的共同语言,这在很大程度上是一种误解。纵观法律与社会的智识轨迹,我们看到法律在社会学研究中经常处于无足轻重的位置,而传统的规范研究亦总是遭到社会学经验研究的抵制或是疏远。至于法律社会学的学科地位,法学阵营视法律社会学为法学的分支学科,其学科意图是将社会学当作法学的"仆人";而在社会学阵营,法律社会学又被理解为社会学的分支学科,其相应的学科意图是用社会学的概念范畴重述和重释作为社会现象的法律。可见,与其说法律社会学代表着法学阵营和社会学阵营的对话,毋宁说是两大阵营在法律领域找到了对战的平台。

　　基于法学与社会学之间紧张又密切的联系,科特雷尔长年的学术志向一直在于调和并促成两门学科之间的科际合作。在他看来,这两门学科之间存在着共通之处,即法学和社会学都要想办法理解社会行动模糊且复杂的意义,并且承认存在着类型迥异的各种社会关系。因此,两者都必须从无限多样的社会环境中进行理论抽象,进而为理解纷繁复杂的社会提供一般化的分析和解释。但与此同时,科特雷尔也承认,两门学科在智识传统、研究对象、分析方法、学术目的等方面存在着显而易见的差异。这里,科特雷尔特别指出法学这门学科在当代的最大弱点在于:随着价值法学、分析法学和社会法学三足鼎立的格局基本确立,法学智识上缺乏或是丧失了鲜明的学科标准(marks of disciplinarity),例如支配性的主导理论、成熟的认识论和本体论立场、学术讨论的特色方法、研究实践的公认范式等。针对这一难点,科特雷尔的核心主张是重新审视"学科"的智识性质。申言之,从知识社会学的视角出发,存在着两种典型意义上的**学科观**。其一,作为研究领域(field of study),学科指涉的是可识的智识现象和客观存在的学术规律,它往往表现为对象论或是范围论的学科观;其二,作为社会构念(social constructs)或是知识域(field of knowledge),学科反映的是特定的社会现象,取决于特定的社会基础(包括社会、政治、经济条件;机构组织的模式;权力结构),它往往主张范式论或是话语论的学科观。在科特雷尔看来,随着科际研究的趋势日渐主流,对象意义上的学科观需要在相当程度上让位于话语意义上的学科观。从这一意义上讲,学科之间的对话甚或是对抗不取决于纯粹的知识或是方法论(严密的方法论、精细的理论分析或是充分的经验参照等)之争,而归根结底取决于不同学科背后的相冲突的知识—权力关系。以法学与社会学的关系为例,即便缺乏特有的本质、方法和对象,法学依旧保持最大限度的智识自治。实际上,在与社会结构中的其他话语体系及其背后的权力—知识关系的相互渗透中,法学总是体现着顽强的自治要求和制度保障。所以,如果把社会中的法律视为一种知识,那么一类知识的进步最终取决于学科界限的分解而非分立,无论这一努力来自于法学还是社会学。[1] 按照这样的分析思路,科特雷尔把科际互动的本质聚焦到了认识论层面,此举不仅打通了不同学科之间的智识高墙,更进一步把法学与社会学之间的初级关系转化为法律(学)共同体与社会学共同体之间的深层关系。

基于上述话语导向的学科观,科特雷尔对法学与社会学之间的学科对话和合作提出了一种实用的、开放的、恪守的学术立场。他的主张主要有三点:第一,我们应当以一种合理怀疑的态度,从实用主义的角度来看待学科界限。我们不应当将学科界限视为对理解的禁锢。社会理论现在已经不再专属于任何一门学科,它应当根据自身的目标而非形塑它的特定传统来得到界定。第二,法律研究应当采用多元视角,而多元视角的关键在于方法论多元。社会学视角的目标应当是拓宽法律参与者对法律以及法律解释下的社会的理解,这样人们能够更好地理解他们所生活的社会并以更加可靠的方式规制社会(当然还有其他目标)。社会学和社会理论并不决定法律应当规制什么以及如何去规制,但是它们可以有助于澄清规制决定应当在什么样的语境下作出。第三,法律研究在智识开放的同时仍应当坚守其对法学的忠诚,即如果关于法律观念的社会学探究具有任何特定智识上的忠诚,那么这便是对法律作为一种社会现象的忠诚,而不是对社会学或是其他社会科学学科的忠诚。按照科特雷尔的理解,忠于法律并不意味着忠于法律职业者的职业世界。更确切地说,它意味着想要去和平、稳定地规制社会生活,并去追求正义的共同体生活。这里,我们也不妨把科特雷尔的共同体理论视为一种新自然法的理论表达。更重要的是,他所采用的话语导向的学科观与其所倡导的解释法律社会学是高度关联的。公允地讲,科特雷尔在促成法律与社会研究的科际互动方面作出了卓越的贡献,他的核心立场在于:当社会学探究被人们按照上述勾勒的各种方法加以运用的时候,它不再寻求与

---

[1] See Roger B. M. Cottrrell, "Law and Sociology: Notes on the Constitution and Confrontations of Disciplines", *Journal of Law and Society*, Vol. 13, No. 1 (1986), pp. 9-34.

法律相抵触的方法论,或是为了把法律殖民化而援引一门相竞争的学科。社会学探究彻底扩大了法律参与者对法律的理解,并同时表现出了法律的反身性。如此看来,社会学探究是人们拓宽法律理解的一种必要方法,即系统地、经验地理解那一部分被当作是"法律的"社会生活。

回顾全书的结构安排,作者在第一部分着重探讨的诸多论题集中反映了其多年来关于法律社会学研究的学科际思考。其中,引用率高、影响力广的《为什么应当通过社会学解释法律观念?》一文可以被看作是第一部分的标志性文章。事实上,作者对科际法律研究领域所取得的成果不仅限于法律社会学。近年来,作者的学术兴趣又进一步转向了比较法和法律社会学的科际结合。之所以产生这一学术转向,其原因主要有二:其一,求异型比较法在方法上需要超越传统意义上的教义比较和功能比较,新的方法应当挖掘法律在跨国、国家和地方等不同领域的文化意涵和规制需求;其二,解释法律社会学主张阐释法律教义在特定社会语境下的文化表达和思想影响作用。在法律全球化和地方化的双重压力下,这一解释主义的分析思路理应突破民族国家法的管辖范围。因此,科特雷尔预言:在可以预见的未来,民族国家必定仍然是大多数法律规制的唯一焦点。但是,比较法学者和法律社会学者应当联手去探讨国家内部或是超越国家的规制地方化需求。通过将比较法与解释法律社会学结合,比较法的研究方法能够得到进一步的深化。按科特雷尔的话讲,"归根结底,比较的方法所关涉的是在各自不同的社会—法律环境中,耐心地商讨暂时的意义并悉心地展开文化间的对话。有些时候,这些环境可能被外国观察者视为无法理解,但同样危险的是,这些环境有时又会他们迅速而轻易地'理解'。"[1]应该说,科特雷尔的判断既顺应了当今科际法律研究的大势,也符合当代比较法研究的学术共识。正如埃辛·奥赫绪(Esin Örücü)所言:"除非在法律研究者与社会科学研究者之间存在合作,否则比较法无法发挥其功能,既不能作为增强理解力的

---

[1] Roger Cotterrell, "Comparative Sociology of Law", in David S. Clark (ed.), *Comparative Law and Society*, Edward Elgar, 2012, p. 59.

方法和清净之法的知识,也无法成为典范的渊源与经验信息和知识的来源。"[1]因此,如果说法律社会学涉及的是两门学科之间的科际交叉,那么比较法律社会学则尝试的是将比较法和法律社会学进一步结合在一起的科际整合。毫无疑问,科特雷尔的研究是前沿的。其核心观点集中体现在全书第二部分所讨论的论题中。其中,《存在一种法律移植的逻辑吗?》一文最能反映作者在比较法律社会学领域的核心思想。

可以想象的是,如果比较法律社会学的思路是可行的,那么比较法律与社会研究的设想更是可欲的。作为一种新的学术思路,"比较法律与社会"隐含着三点智识突破:其一,在比较地方层面,考察各类社会共同体之间差异化的法律需求,并探讨如何提供更加包容可控的法律供给方案;其二,在比较国家层面,关注法律规制或是司法决策背后的国情差异,特别是要尊重那些后发法治国家的法律差距;其三,在比较跨国层面,分析不同跨国共同体背后差异化的文化表达和多元化的规制需求。总之,传统诸多主导的法律理论依旧根植于欧洲和西化国家,且在东亚国家(包括中国)的影响亦相当稳固。西方理论所依靠的智识假设主要包括四点:西方中心的民族主义、权力垄断的国家主义、法律体系的一元主义和教义本位的实证主义。与此相对应,当今的比较法律与社会(comparative law and society)所带来的智识挑战或是实用价值在于:通过考察社会中的法律差异性,以更好地解决人们特定的法律问题。按照大卫·克拉克(David Clark)的比喻:"正如生物多样性是衡量生态系统健康的一个标准,法律多样性所承认的是人类文化的多变性和丰富性。"[2]从这一立意上讲,当今的比较法律与社会同样立基于四大智识假设之上,即包容主义的民族主义、社会本位的文化主义、法律渊源的多元主义和经验导向的科学主义。当

---

[1] 〔英〕埃辛·奥赫绪:"发展中的比较法",马剑银译,载〔英〕埃辛·奥赫绪、〔英〕戴维·奈尔肯编:《比较法新论》,马剑银、鲁楠等译,清华大学出版社2012年版,第56页。

[2] See David S. Clark, "History of Comparative Law and Society", in David S. Clark (ed.), *Comparative Law and Society*, Edward Elgar, 2012, pp. 35-36.

然,科特雷尔所吁求的不仅是一种求异型的比较法律与社会,更是一种诠释性的比较法律与社会,即这一智识活动并不意在依靠实证社会科学的定量方法,而更多旨在采用解释社会科学的定性方法。因为前者总与普适性、客观性和一元性相关,而后者往往与地方性、建构性和多元性相联。

值得玩味的是,法律社会学在我国的学科性质几乎从来不是一个有争论问题。确切地说,存在争论的似乎只是学术译介过程中的称谓之争,就其学科性质而言,学者们似乎更关注法律社会学作为法学分支学科的定义问题,无论是采用学科论、关系论、实效论、过程论、特征论、条件论、方法论甚或兼顾论。[1] 虽然我国法律学者在 20 世纪 80 年代末至 90 年代初就曾专题讨论过这一问题[2],但是类似的讨论基本上是从西方的学术语境下展开的,同时,作为法学分支学科的法律社会学一开始就得到了法学界一边倒的支持。相较而言,法律社会学在我国社会学阵营长期处于极其边缘的地位。对此,我国社会学者曾如是感叹道:"有些遗憾的是,中国的社会学家对此反应似乎有些迟钝,倒是中国的法学界因应时代需求,独立地在中国开展了法律社会学研究。时至今日,局面仍未有大的改观,专门从事法律社会学研究的来自社会学阵营的学者仍然是屈指可数的。……但是,将法律社会学这样极具挑战性,且很有现实意义和理论意义的研究领域拱手让给法学界,恐非明智之举。"[3]所以,与国外的情况相比,我国的法律社会学研究同样缺乏必要的学术对话,但确切地说,与其说我们缺乏法学与社会学之间的**学科际对话**,不如说我国学者往往呼吁的是加强法学领域的**学科内对话**,因为从事法律社会学研究的社会学学者人数寥寥。对此,有学者把这一现状归因于法学学科建制壁垒和过度专业化,法律社会学者和部门法学者在我国面临着相互隔绝的困局,即法理专业的法律社会学研究对部门法中的具体问题把握不

---

[1] 参见汤唯:《法社会学在中国——西方文化与本土资源》,科学出版社 2007 年版,第 131—135 页。

[2] 例如参见杜万华:《法律社会学学科性质简论》,《现代法学》1990 年第 6 期。

[3] 郭星华:"译后记",载〔美〕马修·戴弗雷姆:《法社会学讲义——学术脉络与理论体系》,郭星华等译,北京大学出版社 2010 年版,第 360 页。

够,而部门法领域的法律社会学研究对理论问题准备不足。法律社会学的客观描述与部门法学的规范意识始终无法展开有效的对话。[1] 与此同时,也有学者认为问题出在法律学者自身薄弱的**学科际能力**,即法律与社会科学研究目前所面临的关键问题不是这种研究思路是否具有学术价值,而在于研究者有没有能力采用这种方法进行有效的研究。[2] 还有学者不无道理地警惕学科际研究自身的科学性,即"跨学科或多学科的研究,往往并不能实现一种开放的社会科学,而只不过是用另一种受到专业分工的纪律束缚的研究传统,取代了现在这种研究传统,用另一种封闭科际性取代了这种封闭性"[3]。

可见,当前科际法律研究在我国面临的问题集中体现在法学圈内部,学圈内部的学科际对话基础是很薄弱的,合作的可能性也难称乐观。其原因有很多,例如真正具备跨学科知识背景的学者很少、学术共同体的凝聚力缺乏制度保障、现有科研体制的意识形态影响以及法律政策制定者无视或是轻视科际法律研究的成果或建议。然而,尽管如此,在我看来,科际法律研究是当代法学正在遭遇或是迎接的一股势不可挡的智识潮流。对于法律与社会学者而言,最大的挑战或是出路并不在于继续停留在对学科之间智识边界的区隔,相反,承认并且探索法学与社会科学、人文科学甚或是自然科学之间的学科际合作是一种没有选择的选择。通常来讲,单学科研究(monodisciplinary studies)强调学科之间的分界和自洽,例如传统法律教义学往往持有一种以逻辑自足、智识封闭和规范话语为特色的学科立场。相应,多学科研究(multidisciplinary studies)强调学科之间的互鉴和渗透,法律的社会科学研究通常持有一种以认知开放、智识包容和多元话语为特色的学科立场,其研究层次主要包括:其一,跨学科研究(crossdisciplinary studies)特指

---

[1] 参见强世功:《中国法律社会学的困境与出路》,《文化纵横》2013年第5期。
[2] 参见贺欣:"转型中国背景下的法律与社会科学研究",载《北大法律评论》编辑委员会编:《北大法律评论》(第7卷,第1辑),北京大学出版社2006年版,第36页。
[3] 李猛:"法律与社会(导言)",载《北大法律评论》编辑委员会编:《北大法律评论》(第2卷,第2辑),法律出版社2000年版,第392页。

一门学科对其他学科的视角和方法加以吸收和转化的过程,其中一门学科与其他学科通常处于主导和辅助的关系,即前者是智识资源的利用者,而后者远非智识活动的参与者,例如现代欧洲的法律社会化过程和美国法律现实主义的科学立场等;其二,学科际研究(interdisciplinary studies)强调学科之间双向的概念转换和理论整合,其中各学科相关学者共享智识资源,以实现共同的学术任务或是目标,例如志在共同恢复案件当事人心理健康的愈疗法理学和基于生态中心论的大地法理学等;其三,超学科研究(transdisciplinary studies)体现的是学科界限的突破以及新知识域的形成,相关学科学者通过深度的认识论、方法论融合能够创造出新的知识领域,例如法律自创生的构想和法律共同体的阐释等。基于上述框架性的思考,科际法律研究随着科际合作的不断深入,各学科之间的智识壁垒逐渐减弱,通过新话语或是新范式的提出,法律的复杂本质和多元意涵能够得到不断的挖掘。总之,比较法律与社会是科际法律研究领域一项较为活跃、成熟的前沿课题,而科特雷尔的学术志向正是开拓作为超学科研究的比较法律社会学。

表3 科际法律研究的智识框架

| 多学科＼多维 | 研究层次 | 典型形态 |
| --- | --- | --- |
| 跨学科研究 | 视角 观点 方法 | 文学/叙事/边缘法理学 |
| 学科际研究 | 概念 学说 理论 | 认知/愈疗/大地法理学 |
| 超学科研究 | 知识域 新话语 新范式 | 法律共同体/法律自创生 |

## 七、法律与社会研究在中国:法律思潮可以移植吗?

如果说发端于20世纪60年代的"法律与发展"是一股针对广大后发法治国家的输出式、说教性、全球化的法律思潮,那么兴起较早的"法律与社会"则表现为一股根植于西方法治发达国家的说理性、本土化的法律思潮。一般认为,基于社会高速变革的压力和科技进步的动力,现代西方的法律政策制定者需要更富前瞻性、专业性、灵活性以及透明性的法律理论。显然,法律与社会科学的联袂符合现代西方社会转型的改革要求和制度需求,这一法律思潮所呼吁的是运用社会科学的理论和方法探究法律运作的社会条件和现实语境,所以它往往具有浓厚的地方色彩。或许出于这一原因,我们很难看到像是"全球法律社会学"或是"国际法律社会学"这类表述,因为当代法律社会学的学术特质在于解决某一特定社会或是地区的社会—法律问题。无论是因果说明还是意义阐释,宏观分析还是微观考察,当代法律社会学的结论既不依赖统一的法律方案,也不主张普适的法律规律。从学术传统来看,"法律与社会"自始存在着欧陆的亲理论传统和英美的重应用传统,前者钟情于法律与社会科学理论的结合,后者着迷于法律对社会科学方法的运用。然而,从学术现实来看,法律与社会研究的学术传统自第二次世界大战结束后发生了许多深刻的变化。其中,最能代表这些学术变化的国家当属美国和德国。

　　让我们先来看看美国。自二战后,社会科学开发了一系列有关数据收集和分析的经验工具(例如法律使用和需求的调查、法庭记录的数据分析、陪审员和法官的访问),进而为美国的法学研究注入了新的效力和活力。随后,社会科学逐渐成为美国高等教育中备受尊崇的第三支派(third wing),并最终与历史悠久的人文科学以及其他新近建制的科学平起平坐。从某种角度来看,通过运用物理学的研究方法,尤其是实验技术和数据分析的定量方法,社会科学相较于人文科学能够提供更为可靠的社会知识来源。1964年,一群社会学者、政治学者、心理学者、人类学者、历史学者和法学教授组建了法律与社会学会。1967年,这群学者创办了一家名为《法律与社会评论》的学术期刊。自20世纪70年代以来,法律与社会学会每年通过举办年会提供交流和讨论的平台和机会。更为重要的是,拉塞尔·赛奇基金会、沃尔特·迈尔法律研究所、美国律师基金会等组织机构发现这场新兴的学术思潮与其针对社会改革的资助项目旨趣吻合,进而提供了大量的科研经费。[1] 基于此,

---

[1] See Susan S. Silbey, "Law and Society Movement", in Herbert M. Kritzer (ed.), *Legal Systems of the World: A Political, Social, and Cultural Encyclopedia*, Volume II, ABC-CLIO, 2002, p. 861.

来自诸多学科背景的法律与社会学者开始致力于从事跨学科的定量法律研究。时至今日,当代法律与社会研究在美国逐渐形成了三类学术主张和受众,包括:(1)作为政策科学的法律与社会科学:作为经验导向的法律对策研究,这类研究主要向法官或其他法律政策制定者提供解决方案或修改建议。它聚焦法律实施的差距研究和"用法者"视角下的语境研究,前者向社会科学学者提供法律失灵的科学解答,后者向政策制定者展现法律教义的文化表达;(2)作为分析概念的法律与社会科学:这类研究或是为各领域社会科学研究提供理论媒介或专家知识,或是作为社会理论必备但非核心的因变量,前者的主要受众是各领域的社会科学学者,次要受众是法官、律师或是政策制定者,而后者的受众是社会理论学者;(3)作为调整机制的法律与社会科学:相较于作为职业技能和实务经验的法律教义学,这类研究把法律社会学视为一项新兴的理论领域,它看重法律在现代社会独特的制度功能和调整机制的比较优势,其受众主要是社会学学者或是具有社会学背景的法律学者。[1] 可见,当代法律与社会研究在美国属于兼具定量和定性、兼顾应用和理论的科际法律研究。

让我们再来看看德国。回顾西方法律与社会的智识轨迹,我们看到德国法律与社会学者的活跃期发生在 20 世纪之交的隔阂—摸索阶段,其中包括以马克思和韦伯为代表的社会学阵营,还有引领欧洲自由法运动的法学阵营。二战发生以后,法律与社会研究在德国全面停滞,直到二战结束以后才缓慢恢复。总体来看,法律与社会理论的关系在现代德国经历了从顶峰到低谷的两极处境。德国的这一特殊道路大致分为五个阶段:(1)德意志帝国时期:依据康德的社会哲学,市民拥有自由选择的空间。因此,法教义学旨在建立主观权利的封闭体系。然而,随着社会理论加速分化,哲学不再是法学的领头科学。相应的,经济理论、政治理论以及涉及道德、哲学乃至科学领域的社会理论均争相指导法律。(2)魏玛共和国时期:法律与社会理论之间关系的多样性达到顶

---

[1] See Malcolm M. Feeley, "Three Voices of Socio-Legal Studies", *Israel Law Review*, Vol. 35, Iss. 2-3 (2001), pp. 175-204.

峰,法学大胆与包括社会学、经济学、政治科学和道德哲学在内的多种社会理论相结合,一时形成了多元主义的社会理论法学。(3)纳粹德国时期:法律与多元社会理论的结合达到低谷。在独裁政治的高压下,法律臣服于某一主导的政治理论,尤其是纳粹的种族理论。此时德国法学完全屈从于一种帝国主义式的全能社会理论。(4)二战后分裂时期:二战结束后,德国被分为东德和西德,进而形成了法律与社会理论的两种极端尝试。在东德,法学在政治高压下屈从于受唯物主义和社会主义主导的全能社会理论。在西德,联邦德国的法教义学对所有社会理论封闭,特别是来自美国法律世界的法律与社会运动。(5)两德统一时期:在20世纪70年代至80年代,德国法学受到经济理论的控制,即经济效率替代正义概念,法律的经济分析取代教义分析。但随着2008年经济危机的爆发,经济理论对法学的垄断地位开始松动。当今德国的法律教义学致力于在法律的高度自治和与其他社会系统的高度依赖之间寻求平衡。这其中含有三个操作性环节:(1)截取:法律一视同仁地从各种社会理论中汲取智识养分,而非由某一种社会理论独霸;(2)转译:法律通过合法/非法的二元符码转译其所截取的社会理论,而非原封不动地挪用某一种社会理论;(3)规范性转向:法律从其他社会理论中寻找规范性导向。如果属于科学性的社会理论,其真理符码不能被用来生成法律符码;如果属于道德或政治实践性的社会理论,其背后的反思教义学能够被用来证成法律。重要的是,法律不能直接适用社会理论的规范性标准,它必须穿过法律理论、教义学和法官裁判实践的过滤网,以达成具有社会妥当性的法律续造。[1]基于上述考察,早期欧陆亲理论的法律与社会传统在德国发生了重大转向,即法律与社会研究在当代德国从社会理论统领转向了法律理论主导,法律对社会理论的免疫能力比吸收能力更重要。

通过简要回顾当代美国和德国的法律与社会思潮,我们会不由联想起两波发生在21世纪中国法学圈的学术思潮,一是"社科

---

[1] 参见〔德〕贡塔·托依布纳:《社会理论脉络中的法学与法律实践》,纪海龙译,《交大法学》2015年第3期。

法学运动"或是"法律实证研究",二是"社会理论法学"。在2001年,苏力将当代中国法学的基本格局划分为三个阶段:(1)政法法学阶段(1978年—20世纪80年代):法学的学科地位初步确立,法学话语高度依赖政治话语和传统的非实证人文话语;(2)诠释法学阶段(20世纪80年代中期—20世纪90年代):法学开始相对独立地发展,法学话语逐渐疏离政治话语,勃兴的法律职业群体开始主张法条主义的规范思维;(3)社科法学阶段(20世纪90年代中期—21世纪):法学的焦点转向探讨制定法在中国社会中实际运作的状况以及诸多社会历史条件,法学话语有时侧重社会科学有时偏好人文科学。随着当代信息技术的发展,愈加专业化的法律同时也会运用更多社会科学、人文科学甚至自然科学的研究成果。[1] 2006年,《法律和社会科学》创刊,该期刊旨在推动中国法学的跨学科知识转型。2013年下半年,一个名叫"社科法学连线"的学术共同体在国内外众多高校相关教师的参与下形成了,这一"无形的学院"志在倡导和推动结合社会科学的方法研究法律现象。[2] 在2014年到2017年间,社科法学在我国法学圈激发了广泛的学术论辩,无论是以学术论文还是专题会议的形式,相关学者讨论的焦点集中在社科法学与法律教义学之间的关系问题。在学术倾向上,陈柏峰发现社科法学主要有四点特征:(1)研究对象的经验性;(2)问题意识来源的实践性;(3)研究过程的相对中立态度;(4)外部的、实用主义的多元评价标准。[3] 当前,社科法学在我国已经形成包括法律社会学、法律经济学和法律认知学在内的三大初具规模、知识递进的研究进路。[4] 就当前的研究现状来看,虽然这类学术共同体承认社科法学需要结合定性方法和定量方法,但几乎绝大多数社科法学者都偏重定量分析的实证社科法学,例如侯猛强

---

[1] 参见苏力:《也许正在发生——中国当代法学发生的一个概览》,《比较法研究》2001年第3期。
[2] 参见尤陈俊:"社科法学的成长与发展",载龙晶编:《南开法律评论》(第十辑),南开大学出版社2015年版,第7页。
[3] 参见陈柏峰:《社科法学及其功用》,《法商研究》2012年第5期,第67—69页。
[4] 参见侯猛:《社科法学的研究格局:从分立走向整合》,《法学》2017年第2期,第81—83页。

调:"实证才是社科法学得以立足的根本,实证研究才是社科法学寻求更大突破的基本方向。"[1]有趣的是,随着社科法学的学术热潮自2017年后逐渐降温,另一股号称"法律实证研究"的学术新潮似乎在我国法学圈接续了社科法学留下的余温。由于定义的差异,法律实证研究与社科法学之间的关系也尚无定论,其中的关键区别在于法律实证研究是否涵盖定性方法。不管如何定义,这一学术新潮特别看重法律与实证社会科学方法(特别是数据收集、指标设计和统计分析)的结合。所以,程金华也意识到法律实证研究与社科法学"有很大交叉",但"在严格意义上"又并不完全属于社科法学,尽管"在实践中经常被视为后者的一部分"。[2]总之,我在这里把当前主流的实证社科法学和量化法律实证研究视为一体的法律思潮,它们特别反映了美国法律与社会思潮对我国法学圈的智识影响。

如果说我国的社科法学者偏好法律对社会科学方法的应用,那么社会理论法学在我国则更加关注社会理论对法律的智识引导。这群学术共同体虽然充分意识到宏大叙事的话语局限,但依然钟情于欧陆亲理论的法律与社会传统。他们坚信法律问题的研究终究离不开社会理论的指导,需要摒弃的只是教条化、意识形态化的社会理论。虽然社会理论法学的经典作者以及所讨论的问题都是西方的,但这一阵营的学者相信人类社会存在着共同的问题,同时现代社会需要共通的法律理论。作为中国社会理论法学的领军人物,高鸿钧及其学术团队的主要成果包括四个方面:其一,以哈贝马斯为代表的商谈法学研究;其二,以托依布纳为代表的系统论法学译介;其三,法社会学前沿理论译介;其四,法律全球化理论研究。中国社会理论法学研究的正式展开以《社会理论之法:解读与评析》于2006年的出版为标志。[3] 在学术风格上,社会理论法学具有以下研究特征:(1) 外部视角:它从法律之外观察法律的现象和特性,从法律与其他社会现象和要素的关联互动中分析法律

---

[1] 侯猛:《社科法学的跨界格局和实证前景》,《法学》2013年第4期,第32页。
[2] 程金华:《当代中国的法律实证研究》,《中国法学》2015年第6期,第60页。
[3] 参见陆宇峰:《社会理论法学:定位、功能与前景》,《清华法学》2017年第2期,注[3]。

的现象和特征;(2)科学立场:从实际的历史过程或是社会实际出发,把握法律与社会的内在规律和关联关系;(3)整体视域:将法律置于社会的大环境之中进行观察和分析,尽管这种整体视域往往会掩盖历史发展的曲折性和社会演进的复杂性;(4)方法互补:社会理论法学并不否认外部视角与内部视角以及整体视域与具体视域之间的互补与互动。[1] 可见,我国的社会理论法学注重对法律现象展开社会性、宏观性和科学性的研究。鲁楠指出,社会性之维突出法律的历史视野,笃信古典社会理论具有捕捉人类社会共相的理论穿透力。其次,宏观性之维将西方的宏观社会理论作为独有的智识资源,透过宏观视野考察社会—历史时空中的法律。[2] 而陆宇峰认为,科学学之维强调科学系统对法律系统的外部观察,它卸除了为作出法律决定提供论据的负担,也摆脱了政治意志、宗教教义、经济需要、伦理观念、舆论诉求的束缚。[3] 与此同时,马剑银还进一步提出社会理论法学包含环环相扣、层层递进的三个研究进路:(1)经典进路:透过古典社会理论梳理法律现象的思想史;(2)衍生进路:比较分析不同社会理论对相同或相似问题的学术观点;(3)超越进路:探讨人类文明形态和时空语境中的法律模式。[4] 综上,这一波名叫"社会理论法学"的法律思潮承袭着欧陆亲理论的法律与社会传统,并且在很大程度上夹杂着早期德国社会理论法学的智识性格。

从学术品质上看,虽然我国法学圈的社科法学运动或是社会理论法学已经并且会继续产出更具科学品格和社会视野的学术成果,但不得不说我国的法律与社会学者对西方延绵一个多世纪的法律与社会传统缺乏深度把握。我们先来对照美国的例子。我们

---

[1] 参见高鸿钧:"导言:法学研究的大视野——社会理论之法",载高鸿钧、马剑银编:《社会理论之法:解读与评析》,清华大学出版社2006年版,第5—6页。

[2] 参见鲁楠:《社会理论之法:学源、学理与学问》,《北京航空航天大学学报(社会科学版)》2019年第1期,第17页。

[3] 参见陆宇峰:《社会理论法学:定位、功能与前景》,《清华法学》2017年第2期,第97—98页。

[4] 参见马剑银:"社会理论法学:机缘、进路与关键议题",载《人大法律评论》编辑委员会组编:《人大法律评论》(2019年卷,第1辑),法律出版社2019年版,第6—11页。

知道,美国的法律与社会传统本属于应用型经验研究,它注重将法律与实证社会科学的定量研究方法相结合,特别是司法领域的法官行为考察和法院判决预测。但随着20世纪90年代解释性转向的发生,美国的法律与社会传统遭到了一系列尖锐的批评。以美国阿默斯特学派(Amherst School)为代表的法律与社会学者将矛头指向基于工具行动理论的法律—社会划分(law/society distinction),他们的理由主要有三点:第一,工具论过于个人主义,但行动者的主观意图受制于集体持有的社会关系结构;第二,工具论误解了社会行动和社会主体的关系,相反,解释论排斥观念—行为划分(ideas/behavior distinction)并主张行动是两者的综合,因此,法律实践参与社会现实的建构;第三,反对传统法律与社会把法律的概念绝对化的倾向,进而把法律的概念视为历史和语境的产物。[1]基于上述解释主义的研究进路,美国的法律与社会研究开始朝着理论型经验研究的方向调整,它注重法律与诠释社会科学的定性研究方法相配合,研究的重心转向了日常社会生活中的多元法律话语。[2] 由此可见,当代美国理论经验型法律与社会研究体现出四种研究倾向:(1)研究对象的主体化;(2)问题意识的建构性;(3)研究过程的同理心;(4)评价标准的反身性。由此可见,当前我国主流的实证社科法学显然更加贴合美国早期实证主义导向的法律与社会传统,而所谓的诠释社科法学则处于"社科法学连线"的非主流地带。这里的问题是:如果说美国经过数代的智识实践早已开始突破行为工具主义的法律与社会传统,那么我国的社科法学运动是不是还要再从头模仿(做起),或是说,当代美国从事语

---

[1] See David M. Trubek and John Esser, "'Critical Empricism' and American Critical Legal Studies: Paradox, Program, or Pandora's Box?", *German Law Journal*, Vol. 12, No. 1 (2011), pp. 129-131.

[2] 事实上,美国一些法律社会学的经典作家从来都不是数据派,相反,他们是理论派。例如,劳伦斯·弗里德曼(Lawrence Friedman)曾如此评价定量研究:"调查研究的方法是不可依赖的,对于法律文化而言,创制活法的力量十分微妙,因而难以发现。民意测验不能反映真实的意见,只不过是表达出来的意见罢了。它们会遗漏权力因素、社会结构因素,也不能反映出观点的强烈程度。"[美]劳伦斯·弗里德曼:《选择的共和国:法律、权威与文化》,高鸿钧等译,清华大学出版社2005年版,第235页。

境解释主义的法律与社会思潮是不是一开始就应当得到我国法律与社会学者至少同等的关注？同时，相较于美国小规模崇拜数字统计的经验法律研究的回温，我国从事法律实证研究的学者要不要效仿这种在学术圈"立山头、扯大旗"的做法？总之，或许正如刘思达的建议，"中国的法律社会学研究应该以定性方法为主、定量方法为辅，着重理解和分析那些活生生的人、实实在在的案件与真真切切的历史，而不是沉浸在真假难辨的统计数据。"[1]

我们再来对照当代德国突出法律免疫能力的社会理论法学。当前，我国日渐兴起的社会理论法学显然受到了德国经典社会理论的强烈影响，但这一学派似乎不够重视法律与社会理论在现代德国多次结合失败的经验教训，这主要体现为以下五点值得反思的地方：第一，针对社会性维度，法律的历史视野比现实视野更重要，对德国经典社会理论有一种特别的迷恋；第二，针对宏观性维度，回避宏大叙事的挑战，轻视中观社会理论的解释力；第三，针对科学性维度，重科学性社会理论，轻反思性社会理论；第四，在社会理论与法律理论之间徘徊，进而没有回应科学性社会理论何以能够转化为规范性的法律理论；第五，似乎过于夸大西方社会理论对我国法律研究的镜鉴作用，进而不利于挖掘根植于当代中国法治社会现实经验的理论范畴。实际上，这样一种担心在我国社会学阵营早已出现，例如，郭星华曾如是倡议："目前，法律社会学研究力图寻找中国本土社会的规律，但大量依靠西方的理论和概念，对传统的研究又不易与现行法律体系较好地连接。……从这个意义上说，中国法律社会学要促使中国的法治研究更加注重社会事实，并要努力创造适合中国的法律概念和法律理论。"[2]

不仅如此，如果进一步考察社科法学运动或社会理论法学在我国的社会影响，中国的法律与社会学者看起来有必要认真回答这样一个问题：法律思潮可以移植吗？若以西方的法律与社会思潮为例，基于科特雷尔对法律移植标准的启示，我们不妨这样理

---

[1] 参见刘思达："中国法律社会学的历史与反思"，载朱力编：《法律和社会科学》（第7卷），法律出版社2010年版，第36页。

[2] 郭星华、隋嘉滨：《改革开放以来我国法律社会学的发展》，《黑龙江社会科学》2008年第4期，第26—27页。

解:首先,作为认知工具的法律与社会思潮,它的移植难度最小,因为西方法律与社会学者的视角、观点和方法能够最大限度地拓宽我国学术共同体的研究视野,所以引进新方法或是译介新观点就达到了成功移植的标准;其次,作为行动指南的法律与社会思潮,它的移植难度较小,因为西方法律与社会学者的对策、建议和方案通常是针对特定社会语境和案例经验提出的,所以成功移植的标准取决于我国法律与社会学者能否按照特定西方供体社会的法律语境准确解读法律课题或是法理建议的适用范围;再次,作为智识传统的法律与社会思潮,它的移植难度较大,因为西方数代法律与社会学者积累的智识成果、传承的学术风格、延展的研究理路以及搭建的学术生态共同促成了一个相当稳固的传统型学术共同体,在缺乏必要的传统认同感和参与感的情况下,对法律与社会传统的移植是很困难的;最后,作为时空话语的法律与社会思潮,它的移植难度最大,因为西方法律与社会研究中的诸多核心概念、学说和理论背后隐含着西方当代社会的经验提炼或是理想图示,这本身与正处于深度转型期的当代中国社会形成了时空差距。或许正是出于这一原因,科特雷尔始终坚称法律社会学既不属于法学阵营,亦不属于社会学阵营,它是一种法律的社会视角。这意味着西方法律与社会思潮的移植价值突出表现在认知工具层面。因此,我国学者应当潜心学习作为认知工具以及行动指南的西方法律与社会技术,审慎甄别作为时空话语的西方法律与社会理论,并努力"在对西方最前沿理论理解透彻的前提下,提出对本土问题具有解释力的新概念和新理论,然后与西方理论进行对话"[1]。这是当代中国法律与社会研究能够且应当实现的学术影响。

如果接着思考下去,我们不难发现:经历21世纪头10年的萌芽阶段,投身到当代中国法律与社会研究的学术共同体仍处于初创阶段。相较于西方稳固的法律与社会传统,我国法律与社会的学术共同体具有两大特点:一方面,当前我国的法律与社会学圈是一个内部竞争割据的学术共同体,它逐渐形成各类抱有不同学术志向、研究动机和理论表达的学术关系网,其中至少包括如下四类

---

[1] 陈瑞华:《法学研究方法的若干反思》,《中外法学》2015年第1期。

学术共同体:(1)传统型学术共同体:基于 20 世纪 80 年代起步和积累的法律社会学研究基础,我国早期法律社会学者与当期活跃的年轻社科法学者可谓是同宗同源;(2)功利型学术共同体:当前,法律实证研究在我国的学术成员规模不大,他们的研究往往始于一时共同的研究兴趣或是科研利益,并有时看重抢占学术位置或是标榜理论优势;(3)情感型学术共同体:学术成员之间具有紧密的师徒情谊关系或是学术友谊关系,他们的研究目的通常是为了巩固、经营和维系他们所共同依赖或是追捧的学术话题。从这个意义上讲,社会理论法学可以被看作是一例;(4)信仰型学术共同体:学术成员具有宏远的学术志向和鲜明的学术立场,他们志在创建具有中国特色的马克思主义法律社会学,即西方法律社会学是服务于资本主义社会的,它以资产阶级实证主义、实用主义哲学和个人主义、自由主义为指导思想,而我国的马克思主义法律社会学要为社会主义事业服务。[1] 然而,当前我国法律与社会学圈内部可谓竞争有余、对话不足,这样的研究"往往缺乏与中国法学研究主流群体的对话,缺乏对主流问题的关注,同时还缺乏对主流群体方法论接受度的考量"[2]。当代中国法律与社会研究的发展需要广泛学术共同体的协力、合力和毅力,当前内部碎片化、割据化乃至时尚化的研究局面亟待改善。另一方面,当前我国的法律与社会学圈亦是一个外部封闭集中的学术共同体。作为一门社会指向的、立足经验的综合性交叉学科,我国的法律与社会研究始终是在高校中和学院里展开的,这一学术共同体很少与决策部门、实务部门、社会智库以及公共组织的专家学者展开合作对话,后者绝大部分也都不是这一领域的受众。同时,相较于西方政策导向的法律

---

[1] 参见沈宗灵:《法律社会学的几个基本理论问题》,《法学杂志》1988 年第 1 期,第 5—6 页。另参见高其才:《马克思主义法社会学研究对象试探》,《现代法学》1985 年第 3 期;公丕祥:《马克思早期法社会学思想初探》,《社会学研究》1987 年第 5 期;刘升平、张文显:《论建构有中国特色的马克思主义法学》,《法制与社会发展》1995 年第 1 期;付子堂:《马克思主义法律思想研究的社会理论视角——从现代社会理论到后现代理论》,《北方法学》2008 年第 5 期。

[2] 唐应茂:《法律实证研究的受众问题》,《法学》2013 年第 4 期,第 26 页。作者认为,改变这一局面的唯一出路可能在于把受众群体定位在部门法研究者身上。

资助体制以及作为独立科学家、技术员或是实际问题解决者的多学科法律与社会学圈,我国当前政策统领型的法律科研体制以及政府引导的社会组织模式显然与西方法治发达国家的整体情况不同。因此,从终极意义上讲,学术共同体能否实现从"学术影响"向"社会影响"的渗透,这取决于一国更大范围的体制结构和制度架构创新。

以上关于法律与社会研究在中国的比较、现状和反思,大部分想法只是经验性的,甚至是直觉性的,证据资料不够充分,也缺乏建设性观点。望读者们把这部分看作是我对西方法律与社会思想以及科特雷尔的法律共同体进路的一次本土化应用或是语境化重释。毋庸置疑的是,作为一项富含说理性和本土化的学术事业,我国的法律与社会研究前途可期!

表4 当代中国本土法律与社会研究的学术共同体形态

| 传统型学术共同体 | 功利型学术共同体 |
| --- | --- |
| 社科法学运动 | 法律实证研究 |
| 情感型学术共同体 | 信仰型学术共同体 |
| 社会理论法学 | 马克思主义法律社会学 |

## 八、余评:"我们现在都是社会—法律学者!"

作为一篇书评,本文的篇幅或许有些"超标"。这里我恳请读者们理解我的良苦用心。如果不系统梳理西方法律与社会思潮的智识轨迹,我们就无法准确把握当代西方法律与社会新潮的研究动向,更难以精准定位英国法律与社会研究的学术特质。如果没有深入考察社会—法律研究和法律社会学在英国从竞争转向趋同再到融合的发展历程,我们就无法正确评价科特雷尔的解释法律社会学的学术成因和突出贡献。本文也算是间接证明了以科特雷尔为代表的当代英国法律与社会学者所作出的理论贡献,以期适度改变国内学圈对英国法律与社会研究的传统印象。在我看来,科特雷尔的解释法律社会学的最大贡献在于:试图摆脱现代社会理论的宏大叙事和后现代社会理论的过度解构,立足于为当代西方社会的法律表达提供多元的社会—法理阐述。而与此相对照,当代中国的法律与社会研究应当立足于当前中国社会转型时期的现实,认真研究法律在转型社会中的特殊功能,揭示社会与法律之间的互动关系。[1]虽然存在着显著的时空差距,但古今中西的智识规律告诉我们:如果不拿科特雷尔的法律共同体进路镜鉴当代中国法律与社会研究,我们无异于放弃了把西方先进的法律与社会视角或方法(而非理论或传统)用于开展具备理论自觉和理论自信的中国风格法律与社会研究的良机。[2]

更为重要的是,科特雷尔的解释法律社会学纠正了以往美国学者"重行为、轻法条""重判决,轻立法""重应用、轻理论"的学术旧风,他的学术研究自始至终都是围绕着"制度化法律教义"这一核心概念展开的,他的研究目的在于:为当代西方多元流变的社会共同体提供更具包容性和差异化的法律规制方案,这种崇尚道德个人主义和文化多元主义的正义价值正是科特雷尔所不懈追求的社会理想。按照他的判断,传统"法律与社会"的分析框架习惯于把法律视为外生于社会的工具变量,而在当代西方多元社会,这一分析框架的解释力已经穷尽。作为一种替代方案,科特雷尔转向诉诸"社会中的法律"去探析法律的文化意义和社会权威。然而,如果说工具程序导向的"法律与社会"框架在很大程度上把国家技术化、中立化了,那么国家在"社会中的法律"框架中几乎隐藏了起来,即法律的政治权威被社会权威更替了,法律的强制保障被协调能力取代了,法律的意识形态被观念形态吸收了。客观来讲,虽然这一"有社会、没国家"的分析框架能够较好地解读当代西方社会的多元法律现实,但却无法兼顾解释"国家转型"和"社会转型"在中国同频共振的深刻现实。或许,这恰恰是我国法律与社会学者可以展开本土改造和智识创新的"交接点"。科特雷尔在书中表达

---

[1] 参见付子堂:《转型时期中国的法律与社会论纲》,《现代法学》2003年第2期。
[2] 理论自觉和自信问题是当代中国社会科学所面临的一个重大而紧迫的时代课题。作为中国社会学学科的重要奠基人,郑杭生旗帜鲜明地指出中国社会科学的路径选择应当是一条中国特色、中国风格、中国气派的社会科学之路。他把这一路径概括为"立足现实,提炼现实;开发传统,超越传统;借鉴国外,跳出国外;总结'中国理念',探索'中国道路'"。参见郑杭生:《"理论自觉"与中国风格社会科学》,《江苏社会科学》2012年第6期。

的"**法律、文化与社会**"背后的逻辑链条是：立足"法律与社会"的二元构造，透过"文化"去解剖社会、解释法律。或许，更适合我国法律与社会学者考察的则是"**法律、国家与社会**"的三维构造，即把"法律"的协力放到"国家与社会"的合力中去考察。

然而，这样一种三维视域能够与法律的社会科学研究相兼容吗？针对20世纪90年代西方社会科学兴起的"国家与社会"框架，强世功通过深度解构给出了否定答案，原因在于：第一，根据自由主义政治哲学，"国家与社会"框架被解读为契约国家和自发社会的关系，并辅之以限制公权的形式法治。借助帝国主义经济学，这些先验的理论命题被披上了科学的外衣。第二，基于后现代主义视角，"国家与社会"框架又被消解为微观的权力和碎片化的社会，法律多元主义嬗变为价值相对主义。因此，无论是实证社会科学还是诠释社会科学，两者都不过是伪科学，因为它们隐藏或是遮蔽了现代法律的政治立场和价值无根。归根结底，法律的正当性基础只有也必须从支配国家治理活动的政治中寻求。[1] 通过这样的视角调转，法律的社会视角被重新聚焦到政治视角，法律的政治科学研究被推到了前台。在我看来，透过科特雷尔所追求的多元法律视角，法律只有从任何学科汲取智识养分才能够实现真正整全意义上的多元视角；任何号称完整的学科帝国主义所带来的只是一种有限、局限甚或是傲慢、压迫的法律视角。因此，相较于描述法律社会学的"近焦观察"和批判法律社会学的"变焦观察"，解释法律社会学始终对社会—法律现象保持"有距离（中焦）的观察"或是"有移情的理解"。从这个意义上讲，法律的社会视角和政治视角都是局域视角。正因为如此，科特雷尔建议社会—法律研究应当涌入法学院。但不是把法学院变成社会科学院，也不是把法律分析变成社会法理学（即一种法律学者可以随时从社会科学求助的法理学）。相反，这样做的目的是使法律研究能够与广泛的知识

---

[1] 参见强世功："我们究竟贡献了什么？——法律社会学研究的初步反思（自序）"，载强世功：《法制与治理：国家转型中的法律》，中国政法大学出版社2003年版，第1—21页。

来源展开充分对话。[1] 或许,这是实现法律的全景域视角的唯一途径。

　　本文没有专章对科特雷尔加以批判点评,因为身为解释法律社会学的布道者,科特雷尔的法律分析不仅表达着经验,同时也反思着经验。一个有距离的观察者让他有机会体验和往返于不同法律参与者的精神视界。对此,塔玛纳哈点评道:"科特雷尔的与众不同之处在于,他整个学术生涯都专注于法律社会学研究。因此,他所批判的主要是规范法律理论没有充分关注法律周围的复杂社会力量,同时也没有对经验法律研究作出必要的回应。"[2] 说句题外话,科特雷尔既是一位法学家,还是一位音乐家。他甚至于2002年合著了《低音线:爵士乐中的生活》一书。[3] 可以想象的是,伴随着爵士乐慵懒舒缓的乐符,科特雷尔每每得以理性但又不失感性地解读各种纷繁庞杂的社会—法律现象。总有学者说科特雷尔是主张激进解构的批判法律学者。按照他自己的话讲:"我们现在都是社会—法律学者!(We are all socio-legal scholars now!)"[4] 在我看来,"我们都要做有理想的社会—法律学者!"法律学者、社科学者以及广大读者朋友们,你们的视角呢?

---

[1] Roger Cotterrell, "Socio-Legal Studies, Law Schools, and Legal and Social Theory", *Queen Mary School of Law Legal Studies Research Paper*, No. 126/2012, pp. 5-6.

[2] Brian Z. Tamanaha, "The Politics of *The Politics of Jurisprudence*", in Richard Nobles and David Schiff (eds.), *Law, Society and Community: Socio-legal Essays in Honour of Roger Cotterrell*, Ashgate, 2014, p. 124.

[3] See Colerige Goode and Roger Cotterrell (eds.), *Base Lines: A Life in Jazz*, Northway, 2002.

[4] Supra note [1], p. 3.

# 导 论
## 接近法律

### 联系点(points of contact)

　　本书提出，如果不采用一种社会学的视角（一种受到社会理论影响的视角），法律职业者（当然还有其他公民）是不可能充分理解法律观念(legal ideas)的。社会理论试图解释一般意义上的社会本质。它思考的是社会关系、社会制度以及社会变迁的一般特征。本书的主要目的在于展示这样一种研究进路包含着哪些内容，同时，在关于当代法律的解释和分析以及效果研究方面，这一进路何以能够阐明那些为法律学者所熟悉的基本问题。

　　本书的焦点是法律教义(legal doctrine)，它包括法律中的规则、程序、原则、规范性的概念和价值，以及专门适用于这些要素之上的推理模式。制度化(institutionalization)是教义被视为"法律的"事实原因，即通过公认的程序和机构，这些教义按照某种社会认可的方式被创制、解释和实施。所以，我这里所理解的法律是制度化教义（进一步参见 Cotterrell 1995：第二章）。我所关注的问题是法律观念的社会学，但不仅限于那些为法律职业者所熟悉的法律观念。从社会学的视角观之，相较于法律职业者所承认和操作的法律教义，法律有可能涵盖着更多的内容。作为制度化教义，我们可以在国家"官方"法律制度之外发现法律。从某种意义上讲，法律能够在律师或是警官从未涉足的场景和背景中茁壮成长。同理，认为国家法律制度必然是一个统一体可能是错误的，如果我们从社会学的视角看待这一问题的话。由国家创制、解释和实施的法律本身有时受制于激烈的内部冲突和竞争，不同的国家机构采用不同的法律立场,或是说还存在着尚未被发觉或是解决的潜在冲突。在同一个社会中,法律制度的共存和不时的冲突以及法律权威的各种渊源是"多元主义"法律观的核心理念。正如我在第二章所解释和辩护的,法律的多元主义观点源自本书所依靠的社会学视角。

法律与社会理论(此处包括所有理论导向的社会学研究)[1]之间的关系有时就像互不相融的油和水,或是合在一起无法吸收的粉笔和奶酪＊。但是,两者作为分析模式存在着一些重要的共性。

[2] 法律是一种分析社会生活的实用模式。法律职业者寻求通过法律系统地解释社会。如同社会理论,法律用抽象的术语对社会关系、社会行动、社会环境和社会制度加以概括和概念化,所以人们可以系统地思考法律。凭借这一方法,法律教义得以识别不同行动和情况之间的相似性,并且界定两者之间的差异性。法律职业者把正义理解为同案同判和异案异判。法律的艺术在于可靠地决断哪些属于同案,而哪些属于异案。异案同判或是相同情况不同处理都是不公正的。公正对待意味着同案/异案的分类要按照已经作出的分类标准贯彻执行。

社会理论与促进正义之间没有直接的联系。社会理论家的职责在于理解(而非控制、影响或是评价)社会。但是,社会理论家时常情不自禁地想象一个好的或是更好的社会应该是什么样。就像第一章所解释的,他们往往致力于理解"现代"社会生活结构的本质和命运,结构变化是随着西方的城市化、工业化和世俗化而兴起的。把对理解的追求与对现代社会优缺点的直接或间接的判断或是当代社会的后现代转型相区分是十分困难的。研习社会学经典的学生熟悉的是马克斯·韦伯(Max Weber)对现代性"铁笼"(效率驱动的日常操作)的极度暧昧;埃米尔·涂尔干(Emile Durkheim)对道德个人主义和社会团结(social solidarity)的强烈关注;斐迪南·滕尼斯(Ferdinand Tönnies)对前现代世界曾有的一

---

〔1〕 本书第一章讨论的是作为学术领域的社会学与社会理论之间密切但又不断变化的关系。

＊ 用来形容两个事物存在着天壤之别或是相去甚远。——译者注

些特征所抱有的审慎怀旧;以及卡尔·马克思(Karl Marx)对他眼中资本主义固有残酷的愤怒指责。对于社会理论家和法律职业者而言,正义的形象及其不可捉摸性往往都是如此。

在研究方法上,法律分析和社会理论之间也存在着重要的相似之处。两者都需要严密的定义和概念化操作,两者都应当对人类行为最难以理解的部分加以界定并提出概念表述。在某种程度上,两者都应当对经验加以系统化并抱以经验的研究倾向(把各自的分析建立在对社会世界的事件观察上)。通过不同的方式,两者都要去理解历史的安排和事件。两者都需要解释利益、动机、因果和几率(Turner and Factor 1994)。两者都需要对社会有所预见,并对社会有可能发生的事情以及社会现象的变化程度抱有一定的幻想。如果法律分析缺乏这样的幻想,人们不可能通过明智的规则制定去掌控未来。

正如我们将要在后续若干章看到的,法律分析最乐于关注的是所谓的理性行动(尤其是工具驱动的)。而在处理情感(affect)问题(潜藏在行动背后或是引发行动产生的情感)的时候,法律分析面临着特定的困难。社会理论似乎往往也有相似的关注点。情感社会学(sociology of emotions)是一个相对待开拓的领域。然而,法律和社会理论都需要承认和应对社会生活中非理性形态或是其他类型的理性。这就是为什么(经济)行动的理性选择模式并没有被法律分析或是社会理论普遍看作是充分的理论根据(虽然存在着有趣且引人瞩目的例外情况,尤其是在美国)。[2] 法律和社会理论都要想办法理解社会行动模糊且复杂的意义,并且承认存在着类型迥异的各种社会关系。因此,两者都必须从无限多样的社会环境中进行理论抽象,进而为理解纷繁复杂的社会提供一般化的分析和解释。[3]

于是乎,法律与社会科学有时候竞相提供解释社会世界的方

---

[2] 在美国的一些法学院,法律的经济分析是一个不断壮大的领域。在社会理论领域,理性行动理论(涉及经济学中的理性选择理论)在英国和美国都是近年来的讨论焦点。

法就不足为奇了。[3] 社会科学家总是宣称法律对他们而言并不是重要的研究对象，鉴于他们声称他们对法律现象的解释可以不借助法律职业者理解法律的概念范畴。相应的，法律职业者往往拒绝接受社会科学，并认为社会科学与他们寻求的那种解释和理解无关。社会学者（从法理的视角）解释了社会世界，而法律职业者的工作则在于通过阐发关于社会的法律观念（这是取得成功所必需的），以规制社会世界并使之运转良好。第一章将讨论两者之间的竞争关系。

然而，当今人们更加普遍接受了这样一个事实，即法律研究与社会研究之间（在关注领域、实践领域甚至是采用的方法方面）存在着密切的联系。同时，随着社会理论不再被看做是由社会学这门学科所独"享"以来，法律学者对社会理论的兴趣与日俱增，即对于那些想要通过系统的、贯穿经验分析（empirically informed）的方法理解社会生活的学者而言，社会理论被视为向各领域学者开放的一般资源。

## 法律参与者（legal participants）以及他们的视角

第三章直接回应的问题是法理学和社会学看待法律的视角有何异同。当作为本章主干的论文首次出版的时候，大卫·奈尔肯（David Nelken）发表了一篇详细的、极具思想性的回复（1998）。基于他在评论中所列出的一些主题，我如下展开的简要讨论能够有助于澄清本书中的诸多基本观点。

在第三章，我（针对奈尔肯以及其他学者）指出法律没有观察世界的统一方法，法律不存在与社会学理解直接抵触的"自身的"事实。显然，法律分析似乎往往是独特的，有时（从某些视角看来）是古怪的和无知的。但是，持有不同理解的不是"法律"，人们好似认为法律作为统一的话语或是沟通系统持有某种视角或是观点。法律观念是律师、法官以及其他法律程序的参与者（随便举一些例子，例如行政官员、商业主管、罪犯、立法者、囚犯、工会会员、运动

---

[3] 参看 Nicholas Timasheff's (1939: 45)。其中一句被广为援用的表述（主要提及的是奥古斯特·孔德的作品）是：社会学"是在法律的敌视下诞生的"。

领导者、少数民族成员、纳税者和寻求庇护者)对法律的各种理解。〔4〕
法律职业者也是各式各样的,他们有各种业务、经验和目标以及对法律的不同理解,他们在法律的内外和之间观察不一样的"事实"。基于不同法院(当然还有不同国家机构)的立场,法律也有不同的表现形式。因此,法律理解是"人"的理解;社会学需要研究的是各种各样的人,即系统和经验地研究各类人的社会行动和社会关系网。

相较于执业律师(practising lawyers)而言(他们通常为了客户的利益去解决或避免纠纷或是达成交易、签订协议以及设定公司架构),非法律职业者(non-lawyers)有时认为法律具有某种特别的独特性。至少在英美普通法世界,人们逐渐开始意识到法律作为一种知识或是推理形式具有"渗透性"(porosity)。法律有一些独特的论证、分析或是决策方式,但是人们普遍认为法律的正式程序能够(在一个完美的法律制度中将会)尽可能地促进常识思考和实际问题的解决。这通常发生在三种情况下:其一,问题有可能极其复杂;其二,存在观点上的严重冲突;其三,处于极其危难的境地(财务或是个人健康方面)。作为一种话语,国际法似乎是强势的、独特的,其原因或许不在于作为沟通系统的法律存在着任何固有的本质,而是因为政治权威保障和控制着国际法。因此,正如欧根·埃利希(Eugen Ehrlich)于1936年(在第二次世界大战开战前出版的大作中)所坚称的,(某种形式的)法律存在于所有的人类交往(human associations)中。换句话说,共同体存在的地方,就是法律存在的地方。法律是共同体社会关系的一个方面。它与社会不是分离的,也并不以其独特的方式与社会对峙。相反,法律是社会生活的一部分,是某一领域的社会经验,它关注的是政府的组织和规制问题。

因此,从智识上讲,法律与社会理论有可能比它们有时所表现的更容易被联系在一起。但是,这并不意味着做到这一点不存在重重的实际障碍。作为规范话语或是知识领域,法律显而易见的自给自足和支配地位得到了政治利益的有力保障。相较而言,国家和政治秩序对社会学和社会理论没有给予最起码的重视。由于具有寻找社会证据(social evidence)的自然倾向,社会学引发了诸多社会阶层的反感和抵触。由于具有批判的倾向以及争议的主题,社会学遭到了传统学科的轻视。从实际的权力和地位来看,理论社会学(academic sociology)显然注定要逊于法律。然而,当法律秩序或是法律研究的正当化过程因为某些原因受阻的时候,作为一种资源的社会学(不受院校部门或是学科边界的约束)仍然能够补足法律的一些智识弱点(Cotterrell 1995:第三章)。随着人们对法律的规制要求越来越高,将法律与多种社会研究相结合的动力很有可能会越来越大。

[5] 我在第三章指出,如果法律观念的社会学研究忠于哪门学科的话,那这门学科应当是法律而非社会学。这一观点被斥为似乎是要让法律的社会学研究从属于那些法律职业者所关注的问题,甚至是要把它变成社会法理学(sociological jurisprudence)(Nelken 1998:410)。然而,只有忠于法律意味着忠于"法律职业者"或是"国家法"的情况下,上述批判才是准确的。如果人们以一种广阔、多元的社会学视角以及反映社会理论的方式构思法律,那么法律的社会学研究不会蜕变成社会法理学(社会科学仅被用来给国家法律规制提供改革、技术和修辞上的支持)。这一视角下的法律并不只涉及法律职业者活动,或是由法律职业者操控的法律观念,尽管它肯定涵盖法律职业者视角下的法律。

从广义上讲,按照社会学理解的法律指的是通过制度化教义去规制共同体。有一些社会关系和共同体关系网建立在法律职业者的日常经验上,并受到他们的高度关注。但是,其他一些社会关系和共同体关系网并非如此。因此,忠于法律并不意味着忠于法律职业者的职业世界。更确切地说,忠于法律意味着想要去和平、稳定地规制社会生活,并去追求正义的共同体生活。

于是乎,通过社会学的视角去研究,让法律去应对社会理论的目的不在于试图去"比法律自身还要更好地理解法律"(参看 Nelken 1998:409),因为法律(它不是人)自身什么也理解不了,同时无数职业和非职业的法律参与者通过许多不同的方式去理解法律的意义。社会学视角的目标应当是拓宽法律参与者对法律以及法律解释下的社会的理解,这样人们能够更好地理解他们所生活的社会并以更加可靠的方式规制社会(当然还有其他目标)。社会学和社会理论并不决定法律应当规制什么以及如何去规制,但是它们可以有助于澄清规制决定应当在什么样的语境下作出。

大卫·奈尔肯怀疑一种更加广阔的视角是否必定优于一种适于处理当前问题的、更加狭窄的参与者视角（1998：417—18，425—6）。当然，至少是在普通法世界，法律职业者的常规方法包括缩小问题处理的范围，并避免粗略的概括；关注此时此刻的情况，而非无数种的可能性。但是，通过采用一种更加广阔的社会学视角，人们并非不可能甚或是更难以专注那些具体的问题。然而，透过愈加广阔的视角观察问题意味着：作为控制社会复杂性的一种公认的方法，对问题的限缩是人们深思熟虑的选择，而不应当是人们表达和解释社会无知的普遍立场。视角的拓宽并不证明较窄的参与者视角是错误的，但是应当能够把较窄的视角放到语境中去阐明。一名熟知社会学的法律职业者并不必然是一名能力欠佳的法律职业者，正如一名阅读社会理论的公民不应当因此被阻止参与日常的社会关系！相反，无论是法律职业者还是公民肯定都希望透过更加广阔的视角更好地理解他们日常的实践活动。

还有一点值得一提。本书通常隐晦地反对学科性（disciplinarity），即太过注重知识学科的完整性或是独特性。因此，在我看来，法律社会学（特别是法律观念的社会学理解）并不是社会学这一学科的分支。对于法律之社会学探究的现代奠基人而言，把法律社会学看作是社会学的分支无视了他们所抱有的宏大愿景（如第三章所指出的）。法律在社会意义上极富价值，以至于不能够被看作是一门"囚禁在"母学科（理论社会学）下的子领域。当今的理论社会学对法律的兴趣甚微。为了摆脱理论法（academic law）狭隘的学科视角，许多研究者（包括我在内）投向了法律社会学。这些学者认为狭隘的学科视角是本科生的法律经验，因此他们不可能想要从其他学科壁垒寻求庇护。通过忽视学科间的特权、界限和差异，社会研究的智识进步现在时有发生。然而，这一要求并不是要"削弱"社会—法律研究（sociolegal studies）与理论社会学之间的联系（参看 Nelken 1998：412，提出了我所主张的这一观点），而在于确保这些必然的联系绝不会阻碍人们利用所有关于社会洞见的资源并展开创造性的探究。

〔6〕

然而，诚如奈尔肯所言（1998：412），"消灭学科划分并非易事"。在我看来,(法学和社会学的)学术传统提供了知识的架构,而否定这一学术传统并无益处。同样重要的是,我们应当尊重那些能够被用来建立和评价研究的不同方法论活动。但是,这些因素无论如何不能限制我们的研究设想。当前,社会—法律研究的文献向研究者们提供了丰富的理论、假设、方法以及基础模型。此处的标准是多学科的(multidisciplinary),而多学科研究是无法通过任何有用的学科范畴得到解释的。社会—法律研究本身能够驱使法律学者向他们自身的研究注入广阔的、富有想象力的一系列崭新的社会理论,同时,社会—法律研究亦能够驱使社会理论家探讨那些由法律职业者通过缜密的方法所作出的社会观察,而这些观察有些时候是相当准确的(richly precise)。

显然,并不是所有法律职业者都对社会学视角〔本书在第三章所采用的"社会学"是从超学科研究(transdisciplinary approach)*的意义上去理解的〕感兴趣。但是,我认为最优秀的、最有想象力的、最务实的律师往往对社会学视角感兴趣。他们希望用法律教义去实现社会效果(只要涉及的是与他们的客户直接联系的社会关系)。因此,他们需要透过广阔的社会学视角去理解法律。相应的,如果不按照(包括律师在内的)法律参与者的思维去思考(即通过制度化教义的法律思考),社会学者和社会理论家在对法律的研究方面将成果寥寥。在这一语境下,法理和职业的社会学观点是人们参与和观察法律的诸多观点之一部分。

## 一个共同体的框架

本书第一部分的前三章探讨的是社会学导向的法律理论所呈

---

\* 通常来讲,单学科研究(monodisciplinary approach)强调学科之间的分界,多学科研究(multidisciplinary approach)强调学科之间的互动。同时,多学科研究内部在对象、内容、方法等方面是分层次、分程度的,例如跨学科研究(crossdisciplinary approach)特指一门学科对其他学科的视角和方法加以吸收和借鉴,学科际研究(interdisciplinary approach)强调学科之间进一步的知识整合和理论结合。作为一种深度的科际互动,超学科研究(transdisciplinary approach)体现的是全新学科和知识域的形成。——译者注

现的诸多面向，以及法律与社会理论之间更加一般意义上的关系。为了更加具体地研究法律教义及其社会后果和语境问题，本书第四章介绍的是其余各章所使用的核心概念框架。出于方便，我把这一概念框架称作法律研究中的法律与共同体进路(law-and-community approach)。我在早期改编的论文集《法律的共同体》(1995)以及其中的一些章节探讨了共同体概念对于法律探究(legal inquiries)的价值。这些文章为本书打下了基础。但是，只是在《法律的共同体》出版的那年之后，我才开始为了特定的法律研究目的去阐述和辩护法律的共同体概念。1996年春，我在一篇论文中首次提出了这一概念以及其所建议的研究提纲。这篇论文经修改后成为本书的第四章。因此，从通过共同体去分析法律观念的角度讲，本书的起点正是《法律的共同体》一书的终点。[4]

关于共同体的概念，一个重要的问题在于它往往过于含糊，以至于无法在经验层面上促进社会学探究或是用于法律分析。现代法理学竭力要求精确的范畴，同时，阐述有价值的社会理论需要严谨的概念，而共同体这一含混模糊的概念与这两点均背道而驰。关于共同体的第二个重要的问题是这一概念陷入了各种各样的评价中。不管怎样，人们通常认为共同体是"有价值的"且缺少这一概念是一件遗憾的事情。在社会学领域，随着公众对那些逐渐消逝的想象世界感到失望，关于"共同体缺失"的文献从专业的角度重新诠释了令人费解的共同体形态。例如，乡村生活、紧密的亲属关系、可靠的邻里关系、虔诚熙攘的聚居区、珍贵的传统、安全的街区，等等。一个具有理论价值的共同体概念应当摆脱依赖于这些团体的虚构和空想。共同体为了更加形象地描述社会应当是一个足够灵活的概念，进而能够被用来解释在21世纪发达社会中复杂、多元、流动和具有个人主义倾向的人群。

第四章将共同体进路描述为一个试图达到这一要求的、具有法律意义的概念。援用共同体的最主要动力是：我意识到"法律与

---

[4] 《法律的共同体》强调相互的人际信任是共同体的基础，并把共同体视为"社会互动的基本方向"，而非"社会学的研究对象"(Cotterrell 1995: 328—31)。这些观点对于本书同样是至关重要的。

社会"(law and society)或是"社会中的法律"(law in society)这些老概念把法律表述为一种社会现象并不够充分。近些年来，随着跨国文化网络和各种经济关系的壮大以及多元文化主义的发展，社会——通常被理解为是由民族国家依靠政治权力组建的社会——显然已经变成一个效用甚微的概念。通过恰当的构思，共同体能够用来表述一些极其重要的社会关系类型，这些类型的社会关系表现为不受制于"社会"的关系网或是群体。各种类型的社会关系在不断的变化中成形、变形，并跨越着国家或是政治边界，这些相互冲突、协调或仅仅是共存的社会关系包含重叠的成员资格者。

灵活地阐述共同体概念的关键在于运用马克斯·韦伯关于理想（或是纯粹）类型的社会学方法。因此，我们所关注的是纯粹的、基本的和抽象的共同体类型，它们在现实社会生活中通常只有在复杂的关系网和混合体中才能够被发现。这一进路可以让我们做两件重要的事情：其一，牢记当代社会关系的复杂性和多变性（很少有社会关系会长期保持不变），以及群体成员资格和人际社会互动的多样性。其二，通过严谨的分析区分数量严格有限的、不可化约的且相互矛盾的社会纽带类型，并进而探讨适用于不同类型社会纽带的具体规制问题。

〔8〕

因此，按照此处所提出的框架，通过阐明每种共同体的纯粹类型自身所具有的独特规制特征，法律与共同体进路旨在考察法律规制的问题、条件和后果。在研究法律是何以规制社会关系网（在现实生活中，社会关系网发展成了由各类共同体构成的混合体）的过程中，法律与共同体进路通过区分各种共同体的法律形态，能够以分析为目的澄清复杂的社会—法律图景。

通过把这一进路应用于法律探究中一系列具体的语境之中，该进路表现得不再那么抽象。这就是本书第二部分大部分文章所试图实现的。例如，第七章运用法律与共同体进路去思考这一进路在多大程度上能够预测法律移植的成败（法律观念从一个法系转移到另一个法系）。鉴于传统比较法课题（但现在得到了更多人的支持）旨在实现法律的跨国界统一或是协调，第九章还被用来预测比较法课题的可行性和局限性。第八章和第九章还通过运用法律与共同体进路去重述和重释当前比较法研究的本质、目的和任务。因此,共同体概念的应用使我们能够重新思考比较法学者在根据外国法范型推荐法制改革的过程中所依赖的权威类型。法律与共同体进路还能够让我们通过新的方法讨论价值、信仰、传统以及共同的历史经验作为法律的基础(underpinnings of law)所具有的作用,以及法律促进或是限制全球化的前提条件,还有法律在多大程度上能够表达、促进或是保护各种形态的文化。

## 文化与比较

这看起来是一个宏大的议题。第二部分收录的研究仅仅是这一领域的探索性文章。这些文章与相关主题最直接的联系是它们注重法律与文化的联系以及比较法研究。文化(特别是法律文化)已经成为新兴比较法律社会学(comparative sociology of law)的重要焦点。其中,大卫·奈尔肯是这一领域的先驱。作为第五章主干的文章就是最初在他的邀请下写作完成的。奈尔肯让我考察近期法律社会学中的法律文化概念,可遗憾的是,我发现我得出了一个相当消极的结论。基于我在第五章所给出的理由,我认为文化和法律文化的解释力有限。正如许多人类学者和社会学者所指出的,文化是一个涵盖了一系列模糊现象的杂乱无章的术语(amorphous term),它像是一个集合体,可以被用来宽泛地指涉某一时空下大范围的经验或是印象。但是,文化无法成为精确的变量。本书第五章所关注的就是文化和法律文化的概念在法律社会学文献中的使用。但是,法律学者(特别是比较法学者)也开始频繁地使用这些概念,而本书第六章回应的是文化的多种法理形态。

〔9〕

我写第五章(作为一篇会议论文)的时间早于法律与共同体进路被广泛用于本书的其他各章。我很少做几乎完全消极和批判的研究,但这篇文章是一个例外。在原稿完成之后,我想要寻找一个更加积极的、建构的研究进路,以清晰地识别文化作为法律研究焦点所具有的愈加重要的价值,同时还能够避免在对文化概念的讨论中涉及不明确和不精确的失灵问题(如第五章所强调的)。第六章描述了这样一种更为积极的进路。和第五章一样,作为第六章主干的文章是早年为了回应一篇指定题目的约稿而写的。已故的亚历山大·佩策尼克（Aleksander Peczenik）邀请我在瑞典隆德举办的国际法哲学与社会哲学协会 2003 年大会上做演讲，因此我得以有机会运用法律与共同体进路去对文化概念加以反思。第六章把文化分解为传统、信仰和价值、情感以及工具性这几个要素，这些要素构成了不同类型共同体的基础。我把文化分解为具有相对独特法律属性的、以共同体为焦点的多个组成部分，此举是否能够有助于处理法律文化问题还有待观察。但是，未来朝着这个方向去研究是有必要的。借助共同体的分类，法律与文化之间的复杂性和矛盾性能够被展示出来。同时，造成这一情况的一些关键原因也能够得到解释。

本书第八章（如同除第五章以外的其他各章）依赖的是法律与共同体框架，但该章没有第二部分其他各章那么直接地关注这一进路。第八章主要关注的问题是将比较法研究的发展与法律社会学之间直接联系起来。该章（和许多比较法学者一样）主张比较法和法律社会学的研究目的需要互相协调。实际上，整个第二部分都是在通过这种或是那种方式关注比较法（作为一个研究领域）的本质、前景或是课题。其中若干篇文章的主干论文主要就是针对比较法专家所写的。

在我看来，比较法当前是一个相对开放的研究领域，一些有代表性的比较法学者正在极力促成比较法与法律社会学者还有社会理论家的合作。身为一位法律理论学者和法律社会学者，我近年来加入到了比较法研究的一些讨论中，这一经验让我想起了 20 世纪 70 年代后半期我首次参与讨论的英国社会学（作为一项有组织的研究事业）所具有的开放性。

人们说这种开放性（严密学科性的对立面）表明比较法这一研究领域在制度上是薄弱的，它的整体自信是不牢固的。在某些方面，20 世纪 70 年代末期的社会学也是如此。在其他时期，人们对社会学的印象依然如此。关于比较法（作为一个研究领域）的现状，相关文献时常表达类似的顾虑（Ewald 1995a：1961—5）。然而，当我初次接触这一问题的时候，我对社会学（尤其是社会理论）的整体印象是这是一门资源丰富的、令人兴奋的、学术的、有想象力且有前景的研究领域(即便有大量平庸的研究成果,但是我对当今社会学的印象依旧如此)。与此相类似,比较法现在表现为一个极具智识价值和大有潜力的研究领域。它被集中用来研究跨国法以及跨国法律设想不断激增的发展轨迹,以及法律与文化之间日益重要的联系。除了强调比较法与法律社会学之间的一些早期的显著联系以外,第八章还竭力主张比较法学者和法律社会学者之间加深沟通。他们有责任共同推动法律前沿领域的探究。

## 致谢

本书反映我自20世纪90年代中期以来针对法律观念的社会学研究。作为本书各章的主干,我按照本书的需要改编了早期发表论文的文本内容,但是我在这些论文中所表达的最初观点没有改变。同时,我更新了一些引用文献的来源(例如旧版的书籍),缩减和调整了一些段落以避免重复。出于纯粹风格上的原因,我在早期论文的有些地方作了有限的编辑。但总体上,保留原文的文本内容已经足以表达我的观点。各章之间的交叉引用(cross-references)与原版论文的引用基本保持一致。但是,出于统一和连贯的考虑,我通常改变了交叉引用的形式。我在本书各章之前又新加了一个联结全书的导论,同时,我还在本书第六章、第七章和第八章增加了节和小节的标题,在第四章和第九章调整了相应的标题。

在研究书中观点的过程中,我欠下了许多人情债。大卫·奈尔肯首次邀请我写关于法律文化的论文。基于此,本书中重要的法律探究始于那个时候。除此之外,我甚是珍惜我与奈尔肯之间二十多年来温暖的友谊,以及我们在法律社会学领域紧密的知友关系(即便是在我们有冲突意见的时候!)。多年来,我要感谢如下学者对我的一贯支持:迈克尔·弗里曼(Michael Freeman)、已故的尼尔·麦考密克爵士(Sir Neil MacCormick)、已故的佩尔·谢恩奎斯特(Per Stjernquist)、菲尔·托马斯(Phil Thomas)、威廉·退宁(William Twining)以及许多来自英国伦敦大学玛丽皇后学院和威斯特菲尔德学院的同事。在过去的十年里,当我研究本书各章实质内容的时候,还有一些学者基于他们的兴趣、热情和观点帮助过我,他们包括雷扎·巴纳卡(Reza Banakar)、泽农·班科斯基(Zenon Bankowski)、彼得·菲特兹帕特里克(Peter Fitzpatrick)、劳伦斯·弗里德曼(Lawrence Friedman)、沃尔克玛·盖斯纳(Volkmar Gessner)、安德鲁·哈丁(Andrew Harding)、拉尔夫·亨汉姆(Ralph Henham)、尼可拉·蕾西(Nicola Lacey)、皮埃尔·罗格朗(Pierre Legrand)、维尔纳·门斯基(Werner Menski)、阿兰·诺里(Alan Norrie)、埃辛·奥赫楚(Esin Örücü)、亚历山大·佩策尼克、W. S. F.(比尔)皮克林(W. S. F. (Bill) Pickering)、尤里·普里班(Jiří Přibáň)、奥斯丁·萨拉特(Austin Sarat)、菲利普·塞尔兹尼克(Philip Selznick)、贡塔·托依布纳(Gunther Teubner)、维布伦·范·德·伯格(Wibren Van Der Burg)、保罗·范·希特斯(Paul Van Seters)以及维纶·威特芬(Willem Witteveen)。最重要的还是要感谢我的夫人安·科特雷尔(Ann Cotterrell),本书的内容通过她严谨的批判得到了完善。同时,在我的全部研究中,她给予了我支持和鼓励。

[11]　关于本书重印内容的改编许可,我要向如下版权所有者致谢,包括 Blackwell Publishing(第一章、第三章和第六章);Oxford University Press(第二章);Canadian Law and Society Association(第四章);David Nelken and (original publisher) Dartmouth Publishing Company(第五章);Oñati International Institute for the Sociology of Law and (original publisher) Hart Publishing(第七章);Cambridge University Press(第八章);Institute of Advanced Legal Studies, London, and (original publisher) Kluwer Academic Publishers(第九章)。同时,本书改编了如下早期发表的论文,包括 'Law in Social Theory, and Social Theory in the Study of Law', in A. Sarat (ed.), *Blackwell Companion to Law and Society* (New York: Blackwell, 2004) pp. 5—29(第一章);'Law and Community: A New Relationship?', in M. D. A. Freeman (ed.), *Legal Theory at the End of the Millennium: Current Legal Problems*, vol. 51 (Oxford: Oxford University Press, 1998) pp. 367—91(第二章);'Why Must Legal Ideas Be Inter-

preted Sociologically?', (1998) 25 *Journal of Law and Society* 171—92 (第三章); 'A LegalConcept of Community', (1997) 12 *Canadian Journal of Law and Society* 75—91 (第四章); 'The Concept of Legal Culture', in D. Nelken (ed.), *Comparing Legal Cultures* (Aldershot: Dartmouth, 1997) pp. 13—31 (第五章); 'Law in Culture', (2004) 17 *Ratio Juris* 1—14 (第六章); 'Is There a Logic of Legal Transplants?', in D. Nelken and J. Feest (eds), *Adapting Legal Cultures* (Oxford: Hart, 2001) pp. 71—92 (第七章); 'Comparatists and Sociology', in P. Legrand and R. Munday (eds), *Comparative Legal Studies: Traditions and Transitions* (Cambridge: Cambridge University Press, 2003) pp. 131—53 (第八章); 'Seeking Similarity, Appreciating Difference: Comparative Law and Communities', in E. Örücü and A. Harding (eds), *Comparative Law in the Twenty-First Century* (The Hague: Kluwer, 2002) pp. 35—54 (第九章)。本书的导论和结论从未发表过。

第一部分

视角(法律理论与社会理论)

# 第一章
## 法律与社会理论

〔15〕

　　法律研究与社会理论之间的关系一直是摇摆不定的,并且时常争议不断。为什么是这样?社会理论在当今法律研究中的价值是什么?为什么社会理论把法律看作是一种重要的社会现象?本章将回应这些问题,同时思考社会科学和社会理论课题所面临的新近挑战。本章还将针对法律的理论研究提出一些由全球化和跨国法的发展所引发的特殊问题。

　　社会理论对于法律研究能够有何贡献?作为社会理论所关注的问题,法律在社会理论中处于何种位置?在30年或40年前,当"法律与社会"研究或是社会—法律研究最初成为一个充满活力且颇受欢迎的研究焦点的时候,界定法律与社会理论之间的关系主要意味着把法律置于社会学学科的理论传统之中,并且追问哪些传统能够有助于法律研究。然而,社会理论现在已经不再专属于任何一门学科,它应当根据自身的目标而非形塑它的特定传统来得到界定。

### 古典社会理论中的法律

　　社会理论是一种以历史为依托、以经验为导向的系统性理论,这种理论旨在寻求解释"社会"的本质。就一般范围而言,我们可以把社会理解为人际互动和人际关系中重复出现的形式或是模式化的特征。社会是人类在共存和交往过程中所形成的长期存续的生活;社会亦是基于人类共处所产生的制度、关系网、模式以及集体生活的集合。就此而言,社会是人群和人口(human groups and populations)的集体生活,但同样也是那些通过与人口或群体的联系而形成的个人生活。社会既是一个关于团结、认同和合作的场域,也是一个关于权力、冲突、疏离和隔离的场域;既是一个关于稳定的预期、制度、习俗、信任和信赖的场域,也是一个关于难以预料的行为、不可预见的变化、暴力、分裂和断裂的场域。

〔16〕 作为一个研究对象或是领域,由这些广泛的词语所描述的社会似乎过于笼统、令人迷惑。对于评价社会理论自身的重要性而言,讨论社会的性质和重要性在当今是最为基础的问题。社会理论以截然不同的方式看待社会的本质。例如,在马克斯·韦伯的经典社会学著作中,社会表现为数量有限的、相互有别的社会行动类型。各种类型的社会行动以无数方式结合在一起,进而促成了我们所说的"资本主义""科层制""统治"以及社会世界中其他看似牢固的结构(1968)。有时,学者根据人类关系的演化来理解社会,例如马塞尔·毛斯(Marcel Mauss)对赠礼关系的重要性所作的著名分析(1990)。还有学者从不同类型的人口凝聚力中发现了社会的本质(Durkheim 1984),或是从社会群体成员之间的交际或是联结中发现了社会的本质(Gurvitch 1947)。有时,学者根据相互关联的个人把社会理解为各种类型的范畴或是制度形式,例如格奥尔格·齐美尔(Georg Simmel)对"陌生人""大都会""时尚""冲突""交换"以及其他现象的分析。

作为大多数社会理论所首要关注的研究对象,社会在某种程度上被看作是一个统一的整体,无论是以间接或是直接方式。由此,研究社会整体如何存续不同于研究政治、法律、经济或是其他更加具体的社会行动或是社会经验,但两者是相联系的。在这个意义上,社会是"一个在受自身规律所支配的大致界域内、由个人和(经济、道德和政治)事件之间的纽带和关系所构成的总和"(Rose 1996:328)。即便没有把社会作为直接的研究对象,社会理论对社会的描述仍然假定社会现象在相当程度上是凝聚在一起的:社会生活构成了某种基本结构;它具有连续性和规模性,同时社会的个别范例与更大的模式相联系,尽管这些模式的确切范围或是边界可能是变化的和难以明确的。社会包括诸如阶级、种族和性别关系,特别还包括经济关系,但是社会理论假定,所有这些关系构成或是表现为一种更具一般性的人类互动模式或是特征。社会理论持续关注的应当是社会的一般性。在某种程度上，社会总是能够通过整体来理解。

在19世纪末至20世纪初的古典社会理论中，"社会"的典型特征主要表现为现代西方民族国家中由政治机构组织起来的、以领土为边界的社会。基于这一定位，最为恢宏的社会理论强烈关注法律就不足为奇了，如埃米尔·涂尔干、韦伯和马克思的著作。社会的范围和民族国家法律制度的管辖范围是相似的。在社会理论考察构成社会的一般社会关系和社会结构的同时，现代法律则相应地表现为界定和规制这些关系和结构的一整套社会制度。从一定程度上讲，法律与社会理论对现代社会的描述是与之相冲突的，但是社会理论可以通过例证把法律看作为社会中某种基础的结构和模式。

所以说，在涂尔干看来，现代法律的实体（尤其是合同法、商事法、财产法和刑法）及其程序体现了现代社会团结的特性。他的意思是说，尽管现代社会渐趋复杂、多变和多样，但是社会能够借助现代法律机制得以整合，并被赋予一种整体感。通过研究法律历经数个世纪的发展过程，涂尔干向我们展示了把现代社会凝聚在一起的社会团结机制是如何逐渐形成的（Durkheim 1984）。他得出的结论是：若要能够整合现代社会并且构成所有现代法律的道德基础，唯一的价值体系便是要求人们普遍尊重每一位公民的私人自治和人类尊严（Durkheim 1975a；Cotterrell 1999：103—47）。〔17〕

通过完全不同的方式并运用完全不同的方法，韦伯自信地把法律研究与现代形式的社会研究联系在了一起。现代法律是一种典型的理性，它反映着西方生活其他方面的理性化，两者是并行不悖的。法律的形式理性是一种独特的思维和实践形式，它同时也可以被看作是现代世界更加广泛的理性化的一部分。在韦伯看来，研究法律的理性发展以及其与其他各种理性（特别是经济行动、行政管理和政治统治）的相互关联能够在很大程度上帮助我们理解西方式的社会本质（Weber 1968：第二部分，第八章）。

通过寻求分析资本主义的本质和命运，马克思把法律视为一定意义上的上层建筑。在现代西方社会，生产方式和总体的社会结构是资本主义发展的动力,而法律是资本主义发展的产物。但是,他强调法律的作用在于界定社会关系、镇压阶级动乱并促进思维方式的形成(尤其是根据合同法和财产法),进而为资本主义的社会关系提供基本的意识形态支撑(Cain and Hunt 1979)。因此,与涂尔干和韦伯一样,马克思认为有必要思考法律的发展过程,以甄别法律在某个历史阶段所形成的特定思想、推理方法或是实践形式。

因此,虽然上述每一位作者在他们的作品中以不同的方式描述现代性,但是他们都把法律视为社会转型的必备要素,即现代社会是以法律为基础建立起来的。

这些简要的评论至少可以说明两点:"现代性"的概念实际上往往与社会理论视野中"社会"的概念密不可分。在古典社会理论中,法律在某种程度上往往被视为现代社会形成的一个重要标志、要素和动因。在这个意义上,较为晚近的社会理论家往往极其重视某种法律制度的兴起。例如,塔尔科特·帕森斯(Talcott Parsons)把"一般法律制度"视为"现代社会最为重要的一个标志"(Parsons 1964:353),它超越了所有传统的特殊身份并且提供了一套普遍的权利义务体系。但是,正如我们将在后文所看到的,当今诸多争论的焦点依然是围绕着"现代性"和"社会"这两个社会理论的核心概念而展开的。

暂且不论这些争论,古典或是传统形式的社会理论对于法律研究有何益助?如果社会理论在范围上是抽象的和概括的,那么作为一种实践以及(往往作为)研究领域,法律则总是致力于"具体的方法"(Twining 1974),并且专注于特殊性和直接的问题解决。社会理论通常主张社会的本质能够通过结合哲学分析、历史经验的反思以及对社会条件加以系统的经验观察而得到解释。社会理论家对法律的思考受到哲学、历史和观察这三种取向的综合影响。作为关注一般问题的副产品,社会理论常常评估法律的功能、限度、存续条件以及权威和权力的来源。

社会理论对于某些法律学者的吸引力在于,它对待法律的视角相较于通常仅由法律专家所驾驭的那些视角而言更加广阔。所以,人们呼吁在社会—法律研究中运用社会理论,以避免法律方法的局限性,同时削弱社会科学狭隘的经验主义。人们总是期许拓宽法律的社会视角,但相应的风险则始终在于:广阔的视角有可能剥夺"法律的"经验或是实践所特有的丰富性和独特性。法律方法或许需要补充,但是它也有自身的价值。

尽管人们主张社会理论对于法律研究的价值,同时法律在古典社会理论中具有显著的地位,但是法律研究与社会理论之间的联系往往总是脆弱的。我在本章稍后所要表达的一个主要观点是:法律和社会理论的种种变化将在两者之间产生更强的相互依赖。但直到最近,两者之间的关系尤其表现出两种局面,即人们或是对此漠不关心,或是敷衍对待。

尽管古典社会理论的作家树立了典范,但是社会理论家时常怀疑法律作为一个独特的社会现象是否足够重要或是足以识别,以至于值得任何社会理论的特别关注。大多数需要分析的社会现象都能够根据行政行为、国家强制、社会规范、社会控制、意识形态、互惠、遵从和偏常、官僚规范或习俗来解释吗?法律本身无须被理论化:它可以留给法理学者自己去处理。"法律"这个术语对于社会理论家而言仅仅是一个常识性标签,即它用于指称那些需要在理论上加以解释但无须实质探讨的一组组社会现象。不管怎样,法律的地位和重要性在不同社会之间存在着相当的差异。法律的一般概念或是定义是由法理学者的理解所支配的,而大多数社会理论家并不寻求颠覆这些概念或是定义。

例如,社会理论家很少采用表述激进的法律概念,与此相联系的是当前社会科学所谓的法律多元主义概念(Griffiths 1986;Merry 1988)。这种意义上的法律多元主义明确否定法理学者的法律概念是普遍适用的,并且转而采用某种更加广义的法律概念,以求基于各种分析的目的,把法律职业者认为不属于"法律的"社会现象涵盖其中,如各种私人的或是"非官方的"规范体系。乔治·古尔维奇(Georges Gurvitch)在众多社会理论家中脱颖而出,因为他完全反对法理学者的法律概念,进而主张把一种复杂精密的、阐述详细的法律多元主义理论与他的社会理论结合在一起。值得注意的是,古尔维奇的这一立场立基于他在早期的社会—法律探究和哲学探究,而非他在后期关于一般社会学理论的副产品(Gurvitch 1935,1947)。

事实上,相较于社会理论家,经常拥护法律多元主义视角的是那些社会科学家,他们把法律当作研究事业的中心,并且倾向于自称为"法律与社会"学者或是社会—法律学者。但是,许多社会—法律学者总是满足于遵循一般社会理论的指引,并遵从古典社会理论所发现的更加广阔的法律洞见。但在其他方面,这些学者则主要把"法律"当作一种实用的涵盖性术语,并根据他们在所属社会科学学科中熟悉的概念来分析一组组社会现象。

社会理论一方面思考法律的社会表现形式,另一方面却常常试图回避法律。而法律职业者和法律学者也总是回避社会理论。可以肯定的是,按照法理学的立场,社会理论的用处看起来并不明显,即他们认为社会的时空范围和法律自身所创建的管辖范围是一致的,而社会结构其实就是法律所提供的规制结构。从这个意义上讲,社会理应是法律实践的场所和环境。同时,毫无疑问的是,在法理学看来,通过对社会关系的规制,法律界定和调整社会关系的范围和本质。就此而言,法律似乎能够提供源源不断的丰富资源,即社会就是法律所理解的那个样子。

## 法律与当代社会变迁

法律与社会理论之间缺乏相互兴趣的典型关系正在发生着什么样的变化?相应的改变常常与现代性的消逝以及作为其替代的后现代思想联系在一起,无论是在法律和法律研究方面,还是在社会理论方面。后现代中的"后"意味着,我们可以在某种程度上把"新"理解为相对于先前现象的补充或是回应。同时,我们现在可以把现代性理解为一种终结,而随后发生的现象将与其完全不同。

根据让-弗朗索瓦·利奥塔(Jean-François Lyotard)的著名格言(Lyotard 1984:37),后现代性最深刻的例证便是:在一个流动的、快速变革的、充满强烈自省和不确定性的(西方)世界里,人们不再相信"宏大叙事",即"一个充斥着无根和怀疑的新时代"正要到来(Douzinas and Warrington 1991:9)。这不仅适用于诸如马克思和各大宗教的综合性思想体系,而且还适用于稳定的且整合的一般"社会"理论,以及各种政治意识形态,还有不断揭示真理的

"科学"思想。所有这一切已经深深陷入了无处不在的社会偶发性（social contingency）和不确定性之中。

最终的结果是，"地方性知识"（Geertz 1983）占据了优势，同时，所有对社会变迁或是社会现象加以宽泛概括的企图都被认为是失败的或是毫无意义的。在这种情况下，人们有可能趋向完全放弃社会理论。新的关注点强调地方现象和具体现象、社会结构和制度的无能、无根的个人生活所带来的兴奋或是恐惧。这使人们怀疑把社会视为一个可以理论化的、充分可靠的对象有何益助（Rose 1996；Bauman 1992：190）。在传统社会学对于社会的分析中，秩序/变迁以及结构/主体之间的辩证关系似乎无法说明这种极端的流动性。在世界上最为发达的国家，后现代思想和当代人类共处是联系在一起的。

社会的理论化是毫无益助的。这一观点有时导致了一种更加宽泛且极其晦涩的主张，即"社会的消亡"（Baudrillard 1983：第二章）。由此，一种毁灭性的结局预示着社会理论失去了完整的研究对象。取而代之的是大量相互矛盾的话语，特别是文学、女权主义、心理分析、经济以及文化理论。人们在关注人类关系的时候，不再诉诸任何综合性的社会概念。〔20〕

我们还可以论及一些更加具体的理念，这些理念直接影响着法律的命运。有学者声称，社会正在逐渐消失，并且成为政府干预的一个明确的重要领域。同时，围绕社会组建起来的各项事业（例如社会工作、社会福利、社会学和社会主义）正在失去优势地位（Simon 1999：144—7）。有学者进一步声称，与政治领域相区隔的社会领域正在萎缩。从某种角度来看，社会已经完全变成一个沉默且停滞的人口群（population mass），它不再是政治动力的积极泉源，而只是消极接受政府的行动（Baudrillard 1983：19—25）。由此所带来的后果是，法律干预无法从社会这一泉源寻求有效的合法性或是指引。

从另一种角度观之，生活方式的个人化对许多社会制度（例如传统生活、雇佣关系和两性关系）的稳定性构成了挑战，但基于个人对自身生活的自发选择，这又为社会的彻底改造创造了空前的机会（如 Beck and Beck-Gernsheim 2002）。由此，政治便发生了潜在的改变,即它的关注点转向了地方和个人层面,以及更为重要的全球层面(如世界各国都普遍存在的环境、安全和健康问题)。与此同时,民族国家的政治在传统的公共领域正在逐渐消逝。事实上,在一个复兴的政治中,公共和私人之间以及国家和全球之间的界线最终可能变得毫无意义(Beck 1992:第八章;2000:第二章)。这对法律研究所造成的重要影响在于,规制的范围以及妥适的方法将会发生根本的改变。

新近的理论阐述是重要的,但却不会阻碍人们把社会作为一个范畴。实际上,包括让·鲍德里亚(Jean Baudrillard)在内的许多高调宣称社会消亡的理论家,仍在继续毫无任何顾虑地谈论社会(Smart 1993:55—6)。对于法律研究而言,这些著作的价值在于,表明人们对社会本质的假定并非毫无争议。法律通过规制来界定社会,但是法律对社会的规制只能在社会所提供的条件下进行。法律以社会作为前提条件,社会界定了法律在技术层面的管辖范围,以及法律在干预领域对理性整合(rational integration)的要求,还有法律之合法性和文化意蕴的一般渊源。于是乎,社会的同一性、连贯性以及相应的社会结构受到了质疑,而关于法律的本质和效力的假设也引起了争论。

〔21〕在当代的社会理论中,米歇尔·福柯(Michel Foucault)提供了一种最为重要的工具,根据社会在特征上所发生的长期的根本性变化,我们借此得以重新思考法律的本质和范围。他提出的问题是,法律是否无法跟上社会的变化,结果变得边缘化并且逐渐被其他种类的管理和控制所取代。福柯的研究描述了新型的知识和权力得以产生的过程,两者之间通过相互促进建立起他所称的"规训社会"(disciplinary society)(Foucault 1977:216)。监狱、精神病院、学校、诊所以及其他制度性场所已经成为知识/权力群逐渐显现的中心地带。在这些场所中,技术性规范、专家知识、训练和监视结合在一起,进而规制着民众并且规定了个人(作为独立自主和责任自负的主体)的地位。

在福柯晚期的讲座中,他阐述了法律在其早期研究中的一般含义。他明确区分了法律的威严(majesty of law)和重视管理社会生活的"治理的艺术"(art of government)(Foucault 1991:92)。

在他看来,法律是主权的表现;最重要的是法律需要得到服从,并对任何冒犯主权的行为施以惩罚。由此,法律的本质在于强制。福柯认为如下两种情况是完全不同的,即一方面是法律"在社会中实施的各种临时的或是非连续的干预",而另一方面是"某种规训的且持续规制的权力普遍地、紧密地且不可或缺地存在于社会之中"(Fitzpatrick 1992:151)。后者是一种自主的专家型治理形式,它特别重视规制经济和民众,并且依赖于"多重策略"以及大量仅需通过智慧和勤奋便能够结合在一起的技术、知识和信息(Foucault 1991:95,96)。

福柯把这种普遍的规制活动称作"治理术"(governmentality)而非治理(government),以此来强调治理术比通常政治意义上的治理具有并且运用了更加广泛的技术,其运行场域不限于通常所谓的公共领域,还涉及社会生活的方方面面。然而,治理术的兴起标志着国家发展步入了新的阶段,即从通过法律治理的司法国家(state of justice),过渡到在一国领土范围内实施规制和规训的行政国家(administrative state),再转向以保障安全为目标的治理国家(governmental state)。其中,界定国家边界的依据是体量和密度意义上的人口群,而不再仅仅局限于领土性……即国家的表面面积(Foucault 1991:104)。

值得注意的是,法律的命运仍然是模糊不清的。这个问题最后或许需要法理学者和社会—法律学者来解决。国家的发展阶段是渐进的,所以法律型、行政型和治理型国家最终是同时共存的。一些作者认为福柯主张法律将逐渐被技术性规范和规训性规范所取代,并指责福柯提出了一种狭隘的法律观,进而明显忽略了法律在当前的范围和特征(Hunt 1993:第十二章)。还有一些作者认为福柯很好地认识了法律在当代社会的本质和范围(Ewald 1990),并把法律视为一种逐渐弱化的、支配一时的规制模式。毫无疑问,福柯所主张的法律已经从至高无上的位置降至一种与其他规制技术相并列的治理"策略",法律的使用与否是视情况而定的(Foucault 1991:95)。

依据另一种观点,围绕福柯以及法律的主要争论涉及的是法律的潜力(law's potential)。正如福柯在其著作中所强调的,随着 〔22〕

人们逐渐对社会的复杂性和不确定性产生新的认识,通过或是针对法律所采取的行动是否能够提供一种重要的工具,以有效应对社会以及其他许多权力分散场所中的问题(例如,Munro 2001)？或是说,鉴于各种国家行动和政治方案逐渐远离社会中的许多区域,人们是否会不断淡化通过法律去解决或是参与重要的社会问题(Smart 1989)？

在福柯的著作中,法律的模糊含义表明,社会理论中不断变化的社会图景动摇了公认的法律理念,进而为新的概念化提出了不同的方向。一种宽泛的、松散的法律概念或许认为法律为了反映社会的流动性、偶发性和不确定性,正在转变为各种规制方略、形式和策略(Rose and Valverde 1998)。法律或许是一系列在特定语境中运作的治理策略,例如校园、宗教活动、乡村传统以及地方工业保护通常与国家机构的直接运作保持距离(Cooper 1998)。

在此背景下,一些新的统一原则产生了,例如对风险控制的关注。所以,风险逐渐成为理解偶发性之规范含义的一个重要范畴(Beck 1992)。风险的观念或是对风险的评估被用来当作警报或是启动规制程序的信号,并以此提请人们关注(如参见 Ericson and Haggerty 1997)。同样,它们也可以成为政治和法律行动的聚焦点(Franklin 1998)。

相较于强调策略灵活性的法律概念而言,当无法有效应对各种规制任务的时候,那些在某种程度上强调自治性或是独特性的法律概念可能会把这一变化视为危机(Teubner (ed.) 1987),或是会强调一些颇为显著的事实,即法律系统在如此复杂的条件下有能力应对;同时,尽管社会生活渐趋多样且社会变迁瞬息万变,但是法律系统仍然能够毫无保留地输出规则和判决。

作为一种社会理论,社会学家尼克拉斯·卢曼(Niklas Luhmann)在此语境下所阐发的自创生理论通过一种精心设计的方式,构思法律是如何在应对社会变迁的过程中,既不会失去其独有的特征,也不会变成福柯所指的各种程度不同的规制策略(1995)。自创生理论寻求解释法律在复杂的社会中如何保持独特性和稳定性,同时也能够应对由社会的流动性和复杂性所日益引发的一系列问题。这一理论还暗示,法律干预何以常常产生无法预见和意想不到的后果,同时,法律何以常常对来自社会的需求置之不理。

在卢曼的构想中,法律在认知上是开放的,但在规范上是封闭的,进而成为一种自创生(自我观察、自我生产和自我再生产)的沟通系统(Luhmann 1992a)。这意味着,如同其他社会沟通系统(经济、政治和科学),法律必然对来自周围环境的信息保持开放,但同样只按照自身的言说术语(discursive terms)来解读这些信息。法律完全是通过适用其独特的规范性代码来加工这些信息,即所有的法律判决都是由合法/违法的规范性代码所构成的。同理,其他系统根据它们自身的系统代码来解释法律规则和判决,如经济系统根据效率/无效率来解读法律。〔23〕

作为社会理论,自创生理论以这种方式清晰地描述了法律,即它总是在法理学者面前表现为一种不受循环推理和诉诸权威影响的自创生话语(self-founding discourse)。它还说明了法律通过这种方式是如何运行的,并且依据社会学解释了其中的缘由。这一理论主张:不断加深的社会复杂性导致了社会逐渐演化为各种专门的沟通系统,法律只是其中的一个子系统。由此,人们对法律系统的界定不再根据规则和制度,而是根据合法性/违法性的独特话语来界定,例如塔尔科特·帕森斯早期的社会分化理论对复杂性所作出的回应(1977:174—6)。

因此,法律能够渗透到社会中的各个场所。作为一种话语,法律是无处不在的,而法律问题的主题化并不仅仅局限于民族国家的正式法律制度(Luhmann 1981)。所以,自创生理论能够适应"没有国家的全球法"这种新兴的理念(Teubner (ed.) 1997),或是法律存在于私人领域的理念。对于后者而言,社会理论家已经把私人领域视为新的政治和社会转型的当代场域。

然而,正如许多批评者所指出的,这种抽象的理论几乎是令人难以理解的。人们试图把这一理论运用到经验的社会—法律研究之中,但却仅仅取得了有限的成果。虽然这一理论特别强调法律话语对系统以外的信息漠不关心或是缺乏理解,例如当法律话语在法庭上面对儿童案件中的社会福利话语(King and Piper 1995)。尽管这一理论是新近最为精妙和缜密的社会理论,并且详细阐述了其自身的法律含义(例如 Teubner 1993;Přibáň and Nelken (eds) 2001),但是自创生理论在某种程度上偏离了本章所强调的许多主题。该理论并没有详细考察不断变化的社会特征和法律之间的具体关系,也没有指出当代法律变迁能够根据社会理论来解释。该理论更没有详细探讨发达法律(developed law)所具有的话语特征。同时,对于自创生的法律如何实际应对社会有可能产生的规制问题,该理论所作出的解释甚少。该理论所关注的似乎仅仅在于,申明法律总会寻求从自己的观点出发并运用自身的话语资源来应对这些问题。

## 法律权威的基础

[24] 自创生理论试图回避社会理论长期关注的一个重要问题:法律权威的渊源和基础是什么?即人们尊重并且服从法律的正当性是什么?在卢曼看来,法律的正当性问题已经被法律的功能性问题所取代:唯一的问题仅仅是功效(efficiency),即法律能否根据其自身合法/非法的标准作出有效的决策,以完成它的社会任务。但是,人们仍然想要追问,如何判断和辨别法律是否取得了功能上的成功。事实上,许多新近的社会理论著作致力于解决法律的"根据"(grounds)问题,即关于权威性或是正当性的终极基础。

涂尔干的经典社会理论认为,法律和道德是不可分离的,道德是法律的"灵魂"。由于涂尔干把法律理解为社会的规范性结构,所以他的社会理论极力主张法律在这一终极的道德结构中能够发现其所有的意义、权威和效力(effectiveness)。若缺乏这样一种根据,法律将变成赤裸裸的暴力或是空洞的词语(Cotterrell 1999)。从某种意义上讲,韦伯的社会理论推翻了涂尔干的主张。随着自然法理论的式微,法律丧失了"形而上学的尊贵"。因此,现代法律被揭示了出来。在韦伯看来,法律只不过是"利益妥协的产物或是技术性手段"(Weber 1968:874—5)。法律不需要道德权威。相反,法律的规则和程序通过抽象的形式性成为一种赋予权威的手段,例如合法政府的政治权威是由法治所赋予的。由此,在那些借助合法性或是程序性证成正当性的常见观点中,韦伯的著作是思路最为清晰的一例(Cotterrell 1995:第七章)。

有趣的是,由韦伯和涂尔干之间的对立立场所引发的各类问题(即使不是实质问题)普遍存在于新近研究法律的社会理论以及运用社会理论的法律研究之中。后现代关于宏大叙事坠落的观点或许表明,所有宏观知识结构的权威性和有效性已经遭到了质疑。但是,在后现代的社会环境中,某种借助于合法性的韦伯式正当性仍然可以被看作是稳定权威的唯一可能方案。作为典型后现代的知识或是教义形式,当代法具有鲜明的建构性、特殊性、地域性以及多变性,即在任何意义上都不是一种宏大叙事,而实际上是偶发性、无常性、人为性、短暂性和处置性的完美体现。同时,当代的法律教义不断地通过适应、修改、废止、补充以及重释以应对新的问题。

因此,后现代法学著作时常强调法律的道德空洞和社会权力同时存在于一个对其他话语失信的世界里(Goodrich 1990)。自创生理论在不经意间发现了法律话语的本质是循环推理,这一观点与那些受到后现代视角影响的主张相类似(Cotterrell 2003:第九章)。例如,法律的自创生权威有力地掩盖了诸如"社会"和"国家"之类概念缺乏内在的连贯性,即便法律思维本身是以这些概念为前提的(Fitzpatrick 2001)。

与上述思路不无关联的是,大量新近的社会—法律著作强调法律的建构力(constitutive power)(例如,Brigham 1996),即通过长期形塑诸如财产、所有权、责任、合同、过错和罪行的一般观念,以及关于利益、认同和共同体的概念,法律实际上具有创建社会的能力(这不仅是出于直接规制的需要,同时也存在于所有社会参与者更加广泛的意识之中)。为了在理论上协调一致,这种建构性的法律观念,连同追溯至早期马克思所强调的意识形态力量,最终必定或是以某种自创生的法律概念为前提,或是承认法律与社会之间是相互构成的,法律从社会获得它的意义和终极权威,同时又通过自身规制的力量形塑社会。换言之,法律是某一方面或是某个领域的社会经验,它不受制于某种神秘的外部力量。

最后这一结论可能使人们重新开始讨论涂尔干关于法律权威的社会基础问题。这一结论还意味着,相较于许多后现代著作中的观点,社会表现得更加连贯、稳定且易于理论化。这就是尤尔

〔25〕

根·哈贝马斯(Jürgen Habermas)在其富有影响力的社会理论中所提出的主张。他展示了这样一幅社会图景：社会一部分是由就像卢曼所描述的系统（例如，经济、政治和法律系统）所构成的，另一部分是由哈贝马斯所称的"生活世界"所构成的。在生活世界的环境里，习惯、文化、道德观念和大众理解基于日常生活经验逐渐形成和积累。生活世界提供了经验的"背景知识"(Habermas 1996: 23)。人们借助这一背景相互理解彼此的行为和沟通行动。生活世界也是团结和合法化的根源，后者是组成社会的各种系统得以存续的必要条件。但是，生活世界正在不断地被这些系统殖民化、侵入和改造。所以，对于哈贝马斯而言，社会存在于系统和生活世界的互动之中。

所有后现代理论都将偶发性、不确定性和道德空虚描述为当代生活的特征，但是，哈贝马斯则致力于寻求在法律、社会和自然中探索理性的启蒙。他认为法律的权威不能以法律自身为根据，相反，法律的权威源自理性。他把这种理性称作交往理性，而交往理性的充分发展依赖于某些理想条件，由此，追求相反或是不同利益的人们能够基于这些条件达成合意。在哈贝马斯看来，法律仅仅是一个媒介，它能够把生活世界和复杂现代社会中的各种系统联结在一起。作为一个系统，法律的权威和意义依赖于生活世界。于是乎，通过坚称法律必须根植于并且表达源自生活世界的社会团结，哈贝马斯的思想体现了涂尔干之维。他认为法律的主要任务在于协调当代社会，借助工具理性渗透社会系统，并通过共识导向的沟通理性维持社会团结所需要的生活世界。

在哈贝马斯重要的法律理论著作中(Habermas 1996)，他坚称法律和道德是分离的，虽然两者最终都立基于交往理性。这种理性得以发展的条件包括某些只能通过法律程序获得保障的基本权利。这些程序相应地构成了民主结构的前提，并通过程序设计支撑着民主结构的运行。由此，法律和民主不可分离地交织在了一起。

哈贝马斯的法律观在社会—法律研究的文献中得到了广泛的讨论，这可能主要是因为面对后现代的疑虑，他的观点确证了法律和理性之间的联系，以及法律理性正当化的可能性。但是，这些观点随着时间的推移已经发生了显著的变化。作为一种经验导向的社会理论,哈贝马斯早期特别关注合法政府在资本主义社会的条件(Habermas 1975),但他随后转向了一种更富思辨的法律哲学。有趣的是,哈贝马斯曾经批评福柯的权力观"完全不具有社会学的特征"(1987: 249),但是,人们也可以对哈贝马斯关于交往理性的一些抽象和概括的论述提出同样的批评。

哈贝马斯晚近著作最引人深思的特质或许在于,法律在他所描绘的社会图景中已经占据了中心位置。在某种后现代性的描绘中,法律似乎成为了当代有效知识的典型。但是,按照哈贝马斯完全不同的观点,法律至少可能代表了一种形成共识的重要的社会过程,即通过解释性程序(interpretive procedures)为交往理性的发展提供可能性。通过借助于法律的程序,理性导向的交往行动在全社会的基础上实际成为可能。那么,从某个角度来看,法律对于社会理论的意义以最为明确的方式得到了确证。法律是社会生活核心结构的基础;社会整体依赖于法律所提供的一系列过程和程序。

## 超越民族国家的法律

我在上文业已指出,法律一直试图避免与社会理论相牵连,因为它把社会的本质视为理所当然。从规制的意义上讲,法律构成了社会。但是,法律又不得不以一个总体的社会概念为前提。由此,法律的规制行动才能够讲得通。长期以来,西方的法律思想总是认为总体的社会概念是以现代民族国家的政治社会为前提条件的。

在人权、商务、金融、知识产权、环境保护、信息技术以及其他诸多领域,跨国规制和规制欲望的增长为法律研究利用社会理论资源带来了新的激励。这是因为法律规制有可能打破一种长期存在的法律前设,即法律与民族国家的政治社会存在着一种稳定的联系。社会理论认为社会正在超越传统意义上的社会边界,或是受到了强劲的跨国力量的影响。当前,这些理解主要是围绕全球化这个多义概念而展开的。但是,法律在全球化理论中并不突出,这或许是因为人们通常认为社会的跨国扩张先于法律，而并不认为法律积极地影响了社会的跨国扩张。全球化往往被描述为某种特定形式的扩张，诸如市场的统一、文化的转型（如对于传统、基本价值或是信仰的理解）或是新型沟通技术的影响。即便法律在这些发展领域具有至关重要的作用，法律的作用通常纯粹是技术性的。只有很少几位作者认为有必要建立关于"全球法"或是法律跨国化的理论（参看 Teubner（ed.）1997；Santos 2002）。人们普遍认为传统形式的法律不断地适应着、联系着社会，无论人们在哪里进行法律实践。

〔27〕

我认为，无论法律研究与社会理论之间在未来展现出何种联系，其中最为重要的是：当法律参与到当前全球化相关的发展领域时，我们需要着重理解法律自身不断变化的特征。当法律日益与由其他方式界定的社会领域相联系的时候，社会理论（往往认为社会是以民族国家的政治社会为前提条件）能够在多大程度上有所益助呢？

正如我们所看到的，经由福柯著作的启发，大量讨论试图揭示当代规制的本质（规制与由主权所创设的法律之间存在着错综复杂且不易识别的联系），以及社会中复杂的权力关系网。这些讨论对于理解跨国规制的本质及其背后的社会语境具有重要的意义。我们当然有必要追问，跨国的规制形式是否在一定程度上预示着福柯所谓的"砍掉国王的头"（Foucault 1979：88—9）。换句话说，规制策略正在摆脱国家主权的强制性要求。我们同样有必要思考跨国的社会空间能够在多大程度上建立起来，其中，分散且普遍的权力不仅可以规训个人，还能够增加个人自治的可能——福柯在其著作中分析了这种权力的双重面相。同样，乌尔里希·贝克（Ulrich Beck）在其著作中（例如 Beck 1992；2000）从个人化和风险的角度发现了新的规制问题，以及解放政治行动的新焦点。正如贝克所强调的，这些新的焦点能够把跨国领域和国内领域同时联系在一起。

从超越民族国家的视角观之，法律研究与社会理论之间的结合并不完全依赖于提出新的社会—法律问题，还涉及如何在新的语境下理解老问题。其中一些最为重要的老问题是：通过回应受规制民众的各种经验或理解，法律是如何保障权威的。基于对这些问题的长期关注，涂尔干提出了一个重要的民主理论，而该理论在社会—法律研究中没有得到广泛的重视。他将民主理解为一种理想的实践，即与其说民主涉及的问题是民众代议（popular representation），倒不如说是一种审慎且可靠的协商。借此，普遍根植于日常生活经验之中的理解、问题和价值能够得到确认并被转换为有效的规制（Cotterrell 1999：第十章和第十一章）。

还有一些不无关联的问题源自涂尔干对法律之道德基础的关注。当社会不能被简单地看作是一个统一的民族政治社会的时候，问题将变得更加难以解决。考虑到社会理论对社会的多样性、流动性和偶发性所讲授的内容，我们难以假定或是明确道德凝聚力在这样一个社会中的基础。当今，随着跨国规制所覆盖的社会领域愈加广泛，社会似乎在文化上表现得愈加多样、多变和细碎，同时在范围上无限扩大。

社群主义著作所探究的问题是：什么样的道德联系在复杂的现代社会中是可能且必要的，尽管这些作者致力于以社会理论的传统为分析基础（Selznick 1992），但是，他们对当前道德共识在这些社会所达到的程度含糊其词（Bauman 1993：44—5），并且为了重获价值而不惜坠入一种对传统形式的社会团结或是道德劝诫的怀恋之中。一些替代性方案寻求把前社会的"他性伦理"（ethics of alterity）作为一种社会道德评价的基础（Bauman 1989：Chapter 7；1993：47—53），并进一步作为一种从道德上评价当代法的工具（如Cornell 1992）。

〔28〕

另一种不同的方法是承认共同体概念是（民族）社会概念的一个潜在有益的替代或是补充，并且承认人们在共同体中对团结的需要是规制社会的道德理由。但是，共同体实际存在着各种不同的形式，诸如那些提供商业基础的工具性关系；涉及友谊、爱情和关怀的情感性关系；建立在共有的信仰或是终极价值之上的价值性关系；以及建立在共有的环境或是历史经验之上的传统性关系。根据这样一种观点，社会是由流动的、复杂的各类共同体交织在一起而形成的，无论这种交织构成的是民族国家型社会，还是这种社会中的特定群体或是人类互动模式，抑或是跨越民族国家边界的互动、利益和利害关系网。由此,法律是共同体的规制和表达。[1]

随着社会变得不断"全球化",关于法律权威的基础或是正当性这样的老问题在当今仍然具有重要的意义,除非我们接受诸如卢曼的观点,即认为法律的成功运作是最为重要的事情。即便功能很重要,但是我们仍然有必要追问什么终极条件能够保证法律的规制功能得以实现。哈贝马斯指出,强制性法律"能够保有其社会整合的力量,但条件限于法律规范的接收者(addressees)在整体上能够把他们自己理解为这些规范的理性创制者(authors)"(1996:33)。(原文中强调)无论哈贝马斯的交往理性思想含有何种观点,重申这一老问题具有新的紧迫性,因为法律的效力范围超越了国家疆界,同时,国家立法通常被视为更多地受到了跨国力量的驱动。

正如哈贝马斯所言,在民族国家的政治社会中,如果民主能够在某种程度上带来一种民众创制法律的身份感,那么在跨国规制或是遭遇跨国压力的国家法的场合下,我们将在社会领域的何处找到这样一种身份感呢?通过创制增进团结的规制,涂尔干关于社会的民主协商是如何在跨国领域实现的呢?马克思主义著作已经正确地强调了——有时是在于福柯的争论中(Poulantzas 1978:76—92)——法律源自组织化的权力以及法律具有强制力和说服力的本质(Jessop 1980)。但是,法律的道德权威问题依旧存在。随着社会本质的不断变化,或许在这些问题成为困扰涉及具体方法的日常法律实践的难题之前,社会—法律研究需要重新思考这些问题以应对挑战。

---

[1] 本段所勾勒的研究进路将会在以下第四章中详细展开。

# 第二章
# 法律哲学与法律多元主义

法律哲学与法律社会学是如何相互联系的？社会学视角能够为法律哲学增添哪些内容？本章指出，社会学视角的最大贡献在于其对法律权威的本质和渊源问题作出了新的阐释。社会学视角驱使我们考察"社会的"特征，即法律意义的赋予、管辖范围的界定以及正当性基础的建立均取决于法律的社会背景。社会学进路对法律职业者关于社会的典型假设提出质疑，进而要求法律应当被多元地看待：法律不仅是统一的、系统化的民族国家法。在许多相互冲突的场合和过程中，法律的创制和解释同时发生于国家和超国家层面，并时常依赖于矛盾的、含糊的或是有争议的权威性主张。

## 关于社会的问题

关于法律本质的理论研究，社会学如何能够重新解释其中的核心问题？相较于法律的社会学研究对于法律理论的贡献，我们归根结底无法理顺其与法律的哲学研究之间的关系。在通常的法律解释活动中，人们认为法律哲学和法律社会学是相互合作的（co-workers）。诚如尤尔根·哈贝马斯所坚称的，正义的哲学和法律的社会学应当是相辅相成的（1996：第二章）。他或许也把分析法理学纳入到了这一智识协作（intellectual teamwork）之中。

社会学对法律理论的贡献有何特殊之处？每一个重要的法律概念都在某种程度上把法律当作一种与社会生活相作用、相联系的社会现象。所有重要的法律理论都系统地研究法律，并在某种程度上经验地研究法律。然而,社会学进路的特殊之处在于,它主张法律理论应当同时系统地、经验地研究社会的本质。此处,"社会"意指涉及法律存续、表达和规制的人类联系和互动模式。法律是社会生活的一部分。所以,法律理论和社会本质理论(亦称社会理论)是相联系的。

作为20世纪初期开创法律社会学的最为著名的法理学者,欧根·埃利希令人瞩目地宣称,如果一句话能够概括法律社会学的全部,那便是"法律发展的重心不在立法或司法判决,而在社会本身"(Ehrlich 1936:xv)。因为社会学视角不仅关注社会中的法律,还包括法律是如何把社会的本质表达于其中的。说法律是一种社会现象意义甚微,除非"社会"能够被概念化。法律的社会学研究使社会问题成为法律本质问题的核心。

[30]

本章的目的在于说明社会问题对于法律理论是复杂且重要的,但却时常被忽略,或是被人们依凭印象而非系统且经验地看待。我要指出,这个问题与其他问题是相联系的,后者涉及法律的系统性特征以及法律的权威和渊源。所以,与法律社会学相比,法律哲学所面对的问题亦同样不少。社会学导向的法律分析寻求把"社会中的法律"这一表述转变为一些尖锐的问题,即什么是社会?于是乎,什么是法律?

关于法律社会学视角的本质,我有必要多说几句作为铺垫。一些法律社会学者和法律哲学家声称,法律的社会学观点在某种意义上是一种"外部"观点、一种外界的或是非参与者的视角。[1]但是,我现在认为这一阐述是引人误解的、适得其反的。法律理论中的社会学视角应当承认,法律中"内部—外部"的二分专门阐释了某种(有力且普遍的)法律思想,即把法律封闭成一种不同于非法律环境的、相对自足的思想和实践世界(Cotterrell 1995:第五章)。由此,尼克拉斯·卢曼将法律描述为一种想象和识别自身环境的沟通系统。它创造了其自身的"内部"和"外部"。法律所提供

---

[1] Black 1989:20; Carbonnier 1994:17; Hunt 1987:12; Cotterrell 1995:25; Dworkin 1986:13;参看 Twining 1997:220;同时,一般参见 Tamanaha 1997:第六章。

的词汇能够通过自身的话语来把握,例如论证、解释、推理和有效性的特定标准。换句话说,法律声称要控制通往其话语世界或是规范世界的门票。

法律社会学者观察法律的各个运行环节,并且研究那些支撑、衍生和依托于其中的各种法律实践。但是,法律社会学终究应当拒绝或是超越内部—外部或是观察者—参与者的区分。对此,我在如下第三章作出了更加详细的论证。为了理解法律,法律社会学者应当像参与者一样思考,或是像参与者一样行动。更确切地说,法律社会学者应当像其他诸多参与者(例如法律职业者或是公民)所做的那样,生活在法律的世界里(Weber 1968:第一章)。[2] 同理,参与和观察亦相融合。法律社会学者介入和远离法律世界的无数形式是不断变化的,进而构成了多样的法律经验和法律理解。

本质上讲,法律社会学者将涉及法律世界的生活问题化,因为这样做能够体验、领会、想象、探索、比较、怀疑和正视不同参与者的视角。这些问题包括:谁(以及被谁)看作是内部人?谁承认或是拒绝内部人的身份?(为什么?这一身份需要什么?)被看作内部人到底意味着什么?如果法律官员或是法律职业者(在许多不同的职业实践领域)是内部人,他们在同一个意义或是程度上均属于内部人吗?崇尚生活在法治之下的公民在多大程度上是内部人?而对于在法律管辖之下的非公民居民,或是那些实际上无法或没有行使公民权利的人,他们又在多大程度上是内部人?在一个法律系统中,成为内部人有多少不同的方式?[3] 而在解释和理解法律的共同体中,成为内部人又有多少不同的方式?有多少种解释性共同体(interpretive communities)存在?它们的存在条件是什么(如参见 Brigham 1996)?回答这些问题需要参与到法律的理解之中,并且把法律看作一种社会现象去观察。

正如卢曼所指出的,内部—外部或是观察者—参与者的区分在社会学者看来是有问题的。如果社会学者是社会的观察者,那

[31]

---

[2] 关于这一点,一种特别有力的主张,参见 Travers 1993。
[3] 各种关于规则的参与态度,参看 Tamanaha 1997:182。

么他们也应当观察到他们自己正在观察着社会(Luhmann 1997：29；cf. Habermas 1996：47)。这种情况似乎是荒唐的,除非人们准备像卢曼那样承认这是一个"无法解决的不确定性"。否则,观察者—参与者的严格区分是站不住脚的。各种视角都是存在的,一些视角比其他视角更为广阔,不同视角说明了人们介入到某种社会生活(诸如法律)的不同形式和程度。基于人们与法律的各种邂逅,这些视角能够通过相互对峙、对话和比较得以拓宽。特定职业者或是其他法律邂逅者(encounterers of law)的视角是较为局限的,法律社会学在理解这些视角的同时致力于进一步拓宽法律的视角。

因此,基于内部—外部来区分社会学视角和法律视角似乎是不可能的。但是,社会学对于社会本质的强调极力主张法律视角应当谨慎对待其所依存的社会背景,并且进一步反思它们自身在社会中的存在条件。哈贝马斯在其新近的法律作品里已经看到了他所提出的法律社会学和正义哲学之间的协作,这一需要乃是基于他所谓的真实性(facticity)和有效性(validity)之间的永恒张力(1996：90)。法律的真实性是其作为一种功能系统的特征,它最终受到强制力的保障。理解这种真实性就要理解作用于法律之中的社会或政治力量。然而,在哈贝马斯看来,作为一种意义的认知系统以及作为规定性的理念和价值,法律的有效性是其规范性特征。有效性最终依赖于法律所提出的主张是否能够获得理性的支持,此处的法律话语应当聚焦于并且依赖于公民之间的协议(1996：14,29—30)。认可法律在这些方面的特征不仅仅在于适应法律的权力条件,更在于看到法律的道德意义。

除此以外,哈贝马斯将"有效性"一词用来指涉对法律的正当性的保障。这起初似乎让人感到意外(1996：29—31)。社会学者和一些法理学者往往将法律的正当性理解为道德或逻辑认同,或是全体公民的可接受性(例如,Weber 1968：36—8；Hyde 1983；McEwan and Maiman 1986)。但是,法律职业者通常把法律的有效性(即一项或是一套法律规则的有效性)指涉为一种源自职业群体的法律承认,这取决于相互熟识的法律职业者对法律在任何给定时间上实施程度的测定(Hart 1994：99；Raz 1979：150—1,

153；参看 Habermas 1996：29）。在这个意义上，法律的有效性将关于法律正当性的大问题搁置一旁，取而代之的是运用假定获得普遍接受的职业方案来识别实施中的法律(Kelsen 1945：30)。然而，依据社会学的分析，对于什么能够被权威地视为法律，律师和法律官员仅仅表现出一种视角（虽然或许是最为重要的一个视角），即思考法律中的权力组织。而通过其他视角观之，法律的权威源自法律的可接受性、合理性(Raz 1979：第一章)，或是对其规制或声称规制对象的道德意义(Habermas 1996：72)。[4]

[32]

法律的权威问题或许是法律哲学和法律社会学之间合作的焦点。哈贝马斯认为这一合作需要特定观念上的转变。他提出法律哲学应当识别出信仰和价值在社会环境中的重大变化。其中，当代法对于权威的要求最终必须建立在生活世界的基础之上。如今，"生活世界的确定性……是多元化的，甚至是更加分化的"（1996：26）。然而，我们仍然有必要去寻找公共标准来衡量相互理解的理性（1996：524）。同时，法律的范围在扩张，因为它整合了"现代经济社会中……在功能上需要战略互动的更大的领域"（1996：26）。因此，政府的任务变得越来越复杂（1996：434，436）。此处的问题在于：在现代世俗社会中，法律的真实性（作为一种政府的强制力）和有效性（立基于"由理性所激发的信仰"）似乎"已经达到了无法调和的程度"（1996：26）。

在哈贝马斯看来，若没有像社会科学研究那样关注社会的复杂本质，任何法律哲学在处理当代法问题的时候都会显得更加无力。但是，法律的社会学进路"剔除了所有的规范面相"（1996：6），并把法律视为一种"外部"对象。这使其在面对当代法问题的时候同样会显得无力，因为对于那些生活在法律之下并且依赖于法律权威的人们，这一进路没有设法去解决法律的道德意义问题。我们需要的是"一种能够同时满足法律系统的规范重构和经验去魅的分析"（1996：66）。

关于法律哲学和法律社会学所必须应对的处境，这一粗略的

---

[4] 作为一个启发性实例，针对公民对待法律权威的大量经验研究，可参见 Tyler et al. 1997。亦可参见 Tyler 1990。

判断似乎是正确的。但是,哈贝马斯提出的其他主张则存在更多的问题。他坚称社会学"似乎将一般意义上的法律降格为社会理论中的一个核心范畴"。在描述法律的时候,他声称"社会学既没有探寻也没有掌握法律参与者的直觉知识(intuitive knowledge)"(1996:48)。哈贝马斯所抨击的主要对象便是卢曼的系统论。但是,哈贝马斯曲解了一般意义上的法律社会学。几乎所有开创法律社会学的经典作家都认为他们这样或是那样地关注着法律思想、法律价值和法律推理。

[33] 甚至对于埃米尔·涂尔干和马克斯·韦伯而言,情况同样如此。前者把自己塑造为一个实证主义的法律观察者[5],后者把他的法律社会学指向社会行动的因果阐释(Kronman 1983:第二章;Turner and Factor 1994:第六章)。埃利希以及诸如莱翁·彼得拉日茨基(Leon Petrazycki)和乔治·古尔维奇在内的其他经典作家把他们的研究聚焦于意义在个人与他人的法律关系中是如何建立起来的。他们特别关注的问题是:作为社会经验的一个领域,法律参与者意味着什么(Ehrlich 1936;Gurvitch 1935;Petrazycki 1955)。[6] 在这些学者的作品里,法律并没有被低估,而是被当作社会理论中的一个核心范畴。或许,哈贝马斯过于轻易地假定了法律社会学所关注的不是考虑法律的有效性(即法律作为一组理性和准则的存在条件),而是强调法律作为政府管控(governmental direction)的真实性。哈贝马斯关于法律社会学的观点根植于一个在早期遭到批判的假设之上,即法律社会学从"外部"观察法律行为,但并不从"内部"探讨法律经验(Habermas 1996:50—1)。

哈贝马斯对法律哲学的描述也存在着类似的问题。他将约翰·罗尔斯的作品(1999)视为一种典型的正义哲学,而法律社会学是与之相对峙的。正义哲学以解释性的实践和程序为前提。由此,体现在制度中的某一正义理念能够被赋予意义。哈贝马斯批

---

[5] 参看涂尔干声称:"一项法律规则就是其所是(is what it is),这里没有其他的认知方式"(1982:82)。

[6] 彼得拉日茨基写道:"一个完全陷入法律无知的人(亦即没有法律经验的人)不可能知道法律是什么,或者理解人类行为由此所引发的后果"(1955:14—15)。

评这种形式的哲学没有考虑到社会正义理论以经验的社会本质作为前提或是假设(1996:57)。但是,关于分析法理学对法律理论的贡献,哈贝马斯是有所忽视的,进而只是在其后期的讨论中才有所提及。所以,与法律社会学形成鲜明对比的是,传统意义上的法律哲学最初表现为一种在"公正社会的理性方案"下脱离现实的理性探索,并且因为忽视"法律在社会科学中的去魅"而遭到批评(1996:57)。然而,在谈及法律哲学的分析传统时(像是在约翰·奥斯丁、汉斯·凯尔森以及 H. L. A. 哈特的作品里),学者们强调法律哲学和法律社会学一样均同时关注法律的真实性和规范性。分析法理学一直试图解决法律中的系统、等级、权威和统一问题,以及这些问题与法律的效力和强制力之间的关系(例如 Raz 1979:第五章;Raz 1980)。正如法律社会学研究法律的功能性组织和强制性组织,分析法理学的已有成果亦与之相类似,虽然两者具有显然不同的研究取向。

实际上,我们常常能够在法律哲学和法律社会学中见到这种与哈贝马斯的概念相联系的二元划分。所以,朗·富勒(1946)认为法律既是命令(fiat)也是理性(reason)。弗朗茨·诺伊曼(Franz Neumann)认为法律是意志(voluntas)和理性(ratio)的结合。更确切地说,一方面,法律是政府权力或是强制权威。而另一方面,法律是建立在共同理性(shared reason)和演变的道德准则(evolved principle)之上的商谈理解(negotiated understandings)。分析法理学一直寻求在理论上整合法律的这些面相,正如同法律社会学所做的那样。我们能够从法律社会学对社会的关注中再次发现哲学进路和社会学进路之间的一般区别。法律哲学往往把前面所提到的内部—外部划分作为前提或是假设,进而寻求解释法律职业者在法律实践中的内部逻辑;法律社会学则寻求从更加广泛的意义上把法律的意志和理性理解为社会生活的组织形态(包括职业的法律实践和行政实践)。〔34〕

## 法律理论与民族国家

为了证明上述最后一项主张,我在下文将会提及现代法律社会学中的法律多元主义主题。这个问题由来已久,但在最近取得了一些重要的新进展。这一主题仅仅是法律社会学所关注的其中一个理论问题,但却或许以最为彻底的方式追问着社会的本质以及由法律理论所描述的法律自身的本质。殊值注意的是,当西方法几乎普遍地意指民族国家的法律或是奥斯丁所谓的独立政治社会的法律(Austin 1832:第六讲)之时,与这一主题相关的研究正好开始出现了。法律社会学抨击法律理论以社会的本质作为不容置疑的假设,同时尤其试图反驳法律的管辖和权力必然是与民族国家同步的。

在这一研究传统中,埃利希的作品是影响深远的。他在理论上的创造性、对法律实践的尖锐批判以及投身于法律的坚定信念或许使他成为了法律社会学领域的边沁。在奥匈帝国末年,埃利希仍然笔耕不辍。作为一位忠诚的法理学者,他面对着一个岌岌可危、与时代脱节的国家,竭力让法律职业者充分意识到那些对法律的种种威胁(Ziegert 1979:227, 231)。人们没能理解纽曼所谓的法律的"理性"(作为一套准则的合理性)需要更加有力的根据,而非仅靠法律官员通过常规的公共场所(normal fora)来解释国家法,因为法律官员的终极权威并非仅仅是由国家强制力保障的。在埃利希看来,法律职业者是法律的解释者,他们应当通过了解和支持社会经验来获取权威(Ehrlich 1936:第十五章, 476ff.;Ziegert 1979:245);人们或许可以颇具智慧地指出法律的权威不能仅仅依靠国家的权威。埃利希这么说就是为了让他的律师读者(lawyer-readers)认识到,国家法(仅作为令人厌烦的强制,而非有意义的规制)有可能与民族群体和文化群体联系在一起,后者所持有的不同信仰或理念(例如,关于继承、契约、财产、婚姻或是父母的权利和义务)不以国家法为前提。这里的理论问题在于:法律权威(还有其意义)在多大程度上根植于承诺(commitments),而承诺是通过个人生活中特定的交往模式(patterns of association)而产生的。如果法律没有让其声称规制的对象产生经验或是意识上的共鸣,那么这就不是社会中的法律,或者根本就不是法律。

埃利希坚称,结果并不会造成法律真空,每个人的生活都依赖于某种类型的法律。更确切地说,人们发现了法律,即由集体制裁实施的有意义的社会规则。这些规则通过生活中的群体和社团得 [35] 以发展和维系(1936:第三章和第四章)。民族国家法退位了,它的实际管辖范围缩小了。由此,民族国家法的权威在性质上被转变和改变了。即便此时,它的规模可能也在增加,且技术精度也在提高。这并不是一个术语问题(什么规范应当被称作法律),而是一个正当性问题(1936:370—1)。或是效仿哈贝马斯不经意间的术语表达,这是一个有效性问题。

对法律职业者而言,法律的有效性似乎是不成问题的,因为国家机构通过公开适用哈特意义上的第二性规则来掌控法律的有效性(1994:第六章)。但是,这种观点仅仅假设了一种单一的法律参与形式、一种单一的内部人和外部人标准以及一种统合法律解释的权威。在哈特看来,我们可以把法律规则的内部观点看作行为指引,或是一种外部的、完全可测的观点(1994:86—7)。那些未表态的规则解释者可能抱有一种介于两者之间的立场(MacCormick 1981:37—40;Raz 1979:153—7;参见 Tamanaha 1997:178—83)。埃利希彻底延伸了这一法律概念,进而完全把内部—外部划分相对化了。在他看来,不存在一种单一的法律解释共同体。相反,这里有许多。个人同时属于多个法律共同体,或是在不同法律共同体之间穿梭。这些共同体自我形成、自我分解和自我重构。所以,从某些法律解释共同体的观点出发,我们可以得出一个惊喜的结论:法律职业者或是哈特提到的法律官员(例如,立法者、法官、警察、税务稽查员)可能是法律的"外部人"(参见 Hart 1994:20,21,58,60—1)。他们对法律(即实际支配社会互动的权威性规则)所抱有的注定不过是一种"外部的"观点。

在埃利希看来,法律的内部—外部划分并不必然意味着社会生活存在着明显的差异。他认为任何社会的法律机制都是相互关联、渗透和重叠的。所以,在他看来,如果国家法要通过社会根基来巩固它的权威,那么国家法则必须要通过实践(有选择地采用或是适应)与日积月累的规范秩序或是社会群体和社团中的"活法"建立密切的联系(Ehrlich 1936:第二十一章)。国家法进路应当参与到共同体和社会群体的活法之中,并同时借用活法中的规则。

埃利希主张社会中的许多群体或是社团创制或认可他们自己

的法律,而这些法律是与国家法并存的。自从他首次阐述他的思想以来,许多法理学者都认为这一观点是糟糕或是荒唐的。但是,作为法理学者,埃利希本人最为关注的就是律师和法官在国家法律系统中的作用(Ziegert 1979：231)。记住这一点是至关重要的。我们必须从这个语境出发来理解他的多元主义法律观。他要我们记住,法律的权威不仅涉及政治,还源自道德(即对其规制对象的道德经验和日常理解)。他还要我们记住,法律权威的政治面相和道德面相之间的关系是复杂的、可能是不稳定的,或者至少是不确定的。而这是法律职业者始终关注的一个问题。法律可以因为遭到破坏、忽视、嘲弄、误解或者仅仅是由于不合逻辑或是矛盾的解释方式而失去权威。所以,权威问题与解释性实践密切相关。法律解释发生在特定的场合和背景,而这些场所为法律解释的顺位规则提供了理所当然的适用前提。法律的意义可能是一个涉及解释的问题,而许多解释的场所与法庭毫不相干。谁,在哪里解释法律,是法律社会学研究的核心问题。[7]

埃利希没有讨论法律权威在国家法律系统中的分裂、含混和冲突问题。但是,鉴于埃利希强调法律权威在社会中的渊源是多元的,所以我们有必要补充回答这些未被讨论的问题。不同的国家规制机构可能与不同的社会部门相互影响(并且在一定程度上与不同的社会部门商定实际的规制权威)(参看 Teubner 1992：1448)。由此,在不同的国家法领域中,社会有可能具有不同的本质。[8]事实上,我们常常看到不同的国家机构之间存在着权力或是控制上的冲突或是模糊界线。[9]潜在的冲突有时或是时常无法得到解决,甚至没有被意识到,例如案件没有被上诉、国家机构避

〔36〕

---

[7] 例如,亨特(Hunt)在其关于"大众法律意识"的新近文献中强调了这些问题。参见亨特在1996年针对相关作品的文献综述和文献资料。

[8] 参看 Franz Neumann (1949：lviii)。纽曼认为"分权的宪政原理……是通过均衡社会力量的社会学原理实施的"。换句话说,处于稳定形态的社会多样性决定了法律权威在一国实现均衡、稳定的分散。

[9] 例如,各种例证参见 Baldwin 1995：第六章 (以及其中的参考文献);Barrett and Fudge (eds) 1981; Richardson et al. 1983; Griffith 1993; Rosenberg 1991; Shapiro 1981; Boyum and Mather (eds) 1983。

免相互干预、管辖纠纷悬而未决、行政或是司法判决仍然没有被执行、不一致的官方行为未被公开、教义冲突或是矛盾尚未解决。社会学批判那些以统一的法律权威作为前提的理论,即虽然统一的法律权威是可欲的甚或必要的,但是这一理论假设回避了人们实际是如何商定和维持法律权威的问题。

在法律社会学和法律人类学文献中,我们发现了各种各样的法律多元主义概念(例如 Griffi ths 1986;Galanter 1981;Merry 1988;Fitzpatrick 1984;McLennan 1995:46—50)。这些学者的共通之处在于他们拒绝仅仅把法律与作为统一整体的国家联系在一起。相反,他们把法律理解为"多元的秩序形式……参与到同一个社会领域之中"(Merry 1988:873)。法律不是一个单一的系统,而是一个由重叠的规制系统或机制所构成的复合体。一种简单的多元主义法律观认为,由国家法院适用并由国家警察和其他机构实施的民族国家法是诸多法律中(特别重要)的一种。

然而,综上所述,甚至是国家法本身也可能出自这样一种视角,即认为国家法并非源自一个单一的系统;相反,国家法是法律权威的各种管辖范围及其渊源的复杂结合(complex coalition)。因此,国家和社会一样均表现出了法律上的多元性,而非单一性(Tamanaha 1997:146—7)。从根本上讲,法律多元主义理论可能导向这样一种立场,即国家和社会以及公共和私人之间的任何明显的界线都是值得怀疑的(如参见 Henry 1983)。我们可能难以确定某个特定的部门、法庭或是其他机构是否是国家机关的组成部分(Abel 1982a;Harrington 1985;Donzelot 1980;Mathiesen 1980:第六章;参看 Spink 1997)。一种社会的视角强调法律具有多变的管辖范围以及复杂的本质特征。

〔37〕

多元主义进路长期遭到猛烈的抨击,因为这一进路混淆了法律的概念(Tamanaha 1993:193)。从多元主义视角观之,法律是如何与其他规范系统相区别的?什么使社会规则系统变为法律规则系统?法律多元主义把"法律"这个标签与规则系统或是规范秩序过度地混合在了一起,不是吗?(参看 Teubner 1992:1449—50)如果我们把多元主义的概念理解为法律社会学者努力拓宽法律视角的一种表现,这倒没什么大问题。法律社会学者对法律的理论阐述或许不同于法律职业者在实践中对法律的预设。但是，前者的阐述与后者的预设是相联系的（当然，在一定程度上是相互吸收的），因为法律社会学者一定会考虑到法律职业者的视角。[10] 所以，法律理论中的多元主义进路有可能承认法律职业者眼中的典型法律。但是，这一进路或是把法律看作是更大属概念里的一个种概念，或是认为法律职业者的法律概念反映了取决于特定目标的特定视角。这一进路甚至还有可能承认法律职业者内部存在着多元的法律概念，不同概念反映了各种各样的职业经验和视角。

　　一些法理学者已经发现采取一种多元主义的法律观是不成问题的、也是大有价值的，例如富勒（1969：232）和卡尔·卢埃林（1940）。通过运用社会学拓宽法律职业者的视角，他们期望从中获益。反之，一些法律社会学者和法律人类学者运用了多元主义的法律标准，这一做法与哈特运用第二性规则来标识法律的做法极为类似（Bohannan 1967；Galanter 1981：19）。[11] 根据哈特的《法律的概念》，一套法律系统的存在需要人们普遍服从第一性规则，同时，还需要官员运用一套第二性规则来决定什么算是一项有效的法律规则，并且控制规则的解释和改变（1994：第五章和第六章）。有鉴于此，哈特在书中并没有暗示此处的"官员"必须是国家官员。显然，国际法庭的法官（或许还有宗教团体的牧师、文化或是民族群体的长者、社团的委员会或是公司的董事）都有资格被看作是"官员"。每一种群体或是社团都可以依据其成员眼中的法律概念拥有属于他们自己的法律。

　　所以，哈特的理论并没有直接把法律等同于国家法。[12] 然而，把一种多元主义的法律概念与他的理论相调和是困难的，因为哈特无法轻易接受一种多元主义的法律观，即法律是一个由重叠的、相互渗透或交叉的规范系统或是机制所构成的复合体，各种规范系统或是机制之间的权威关系是不稳定的、不明确的、有争议的，或是在协商中的。法律多元主义强调法律权威的渊源是多样的甚

[38]

---

[10] 这里当然存在例外情况。在一些社会，法律社会学者和法律职业者的视角是毫不相干的。因为这些社会缺乏职业的法律捍卫者（guardians of law）。
[11] 关于哈特的作品与法律社会学的关系，参见 Colvin 1978。
[12] 在拉兹看来，哈特"忽略"了法律与国家之间的关系问题。

或冲突的。可以理解的是,从法律职业者的视角出发,强调这一点有可能表现出一种逻辑上的不一致。为了解决实际的有效性问题,人们需要一个清晰的法律权威等级以及某种在系统中检测什么是法律的终极标准(Hart 1968；Raz 1979：116—20)。[13] 反之,从一种多元主义的视角观之,法律职业者极力主张一种统一的、系统的有效性渊源,这可能会掩盖权威在法律中建立的真实过程。这些过程涉及法律权威在规则的制定者、解释者以及实施机构之间的竞争、斗争或是协商。从这点来看,法律权威并不是一个足以为据的事实(datum),相反,法律权威是一个有待解决的问题,且这个问题不断呈现出新的形式。

## 法律思想中的多元主义

如前所论,如果法律职业者和社会学者的法律视角能够相互联系起来,那么一种多元主义的视角能够有助于法律职业者对法律的理解。事实上,作为一名教授法科学生的职业教师,埃利希一直持有这一主张。而作为一名行政律师,哈利·阿瑟斯(Harry Arthurs)显然认可埃利希的主张,因为他曾经详细研究了 19 世纪英国的国家法和"非官方法"之间的关系(1985)。阿瑟斯的研究目的在于揭示各种社会纠纷的解决或是处理机制(如地方法院和商业法庭)为什么会被 19 世纪英国的国家法律系统吸收或是废除,以及由此产生的相应后果。通过这种方法,他试图解决现代行政法的性质和前景问题。他通过考察放弃了法律思想中典型的内部—外部视角,并进而把社会中的各种视角看作是法律渊源之一种。于是乎,在他的描述下,法律表现为一个交汇点,即不同的思想、实践和规制机制汇聚其中；同时,基于各种相互交汇的关系,法律亦表现为一种商谈模式(negotiated pattern)。

实际上,阿瑟斯让我们看到的往往是一种管辖(例如,地方法院系统和国家法院系统)或是机构(例如,国家法院和商事共同体

---

[13] 然而,正如麦考密克所展示出来的,我们可以通过解释哈特关于承认规则的概念来识别英国法和欧盟法之间不断变化的关系。(1993)

的仲裁系统)之间的争斗。在这些情形下,关系和期待都是不稳定的,除非一种规范系统/劳动分工成功地被取代或调和了另一种规范系统/劳动分工,或是国家主张管辖但实际上却无法彰显权威的僵局得到了解决(相较于各种广泛的商事仲裁形式)。在这一视角中,法律并不表现为一套统一的系统,且法律的效力也并不受制于法律权威的等级。相反,法律表现为许多规范系统和结构,进而以各种方式提出各自的正当性主张,并且共存于一个复杂的、多变的关系之中。许多规范系统时而相互合作,但往往彼此竞争和怀疑。法律与社会之间不存在一种单一的关系,换句话说,法律与共同体之间存在着各种关系。重要的是,我们看到不同共同体争相界定和促进它们自己的法律或是法律解释和概念。然而,这些共同体也在持续变化,即它们相互影响,并不断地改进和改变。

[39]

　　阿瑟斯的课题是难得一见的,因为很少有法律职业者对现代英国法抱有多元主义的视角。但是,人们在很早以前便开始尝试将多元主义视角引入英国主流的法律思想。在20世纪初期,F. W. 梅特兰(F. W. Maitland)在用英语介绍德国历史学家奥托·基尔克(Otto Gierke)的作品(1990)时,提出了一种历史的法律视角,即法律的权威立基于团体结构(community structure),而非集中的主权。作为一场思想运动,英国的政治多元主义直到20世纪20年代后期才引发人们的关注。这一思想猛烈地抨击了约翰·奥斯丁的主权理论,并且坚称许多不同的教会和社团应当被承认具有法律的地位。这一地位不是由国王或是国家授予的,而是它们独立的团体生活所固有的(Nicholls 1994;Hirst (ed.) 1989)。这些争论的法律背景是历史性的,尤其是涉及工会的性质以及教会关于教义和内部组织方面的自治问题。正如其名,政治多元主义主要解决的是政治问题,进而不是一种法律理论。虽然奥斯丁的理论总是受到哈罗德·拉斯基(Harold Laski)和约翰·菲吉斯(John Figgis)等多元主义者的批判,但是他们在讨论中往往把主权的法律形式与其他形式相混淆。

　　然而,政治多元主义发现了法律理论中两个特殊问题的道德和政治意义。第一个问题涉及法人人格是基于国王或是国家意志的授予,还是源自某类群体在存续过程中具备了可被法律承认的性质;第二个问题关于群体权利和义务的本质(Webb (ed.) 1958)。菲吉斯宣称国家是一个由团体组成的社会(a community of communities),因为国家依靠法律把各种社团(bodies of persons)的活动控制和限制"在正义的边界内",并且通过法律标准来承认这些社团的地位,"检验的标准在于……[法人的生活]是否是由恰当的组织机构建立和维持的"(Figgis 1914: 80, 103, 251)。他声称国家法必须防止社会组织在国家的控制之外展开歧视性的活动;同时,国家法必须规制财产和合同(1914: 103—4)。这意味着需要一种新的国家法律理论,即以民族国家共同体(communitas communitatum)替代奥斯丁式的主权者和臣民的概念。说到其他作者,拉斯基主要关注的是政府权力的分散化,虽然他很少暗示这需要一套法律框架(1921)。

英国的多元主义没有对本国的法律思想产生长期的影响,因为它对已有的法律理论(如法人人格问题)通常仅仅提供了一种形式主义的批判,同时亦没有为新的法律思维提供具体的方案。然而,多元主义所提出的核心问题并没有消失,而只是呈现出了新的形式。相较于菲吉斯对教会和社团权利问题的关注,当代学者关注的是多元文化主义在法律和政治思想中所实际反映的新要求(例如,Kymlicka 1995;Kymlicka (ed.) 1995)。[14] 其中一些要求拥护着这样一种多元主义,即它呼吁人们尊重那些通过明晰的权利义务得到表达的各种生活方式。这些关注与两个问题保持着密切的联系。其一,群体权利(和义务)的本质问题;其二,权利在群体中(以及义务相对于群体)的本质问题。同样,相较于拉斯基对行政放权的要求,当代学者关注的问题涉及各种背景下的权力下放、地方主义、联邦主义和辅助原则。而与其把法人人格解释为源自国家权威以外的独立渊源,当代学者关注的是当代法的渊源在议会主权、欧洲法和国际法方面的多元本质。与英国多元主义者的作品一样,当代学者所关注的理论问题往往也不够成熟。但显而易见的是,当代学者对法律系统和法律统一,尤其是法律权威的

[40]

---

[14] 关于英国一系列具体的法律问题,参见 Poulter 1986; 1987; 1989; 1991; 1997; Bradney 1993; Freeman 1995; Cooper 1996; Pearl 1997。

渊源问题的关注,不仅局限于民族国家的集权结构,还包括结构以内或是之外的团体或社团。

鉴于英国的政治多元主义者对已有的法律思想所作出的解读,我们可以说他们一直致力于改变的是一种社会观。[15] 奥斯丁的法律思想要求把社会看作是由主权和个人法律臣民(individual legal subjects)所构成的,而社会的统一只有依赖于对主权的效忠。奥斯丁描绘了一幅绝对权力(imperium)的图景(Cotterrell 1995:223,225—7)。这一观点承认了集体,但集体仅仅是主权者的法律臣民,而主权者通过许可或是人格拟制来看待集体(Hallis 1930:第一章)。国家法对法人人格的承认在本质上并非承认了集体经验的多样性和多元性,而是把集体看作社会互动中的各种共同体(Hartney 1995:214—5)。换言之,国家法把集体视为个人/法人主体,它存续在一个仅由国家规制的社会里。

然而,早期的法律图景必将被另一幅法律图景所取代,即由法律规制的民众是一个活跃的共同体,它由共有的信仰或承诺团结在一起,并通过群体制定自己的法律(Cotterrell 1995:223—5,228—9,230—2)。在诸如马修·黑尔(Matthew Hale)和爱德华·科克(Edward Coke)等17世纪作家所表达的经典普通法思想中,一幅关于民族社会的法律图景(像共同体一样)已经些许表现了出来(Postema 1986:19,23,66—76)。人们能够看到一些多元主义者在作品里将某种形象的共同体当作法律的渊源。例如,梅特兰在推介基尔克的作品时,在某种程度上意欲恢复早期的日耳曼法理念,即把法律视为团体生活的产物。基尔克的理念与一种浪漫化、非政治化的观点相似,即认为英国普通法具有团体的本质。在这一语境下,埃利希对英国普通法的法律方法相当推崇[16],

---

[15] 关于法律思想所通常假设的各种社会图景,亦参见 Cotterrell 1995:第十一章。

[16] 一般参见 Ehrlich 1936:第十二章。他特别指出"英国普通法在发现法律的方法上具有明显的……优势",但英国的判例制度亦具有过度集权和僵化的缺点。于是,他指出欧洲大陆普通法的法律科学应当作为法律社会学在未来的发展起点。(1936:295,480)亦参见 Ziegert 1979:232。

即强调普通法法官负责宣告和阐释共同体的法律原理。[17] 但是，这些共同体式的法律图景并不是对复杂社会生活的经验描述。因为群体生活的本质和种类并非出自社会学研究。

## 共同体与当代法

在当今的法律讨论中，关于共同体的主题似乎形态各异。但是，各种主题在诸多方面都具有共通的价值。社会学导向的分析强调群体的种类以及群体中各式各样的法律解释，有时还涉及各种群体之间困难的共存条件。正如菲吉斯在很久以前所声称的，各种群体之间"嘈杂着冲突的观点和奇怪的道德准则"(1914：120)。艾丽丝·马瑞恩·杨(Iris Marion Young)写道："在全世界范围内，人们往往愈加强烈地主张群体本位的特殊权利和文化正义，并且公开承认群体经验和视角的重要性"(1995：174)。在这些情况下，法律的职责似乎在于防止权利的爆炸，同时通过保障多样性来减少暴力的威胁。如果说美国正在经历着一场"民族复兴"(Kymlicka 1995：61ff.)，那么欧洲从某种意义上便是"一种文化的共同体"(Hugh Seton-Watson 转引自 Davies 1996：14)。事实上，群体对法律的各种需求是普遍存在的。纵观历史，"国家和民族的多元主义是常态，而非例外"(Walzer 1995：139—40)。

一幅绝对权力的法律图景关注的是现代民族国家和民族国家法，以及个人法律臣民。但这并没有改变这样一个事实，即基于法律规制的目的，各种各样的群体构成了社会的重要组成部分(Stoljar 1973；Honoré 1987：第一章和第二章)。

约瑟夫·拉兹主张人们所需要的价值多元主义不仅限于包容和非歧视。人们还应当认识到所有稳定和自足的文化共同体都具有平等的社会地位，并且重视"群体成员在一个受人尊敬和富足的文化群体中有权自由地追求个人的福祉"(Raz：1994：178)。我们在社群主义的政治哲学中也能够看到这一主题。[18]

---

[17] Ehrlich 1936：292(特别提到了"英国法官所享有的令人称道的行动自由")。
[18] 关于共同体概念的重要讨论，亦参见 John Finnis'(1980：第六章)。

通过在一定程度上发展拉兹的思想,安德鲁·贝恩汉姆(Andrew Bainham)指出民族国家法应当理解文化的多样性,并且承认某些文化价值具有压迫的本质,而人们需要通过个人能力的发展来摆脱多余文化(an unwanted culture)的资格束缚(Bainham 1995:239)。他特别指出,当前英国的家庭法和儿童法确实在许多方面承认了文化的多样性(1995:240)。他还提出国家法需要作出艰难的权衡,即承认对儿童的照顾和养育存在着多样性,同时亦要保证对所有儿童的养育达到最低的标准。由此,国家法应当通过协商谋求一个平衡的位置,即一方面,国家法应当承认规制的有效性,而规制是由群体生活的多样性所激发的;另一方面,国家法对个人权利(而非民族国家的政治社会)的保障无须考虑个人在群体中的任何身份。这些问题的影响是深远的:在贝恩汉姆看来,以婚姻为中心的核心家庭不应当被视为一种法律理想,同时,其他类型的家庭亦不应当表现为某种类型的越轨(1995:244)。通过承认群体生活和期待的多样性,许多法律问题产生了。

上述这些问题仅仅是把埃利希所关注的问题在新的语境中重申了一遍,但亦在某种程度上反映了当代法对社会本质的关注。面对各种群体或组织在民族国家疆域内所表达的法律期待,法律社会学的早期传统及其现代的承继者一直试图针对民族国家法的统一性、支配性和权威性这一系列假设提出解决方案(参看 Raz 1979:116—20)。现今,来自跨国和国际层面的法律需求和法律实践带来了同样强劲的挑战。什么样的社会(社会联系和社会互动的复合体)能够与国际人权法、国际贸易法或国际金融法联系在一起?人们何以把欧洲看作是当代欧洲法发展的社会领域?欧洲一脉相承的法律传统都有哪些渊源(如参见 Van Hoecke and Ost 1997)?在这些语境中,如果人们认为共同体能够在某种程度上制定或是激发自己的法律,那么法律秩序中的资格、交往和参与问题将呈现出新的形态(Ward 1996)。相反,如果说社会的图景仍然是一幅绝对权力的图景,问题则在于人们将如何理解法律的权威等级,包括国家法律权威和跨国法律权威之间的关系以及立法机构及其管辖范围。

因此,我们不难理解人们为什么一直试图利用法律多元主义的概念来分析逐渐形成的新欧洲法律秩序（Arnaud 1995）。同样，在当代法律社会学中，一些最为重要的研究成果关注跨国的法律实践形式（尤其是在商业领域）与国家法所业已建立的管辖范围之间模糊、冲突且复杂的关系（特别参见 Dezalay and Garth 1996）。在商业或是其他语境中，跨国的利益共同体依赖着国家法，但亦同时形塑和规避着国家法，或是冲击各种现存的法律传统。这一语境恰恰进一步扩大了人们对权威和管辖范围的争夺，正如阿瑟斯在对英国法律多元主义的研究中所展示的那样。或许，当代法律理论最为重要的课题便是发展"法律跨国主义"（legal transnationalism）和"法律地方化"（legal localization），前者在当今呈现出各种各样的、时常相互冲突的形式，而后者强调各种形式的规制对于受规制对象的道德意义，因为法律规制根植于当地的生活条件之中（这两项研究同时吸引了法律哲学家和法律社会学者的关注）。〔43〕

就后者而论，重要的是人们不再仅仅或是主要从地理意义上去理解"地方"。博温托·迪·苏萨·桑托斯（Boaventura De Sousa Santos）谈到人们在当代分别基于"寻根权"（rights to roots）和"选择权"（rights to options）这两个不同的关注点来寻求他们自己的法律（2002：177）。于是乎，人们愈发要求法律能够提供"根基"（道德保障）或是让个人在重要的语境中感到归属感。而越来越少的语境根植于特定的地理位置。这些语境是多样且抽象的，即各种语境中的意义根植于共同体之中，我们最好把这些共同体看作是人们对社会关系本质的错综理解。如安东尼·科恩（Anthony Cohen）所指出的，共同体为人们提供了定位自己的方式。同时，人们能够从中感到认同感（Cohen 1985；并参见 Hunt 1996：183）。因此，共同体所关涉的是共有的信仰或价值，以及共同的方案或目标，或是共同的传统、历史或语言，或是共有的或趋同的情感依恋。对于个人而言，共同体中的全部或是任意部分存在于一个复杂且多变的结合体中。如我在如下第四章所详细论述的，人们应当依据各种不同类型的共同体来理解法律权威的本质和作为共同体支撑的责任（这构成了一种分析框架和表达方式）。

如果说当代环境需要共同体的概念，那么这将是一个复合的概念。早期前现代的"共同体"（Gemeinschaft）描述的是一个静止、封闭和排他的共同体(Tönnies 1955)。相较而言,当代的共同体与之完全不同。当今,共同体的关系表现为多样、变化、开放且灵活的联系和承诺形式,这既不同于封闭或是压迫的共同体,也不同于否认个人尊重和尊严这些根本价值的共同体,而这些价值正是跨国人权法所日益主张或是表达的。[19] 或许,正如桑托斯所指出的,这显然是因为寻根权和选择权是相伴相随的。换句话说,就像法律主体的义务、权益、忠诚、排斥或是参与范围并不是固不可变或是无法协商的,个人需要法律保障他们的控制自由(freedoms to operate),无论是基于民族国家中的压迫共同体还是国家法本身。

[44] 法律理论的社会学视角是尤为重要的,因为这一视角把社会当作是法律的管辖环境、终极的权威渊源以及规制的对象价值,所以社会的复杂性凸显了出来。同时,这些视角让法律理论陷入困境,即如何在法律思想中调和普遍性和特殊性、全球性和地方性,以及各种形塑法律的跨国和国际力量所产生的后果。这一困境背后潜藏着一个更加深层的问题,即法律主权者支配个人臣民的民族国家在当代变得越来越不常见、不恰当,以至于不再是法律所关注的社会中心。由此,我们该如何重新界定法律权威的政治基础和道德基础之间的关系。在法律哲学和法律社会学之间,最为紧迫的任务在于发展符合这些新情况的理论。

---

[19] 有趣的是,埃利希提出这些普遍的权利是一种新兴的活法,它反映了这样一种思想正在缓慢地发展,即把"全人类"(the whole human race)看作是一个共同体或是一个"巨大的法律社团"(a vast legal association)。但是,更加现实地讲,这些权利(至少潜在地)反映了法律需要对个人的安全以及个人参与社团生活(associational life)(包括退出的自由和免于被迫加入的自由)提供一种统一的最低保障。各种各样的团体多样性(communal diversity)和群体自治性(group autonomy)在规制领域得到了承认和尊重,但法律的保障亦是一种不可或缺的补充。同样重要的是,稳定的规制要求承认和尊重之间是相互作用的;这得益于人们履行主动承认的相应义务以及对其他群体生活方式的尊重。(1936:81—2)

# 第三章
## 为什么应当通过社会学解释法律观念?

我们能够超越上一章关于法律哲学与法律社会学相互合作的论断吗?社会——法律探究(sociolegal inquiries)能够重塑法律职业者对法律的解释吗?社会学能够解释法律观念或是澄清关于法律教义的问题吗?有人指出,法律具有自己的"事实"和观察世界的方式。这一论断一直都拒绝承认社会学视角对于理解作为教义的法律还能够带来任何特别的主张。本章追问的是法律观念的社会学理解需要包括哪些内容,并且主张这样一种理解不仅是有益的,而且对于法学研究也是必要的。法学需要通过社会学理解法律。两者是密不可分的。

## 一个关于法律社会学的神话

关于法律的社会学研究,一个源自法律哲学内部并被一些法律社会学者所激发的现代神话依然存续至今。在这一神话看来,某种劳动分工不可避免地支配着法律探究。法律职业者和法理学者分析着作为教义的法律,即关于规范、规则、原则、概念以及解释和确证这些要素的各种方法。然而,作为一种根本不同的研究,社会学者关注的是行为及其相应的原因和后果。依此观点,法律社会学者的任务仅仅在于考察法律语境下的行为。[1] 鉴于法律观念

---

[1] 如唐纳德·布莱克(Donald Black)将法律社会学当作关于政府社会控制的研究,参见 Black 1976。与此相对应,汉斯·凯尔森(Hans Kelsen)认为社会学的作用在于考察那些……表现为法律行为的自然事件中的因果关系。他在最后一部作品(1991:301)中指出,这样一种法律社会学"所描述的并不是法律,而是立法行为以及守法或是违法行为"。

分离于其对具体行动的影响,社会学对于法律观念的理解往往作用甚微。因此,按照法律职业者的理解,法律社会学对于法律的考察是次要的,甚至是无关紧要的。法律社会学者时常回避法律职业者之间关于诸如教义本质的争议或是理论。[2] 他们主要研究的是争议处理的实践、行政规制、法律执行或是影响立法的社会力量,特别是那些源自法律制定或是政策倡议群体的行动。

[46] 通过简要回顾法律社会学先驱的经典作品,我们确信这种劳动分工绝不是不可避免的。虽然韦伯将社会行动作为社会学的研究对象,但他仍然将法律观念的本质和法律推理的类型作为其法律社会学的研究核心(Weber 1968:第二部分 第八章)。涂尔干相信理解作为教义的法律在本质上也可以成为一个社会学领域,进而使法律职业者的疑问最终通过社会学洞见得以转述(Durkheim 1982:260;1975b:244)。埃利希(1936)认为通过社会学探究大众对法律观念的理解,法律职业者对法律的理解同时将会被颠覆,并进而建立在更加明确的基础之上。彼得拉日茨基(1955)主张将法律作为各种形式的意识和理解来加以研究。与此同时,诸多法律哲学领域的作品(包括斯堪的纳维亚、美国和其他法域的现代现实主义法理学)表明,法理学者在力求领悟法律观念的过程中强烈关注法律语境下的行为。

将以法律教义为中心的研究从社会学探究中排除出去,将会防止法律社会学整合(而不仅是结合)其他类型的法律分析。若不以法律教义为研究中心,行为的社会学观察能够影响法律教义所表达的政策。但是,这并不等同于一种法律社会学,而不过是各种提交给法律政策制定者的社会学信息。[3] 传统的主张认为,社会科学在法律探究的过程中具有"实用性而非支配性"(on tap rather

---

[2] 威廉·奥伯特(Vilhelm Aubert)的作品是一个显著的例外,如参见 Aubert 1963;Campbell 1974。

[3] 笔者在本章绝对无意否认行为的社会学研究在法律语境下的价值。在我看来,这类研究已经带来了最为重要的洞见,并且应当继续在法律的社会考察中占据核心位置。然而,我此处的论点在于法律观念的社会学解释通常应当在法学研究中处于核心位置。对于社会—法律研究(sociolegal scholarship)和一般意义上的法学研究(legal scholarship)而言,强调这一位置是非常重要的。

than on top),由此表明社会学以及其他社会科学不得提供关于法律意义(作为教义、解释、推理和论证)的任何洞见。所以,鉴于法律社会学的拥护者接受了一种关于不可避免的劳动分工的神话,他们不禁辩称法律职业者对于法律教义的辩护是微不足道的或是令人困惑的。只有观察某种模式是否存在于司法、行政或是警务活动、法律职业者的工作和组织或是公民的争议行为之中,我们才能够真正了解作为一种社会现象的法律。相应地,法律社会学的反对者则急于断定法律的社会学探究根本无力论及法律,并且注定长期处于与法律理解无关的外围。

如果说法学和社会学意义上的法律观点之间无法实现真正的调和,那么这一假设得以成立的原因主要在于争论的双方均以过于实证主义的视角刻画对方(Nelken 1994:107)。法理学者时常无视表达成熟社会学立场的学术研究,例如,行动按照参与者的主观意义去理解;社会生活由符号构成或是由各种形式的集体认知所组成;社会秩序的解释乃基于人类交互过程中持续且反复创制的规则;社会被视为一个沟通系统(如参见 Luhmann 1989)。同理,社会科学有时将法律职业者对法律的理解视为彻底的实证主义。在社会学者看来,法律职业者心目中的法律往往被他们视为各种数据(规则或是规章)。关于法律教义的本质,社会学者在描述法律职业者所抱有的观点时常常不够重视那些由法律职业者所控制的社会过程,如解释、论证、协商、提议、影响、决策和规则制定。〔47〕

## 社会学的"事实"是无力的吗?

法律社会学理解法律观念的能力面临着愈加成熟的批判,尽管这些批判的本质特征并没有改变。现在,人们普遍认为社会学探究对于阐明影响法律教义的社会或是历史过程是有益的和必要的。例如,汉斯·凯尔森从一种几乎完全轻视社会学在法律观念研究中的重要性的立场中解脱了出来(Kelsen 1992:13—14,原版发表于 1934 年),转而承认法律社会学的重要作用在于对反映在法律之中的观念现象(ideological phenomena)进行因果阐释,特别是正义理念(Kelsen 1941:270;1945:174)。很显然,法律观念可以被理解为历史、文化、政治或是职业条件的结果,而这是社会学研究所能够描述和解释的。

我在这里想要考察和回应一个观点。当前,针对法律社会学最为有力的批判并不否认社会学探究能够以自己的方式从各个方面解释法律教义。相反,这一观点主张社会学没有探讨法律观念的优势方法(privileged way),即缺乏能够压倒其他研究方法的特别有效的洞见。基于此,社会学方法不能貌似合理地声称社会学解释优于法律职业者所能提出的解释方案。最终,这成为一个开放性的问题,即为什么社会学视角应当优先适用于其他研究视角。换句话说,为什么我们必须要这样做?尤其对于法律职业者或是法律程序中的其他参与者(例如诉讼当事人或是普通民众),我们这样做能有何收获?

这些问题通过一系列主张得到了进一步的补充说明。社会学话语有时被认为十分薄弱且不够充分。例如,有学者声称社会学"具有一种神秘的能力以至于无法形成自己的研究领域"(Fitzpatrick 1995:107)。在社会学研究中,社会(the social)这一概念依然是"明显无法被检验的"。据说,这一概念不再是社会学研究的焦点(Fitzpatrick 1995:106)。另一方面,在怀疑社会学的解释能力的那些学者看来,法律现在被视为具有某种智力和韧性,进而防止社会科学过早地出现那种自感优越于法律之上的"霸道自信"(Nelken 1996:108—9)。

〔48〕　在大量关于法律与科学学科(包括社会科学)相互关系的讨论中,大卫·奈尔肯指出这些学科致力于说明的是"法律真理",而现在这些学科所取得的成果不得不面对法律自身真理的挑战(1994)。他的意思是:法律具有自己解释世界的方法。作为一种话语,法律根据那种话语、基于特定的法律目的决定着什么是真理,即什么是正确的理解或是合理且可靠的知识。它排斥通过科学来进行解释(例如经济上的成本和收益,心理学意义上心理状态的原因和结果,或是社会学意义上具有影响作用的社会力量)。这些解释没有一个能够领会法律自身标准的重要性。

当法律从科学学科或是科学实践中汲取知识的时候,法律似乎善于为了自己的目的并且基于自身的情况,选择它认为有用的东西(Nelken 1994：101—2)。被借用的概念往往被改变了,并且被转换为"杂糅的制品"(hybrid artifacts),以满足法律的用途(Teubner 1989：747)。同时,法律发起攻势,并提供自己对社会世界的各种解释。[4] 人们认为,法律为了自己以及其所追求的目的提供真理,社会学无法将其取代,社会学解释也注定只能与其共存。基于此,社会学不能重塑法律理解。如果有理由这样做的话,社会学至多只能提供一种法律能够借用的资源。从一种与以往不同的意义上讲,社会科学具有"实用性"(on tap),而非"支配性"(on top)。

从社会学的角度来看,问题不单单是社会学所提出的见解似乎与法律理解无关。一方面,支配着这种设想的否定态度招致了人们的反感。另一方面,人们在不懈探索未知领域的过程中遭遇到了挫败。这里的争论在于:当社会学试图不断深入地理解法律的时候,法律像是海市蜃楼一般消失了。这是因为当社会学解释法律的时候,法律被简化为社会学术语。这个问题不同于(在法律教义层面)回答"法律是什么"。更确切地说,这个问题不同于(在法律思想层面)回答"法律把自己当作什么"。在这一过程中,法律观念如何能够通过社会学来解释,同时又不被转变为社会学思想(Nelken 1996：112)?[5] 正如罗伯特·萨梅克(Robert Samek)在涉及相关主题的一个未被关注的讨论中所言,"法律观点"被纳入社会学观点之中并迷失了自我。法律观点无法通过社会学来理解,因为法律观点并不是社会学观点,它是一个特定的法律观点。

法律社会学的潜质还遭到了另一种观点的挑战。在十多年以前,一些革新的法律学者对社会是如何产生法律的问题(传统法律社会学观点)关注得越来越少,同时对法律产生"社会"的方式关注

〔49〕

---

[4] 简·布勒克曼(Jan Broekman)颇具说服力地指出:"……在法律思维的支配下,社会事实的那些要素发生了结构性的改变。改变已经发生。这仅仅意味着某个事实不同于其他事实。法律规定自身构成了一种独一无二的整体,这是一种特定类型的人类经验。除非把自己视为法律上的存在,否则合同或是侵权行为是无法被理解的。"
[5] 例如,犯罪行为的法律解释是以责任为根据的。当人们通过社会学来思考这个问题时,即以各种犯罪活动在社会或是经济条件下的因果模式为根据,法律责任问题有时可能部分甚或全部被取代。

得越来越多(Nelken 1986:325)。法律不仅能够独立于社会学,并且还可以按照自身的基准来理解、选取和舍弃来自社会科学的见解,法律还能够以本体论为基础创建社会学探究的核心对象。按照一些权威学者的观点,法律没有需要也没有可能创建其对社会环境的规范性理解(Luhmann 1988)。但是,按照一种激进的观点,法律被认为有责任创建社会学自身所需要使用的社会范畴,至少在部分意义上。

例如,作为一个争议不断的概念,人们认为"社会"实际上是按照法律决定社会包容和社会排斥的方式建立起来的。彼得·菲特兹帕特里克(Peter Fitzpatrick)主张法律使社会成为可能,"进而颠倒了法律社会学的基本论断"(1995:106)。他的主张主要指的是法律被用于规定作为政治社会实体的身份和边界。但从更一般的意义上讲,人们将法律看作是对经验的表达或塑造,后者构成了社会生活的基本结构。社会学引入法学研究中的社会语境并没有影响到法律,而语境则"在法律中被假定并再现为传统、思想创造或是话语形式的承载者"(Nelken 1986:325)。由此,法律在很大程度上构成了社会现实。

基于这些原因,我们再也无法在法律和社会之间划出一条清晰的分界线,所以"一种更为整体的理解"是必需的(Nelken 1986:325,338)。法律观念在本质上是一种社会知识。法律推断(legal speculation)为社会理论的早期形式提供了原型(prototypes),这一常常被忽略的观点获得了新的意义(Kelley 1990; Murphy 1991; Turner and Factor 1994)。

的确,一些法律社会学者一直在寻求证据来证明法律的观念影响(ideological effects),并且对法律影响社会意识的能力抱以怀疑(Friedman 1997:37—9)。[6] 这种呼声和怀疑并不出乎意料,

---

[6] 针对我在本书第五章所作出的讨论,弗里德曼提出了批评(1997:37)。他详细阐述了"一般意义上的法律观念形态"(legal ideology in general),换句话说,他认为法律观念形态的本质特征是某种在任何时空下均确定且不变的东西。但是,我只是试图指出当代西方法律中某些特定的观念要素(另参见Cotterrell 1995)。"一般意义上的法律观念形态"没有不变的内容。从一个环境到另一个环境,法律观念形态可能差异极大,同时也并不必然形成与某一特定的法系或是社会相联系的任一统一体。

## 第三章　为什么应当通过社会学解释法律观念？

因为法律观念被假定具有一种面向于社会生活领域的形塑力（shaping forces），且这种假定相悖于法律社会学的传统假设，即社会影响着法律，同时法律对于社会的影响通常属于解决具体问题的实证研究。针对法律与社会的关系，新近的研究进路拒绝把法律和社会视为某种分离的、甚至是冲突的影响范围。这些研究进路通常认为法律和社会之间存在着一种不证自明的关系，即通过影响决定或是界定社会关系的基本范畴（如财产、所有权、合同、信托、责任、罪行和人格）的意义，法律在相当程度上构成了社会生活的组成部分。所以，人们认为社会—法律研究的本质再也无法厘清该项研究是属于法律的、社会的还是两者的混合（Fitzpatrick 1995：105）。这一研究领域尚不明确：为了避免人们强烈争论法律探究的社会科学基础，概念明晰不得不为此而作出牺牲。

〔50〕

既然如此，为了通过社会学理解法律观念（法律教义以及与法律解释密切相关的推理和形式），我们应当作出哪些努力呢？我的观点是尽管问题的严重性是显而易见的，但是阻碍人们为之努力的主要问题事实上是可以解决的，或者根本上是虚构的。这些问题并不构成阻碍，但确实极其恰当地指出了人们应当厘清社会学探究的本质、目的和方法。然而，我在这里不仅仅主张通过社会学理解法律观念是恰当的。我所强调的是，若要创造性地将这些法律观念理解为社会世界的组成部分，唯一的方法便在于采用某种形式的社会学解释。

针对这些问题，我将在本章的最后通过分析两处明显的主要难点来加以回应。第一处难点是关于法律自身"真理"的本质——即以自己的方式解释世界的能力。在人们看来，这个由法律所产生或是占据的真理是什么？如果说法律相较于社会学能够更好地认识自身，那么这一主张包括哪些内容？我们能说法律无所不"知"或是无所不"思"吗（参看 Teubner 1989）？第二处难点是需要努力厘清增进社会学理解意味着什么。这里所设想的是哪种理解？什么是社会学的"真理"，或是按照奈尔肯的说法，社会学能够提供哪种"法律真理"？例如，这意味着需要将法律纳入诸如社会学这样的学科的支配之中吗？

我认为，上述没有一个含意是必需的。事实上，它全然不得要领。我们应当以一种合理怀疑的态度,从实用主义的角度来看待学科界限。我们不应当将学科界限视为对理解的禁锢。我们有必要牢记的是,"社会学"这个词在解释法律的过程中具有某些明确的重心,但是这些重心及其权威性的定义并不构成任何学科的特有属性。法律参与者——不仅是法律职业者,还包括那些为了自己的目的而寻求通过法律观念促进或是控制他人利益(更宽泛地说,以引导或是控制作为公共目的)的人——从实用的意义上理解法律观念。下文将要说明的是,关于法律观念最为可行的观点是由社会学洞见所赋予的。法律观念能够通过社会学得到恰当的解释。

## 法律具有自己观察世界的方式吗?

在美国的语境下,杰克·巴尔金(Jack Balkin)一直试图解释法律在面对其他学科的解释性主张时如何有力地加以适应(1996)。为了呼应早期学者(例如 Posner 1987)的观点,巴尔金认为法律作为一个学术领域在本质上是脆弱的。法律极易遭受其他学科的侵入。虽然社会学是其中一门侵入的学科,但是最为成功地侵入法律的学科在美国还包括经济学、历史、哲学、政治理论和文学理论(Balkin 1996:965)。巴尔金主张法律之所以如此轻易地被其他学科侵入,其原因在于法律"与其说是一门学科,更像是一门职业。法律是一门技能导向的职业,而法律教育是一种职业教育"(1996:964)。法律没有"自己的方法论"(1996:966)。法律借用其他任何学科所能提供的方法论。另一方面,人们研究和讲授法律的背景从未脱离法律实践的职业需求,法律也无法被其他学科完全吸收。法律的职业焦点弥补了其作为一种纯粹智识学科的缺陷。

因此,甚至是作为迄今为止侵入美国法学院最为成功的知识,法律的经济分析也不能完全把法律殖民化,因为其学科方向最终与法律的职业取向相偏离。在职业组织化的学术法律环境中,人们根本无法按照高等经济学的研究文化的要求,复制先进的研究技能和统计方法。由此,法学院通过将各种可资利用的洞见和方法简化和包装,从经济学以及其他任何学科中获取知识,并以法律自身的目的呈现出来。虽然法律仍被其他学科持续性地侵入,但是巴尔金坚称法律是无法被征服的。

如果从法律教育的安排、法律职业的训练和聘任以及法学教授的社会化的意义上去分析，这在本质上乃是通过社会学来解释法律的学科适应力。其结果是，这一解释遭到了社会学的驳斥。至于法律为什么无法被社会科学征服，巴尔金没有从法律观念或是法律解释的固有本质出发作出任何解释。这些因素仅仅是组织性的，即法学院环境和法律职业使法律的抵抗力成为可能。至于为什么这些组织性因素应当持续性地发生作用，巴尔金没有提出任何论点。实际上，法律被巴尔金描述为一种相当脆弱的话语，以至于这一话语持续性地被各种授课、学习和理解的方式所改变。巴尔金没有解释为什么不应当把美国法学院最终变成应用经济学的研究生院。这让我们想起哈罗德·拉斯韦尔（Harold Lasswell）和麦尔斯·麦克杜格尔（Myres McDougal）曾经郑重地呼吁把美国法学院变成政策科学的高等学院（Lasswell and McDougal 1943）。如果作为一种话语、方法或是知识体系的法律不具备独有的特质，那么我们仍然不清楚为什么法学院必须继续采取当前的形式。巴尔金的观点并没有解释法律的适应力。

在提出法律"严格来讲并不是一门学科"的观点时，巴尔金指的是法律缺乏自身的方法论。但事实上，当代西方社会的法律在智识实践的过程中确实包含着相当具体的方法，例如在法庭上提出一项判例、起草一份案情摘要、整理证据、援引先例并且依据先例推理。一种更为有力的观点是：法律的弱点通常在于缺乏任何智识上的学科标准：支配性的主导理论、知识讨论的特色方法、研究实践的公认范式、成熟的认识论和本体论立场或是争论（Cotterrell 1995：第三章）。但是，人们或许会说法律就其自身的知识观点或是知识取向而言具有某些重要的指示语（indicators）。这些指示语基于法律的目的确保着法律实践的统一性。同时，这些指示语提供了一种解释世界的方式，而这至少是一个与法律的目的相关的真实世界。

〔52〕

若要证明法律有能力提供一种与社会学理解无关的法律观念，当前最强有力的观点强调的是各种各样的指示语。不管怎样，这些指示语使得奈尔肯所谓的"法律真理"成为可能。然而，当人们试图具体指出这些指示语的时候,这些指示语看起来显得相当有限。在任何情况下,这些指示语似乎无非就是通过特定的法律概念持续性地关注"合法"和"非法",以及是非之间的界分(Luhmann 1992b)。如果不是这样的话,人们可能认为法律是一种区别于原始性事实(brute facts)的制度性事实(institutional facts),同时法律涉及权威、整体性、公平、正义、可接受性和可行性的考量。法律时常"武断性地终止"论证,并且不愿检视论证背后的假设。法律试图提供确定性,并且与常识联系在一起。为了实现这些目标,法律可能采用或排斥科学知识(包括社会科学)或是科学推理。法律基于判决的需要把事实收集并且展现出来(一般参见 Nelken 1994:99—100)。针对政府、争议处理或是社会控制活动,法律几乎总是使用着实践推理和论证。但是,任何对法律真理的特征列举都没有抓住问题的关键,因为"真理对法律意味着什么其实是法律自身过程的结果"(Nelken 1994:103)。正如阿瑟·莱夫(Arthur Leff)所言:"归根结底,法律的本质不在于我们知道些什么,而在于我们做了些什么"(转引自 Nelken 1994:99)。人们对于法律的理解并非通过"外部"的描述,而是通过内部的操作和思考。

但是,这一论点和巴尔金更加直接的观点(法律的社会实践条件决定着适合于法律的知识形式)相比真的更进一步吗?其中的不同之处似乎在于,人们认为能够重复法律解释世界方式的不仅有法学院、法律职业以及大学教师的克制。显然,一种更加抽象意义上的法律也能够这样做。就像巴尔金所强调的,改变法律所处的任何特定的社会背景都不会改变一个事实,即法律观点(the legal point of view)是与众不同的。

所以,在论证"法律真理"的过程中,法律倾向于成为一个抽离于某种特定地点的理解场所(site of understanding)。对于诸如尼克拉斯·卢曼等作者而言,法律真理是一个并不受制于任何经验背景的沟通系统。这些作者把法律视为一种话语,但是并没有专门强调多种法律话语的可能性,无论是对于在特定法院的特定法律职业者,或是涉及各自具体主张的特定原告或被告,或是追求自身特殊利益或方案抑或是推动特定价值的特定政治主体而言。从某种抽象意义上讲,这些学者把法律呈现为一种统一的、融贯的理解模式,一种独特的观点,或是一种具体的解释或推理风格。

然而,从社会学的观点来看,此处的经验性问题涉及的是:这种融贯性、独特性或是具体性能够在多大程度上且以何种形式存在。在不同法系工作的法律职业者能够经历不同的法律真理,并且有时难以建立起共识的话语。即便在同一个法系之内,法律程序中的不同参与者在几乎所有的问题上都可能存在着截然不同的观点。如巴尔金所指出的,方法问题和特定教义的解释问题同样招致着诸多争论。而若把所有这些实际的或是潜在的争论看作是对法律正义或是其完整性的持续讨论,这是毫无益助的。这样一种讨论存在的原因仅仅是政治权力的结构强迫那些想要获得或是受到权力保护的人们调整他们的主张和论点。同时,政治权力的结构亦迫使人们以各种扭曲特定法律真理(他们期望通过其他方式表达法律真理)的方式,坚持他们的主张和论点。〔53〕

法律的基本"真理"或许仅仅是一种临时的、实用的共识,那些达成共识的法律主体总是能够通过国家法律制度得到最高权威的保障。另一种阐述问题的方式认为没有法律真理,也没有唯一的法律观点,有且只有表达着各种法律主体和法律参与者的经验、知识和实践的不同观点。这些观点有时相联系,有时相冲突。各种不同的观点与政府和社会控制问题以及有关这些问题的制度化教义存在着各种各样的联系,所以这些观点在某种官方意义上被视为"法律的"(legal)。

毫无疑问,作为一种近乎统一且独特的话语,法律总是作为一种职业话语呈现在我们面前。但正如巴尔金所强调的,法律话语在智识上是脆弱的、开放的,并且易于遭受包括社会学在内的许多观念的侵入。法律最终被赋予了一种话语上的融贯性和统一性,这仅仅是因为法律在智识上的不牢固及其在认知上的持续开放是通过政治命令(political fiat)稳定下来的。[7] 通过确保官方的法律解释者作出判定,国家政治权力能够终止法律论证的过程,决定哪些解释性概念占据优势,维护其所倾向的规范性判断优于其他

---

[7] 参见霍布斯(1971:55)的说法:"创造法律的不是智慧,而是权威。"

所有竞相适用的判断,并通过官方强制的威胁以保证规范的封闭。[8] 通过政治结构的集中化以及法律等级的组织化,法律的意志或是强制性权威通过法律推理和法律解释中大量不同的场所和背景,抑制并控制着理性和教义原理在无数潜在的、且时常竞争和冲突的阐述方案中所占的比值。

作为一个统一且独特的话语,法律真理的本质从社会学的视角观察其实就是:特定社会环境中的偶发性特征(contingent feature)。社会学解释不仅能够揭示法律的特征,还可以像其他知识形式一样丰富法律的讨论、影响法律的解释,并且巩固或是推翻法律话语所指向的控制策略。通过对法律观念的形构和解释,以及不时的渗透或触及、促进或削弱,社会学洞见同时在法律观念之内外穿梭。社会学理解不会把法律观念简化为除了法律以外的其他东西。它表达了法律观念在法律自身丰富的复杂性中所具有的社会意义。

[54]

然而,如前所述,法律界定着社会关系并且决定着社会学所研究的现象形态。所以,法律观念和其他社会观念是相互渗透的。我们已经看到,人们再也无法在法律与社会之间划出一条清晰的界线。通过影响和丰富人们理解社会现实的方式,法律构成了社会生活中的一个重要组成部分。作为由官方保障的理念和实践,如果法律没有能力带来这些影响的话,那将是不同寻常的。事实上,人们可能会疑惑作为一种权力的表达,法律的作用如果不是这样还能是什么。但是,一种社会学视角使我们能够观察和理解法律话语所带来的影响,并且把这种影响与其他理念和实践所带来的社会影响联系在一起。法律构成了社会,并且在相应的范围内成为了社会的一部分。作为一种框架和理解的表达,法律使社会的存在成为可能。我们有必要从社会学视角来认识和分析法律观念在智识和道德方面的影响力。如果我们在解释法律观念的时候没有通过社会学洞见去认识法律的这些维度,那么我们对法律的

---

[8] 所以,正如罗伯特·柯维尔(Robert Cover)所言,要求法院作出一个权威性的法律判决,其中的问题不在于法律是不确定的,而是有太多的法律。法院(尤其是在一个法律系统内最终的上诉法院)实际上在"抑制法律,在两个或是多个法律之间作出选择,通过等级制度对法律施加影响"。

理解是不够充分的。如果我们能够以一种更加广泛的社会学视角来看待法律观念,那么呈现在我们面前的法律观念将会更为重要且更加复杂。

## 什么是一种社会学的视角?

然而,我们真的有必要援用"社会学的"(sociological)这个词吗?为什么社会学独具优势呢?奈尔肯指出,社会学有时只有通过贬低法律的学科地位才能够展示出其最高的价值(1994:125;1996:115)。他怀疑社会学能够最终超越其自身的论证方法和风格。法律社会学者对于法律的理解可能过于贴近社会学。不管怎样,为什么人们偏爱一种社会学视角而非诸如经济学或是心理学视角呢(参见 Nelken 1994:125)?为什么应当施加一种社会学理解呢?另一方面,如果社会学不这样做的话,人们批评法律的社会学分析则寄生于法律自身对于"法律的"定义之中(Pennisi 1997:107)。

但是,一旦人们认为使用"社会学的"这个词并不意味着遵循所谓社会学的学科方法、理论和观点,那么上述这些问题中的大部分都将无法成立。对于作为一种社会现象的当代法律而言,一种社会学视角对于引导人们追求实践(参与性的)或是理论目的均是不可或缺的。但是,我们对"社会学的"这个词的理解应当主张方法论意义上的广泛性和理论意义上的有限性。这样便能够防止因为迷恋于具体的社会科学或是其他学科而有可能产生的任何影响。法律观念的社会学理解是一种超学科理解(transdisciplinary understanding)(Cotterrell 1995:第三章)。但是,人们使用"社会学的"这个词是恰当的,因为社会学理解始终长期致力于解决一种特殊的需要,即把法律作为一种社会现象来加以系统且经验地重释。然而,这一术语同样表明,一种法律观本身也可以是社会学的,包括一种关于社会世界的系统且经验的观点,尽管并不需要如此。如前所述,社会学理解同时在法律观念之内外穿梭。

由此,法律观念的社会学解释的本质建立在三个假设之上。第一,法律是一种彻底的社会现象。作为一个经验领域,法律通常

〔55〕

被理解为一种与共处于社会群体之中的个体完全联系在一起的社会关系。第二,法律的社会现象应当被经验地理解(通过详细考察社会共处在实际历史模式中的波动性和连续性,而不涉及理想化的或是抽象设想的社会条件)。第三,法律的社会现象应当被系统地理解,而非依凭传闻或是印象。其目的在于把我们对法律的特殊理解拓宽为普遍理解。我们将能够从一种更加宽阔的视角评估特殊性的意义,把丰富的独特经验与更加广泛的理论语境联系在一起,进而用来指导我们对法律观念的社会学解释。

通过与法律相关的其他视角相比较,社会学视角能够得到界定和澄清。例如,文学小说能够使我们在长篇或是短篇小说中更加深入地了解社会关系,但却并不主张对社会关系的系统解释。文学小说的巨大优势在于以一种引起大众兴趣的方式把丰富的特殊性展现出来。故事情节的讲述以及情绪、性格和环境的重现能够同时展示出人的个性所具有的独特经验和普遍经验(参看 Durkheim 1975c:323—4)。小说能够向读者提供一个借以深思社会世界的媒介。之所以这样的原因在于,小说激励着人们确信小说中的思想能够直接或是间接地扩大读者所观察或是经历的社会经验。

当小说使读者感受到小说中的故事情节、人物刻画以及情景重现或是当其他某些因素能够用于解释或是影响社会经验的时候,小说对社会学思想是有所益助的。读者也许会对小说中的人物感同身受,或是想象小说中的情境好似亲身经历的再现。移情(empathy)和想象(imagination)为小说提供了经验参照,并且在某种程度上赋予了小说一种洞悉"人间境遇"(human condition)的能力。于是乎,小说的成功依赖于对人类经验的一些看似真实可信的报道之上。因此,小说和非小说类文学作品之间的界线本身就是一个问题。但无论是小说还是非小说类文学作品,故事情节或是人物刻画在本质上并不提供从特殊抽象出普遍性的方法。所以,它通常仍然是一种对个人或是社会环境的非系统且非理论化的描述。这些描述充其量能够通过引起读者的移情和理解,详尽地把人类经验中深刻的特殊性展现出来。

通过专门与社会学探究在目的和定位上的系统性、经验性和社会性(systematic, empirical and social)相比较,人们能够描述许多知识学科的典型定位。例如,和社会学相比,神学主要关注的领域并不全是社会。其主要的焦点是人与精神事物之间的关系,而人与人之间的关系也许是一个派生的焦点——"关于信仰和无信仰最重要的谜团"(Neill and Wright 1988:448)。神学的研究方法在前所提及的意义上仅仅部分是经验性的,但通常是概括性的,并且往往是系统性的和理论导向的(Neill and Wright 1988:439—49)。在社会学探究和作为一门学科的哲学之间,我们可以非常宽泛地进行一个大致相同的对比。或许哲学最为基础的焦点在于自知(self-knowledge)(Cassirer 1944:1),以及系统地反思所有形式的一般人类经验,但并非所有这类经验都必然包含在社会关系之中,也并非所有这类经验都能够通过经验研究得到解释。

〔56〕

艺术的审美创造无法系统地领悟社会世界的本质。"对于艺术家而言,不存在应当被始终遵循的自然或是历史规律"(Durkheim 1961:270)。但是当艺术的观察者或是艺术经验的参与者找到了真实或是想象的经验参照点,并且把他们所感知的艺术创造力聚焦于其中的时候,灵感所激发的洞见仍然是强有力的。同理,历史通常具有强烈的经验性,并与社会生活的理解充分联系在一起。但是为了对特定的人物、行动、发展或事件实现多方面的理解,历史在描述社会的过程中缺乏明确的系统性或是概括性,就像丰富的重现和描写在伟大的小说中所表现的那样。

作为最后一个例子,经济学将其经验的、强烈系统的和理论的观点与其自身对社会独特的关注结合在了一起。但是,对于那些声称通过理性选择理论能够分析各种社会生活的所有当代经济学家而言,经济分析的研究对象其实仅仅是社会关系的某个特定方面,或倾向于把复杂的社会关系简化为一种简单的模型或是严格有限的模型范围(参看 Rosenberg 1979)。从诸多法律参与者的视角当然还有社会学的视角观之,这些模型不足以涵盖社会生活的所有法律面相。

作为某种与社会学视角相对立的方法,法律探究在这种竞争关系中表现为把法律作为一种社会现象的有限的理解形式。当这些有限的理解形式把特定的社会学洞见排除出去的时候,情况便是如此。如果不是这样的话,我们最好认为其他这些方法(在其所力图提出的社会学洞见的范围内)与社会学视角是共存的,同时亦能够(或许是含蓄地)通过社会学视角被适当地组织起来。在此背景下,法律探究与社会学探究之间应当是一种专业的合作关系。

同样,社会学探究需要倾听和接纳那些通常不被视为社会学的各种形式的法律探究。社会学探究应当意识到各种法律探究的能力和优势,从中借鉴并与之相互配合。有时,事实上在大多数情况下,当法律探究义正词严地宣称它们的思维和方法指向完全不同的目的、建立在完全不同的基础上,并且源自于社会学相关的研究时,各种形式的法律探究能够产生社会学洞见。

[57] 由此,社会学视角不再被上述各种学科所提供的视角所排除或是分离。事实上,社会学视角能够从上述所有以及其他学科中受益。同时,它亦无需从理论社会学的传统中去获取或是寻求正当性,即便理论社会学能够赋予其相当重要的素材。下列事实是显而易见的,即我们为了实际需要可以把法律恰当地理解为一种社会现象,一种人类集体生活的现象,一种公共关系的表达和规制以及一种把各种共存于社会群体之中的个人关系加以整理、系统认识、处理、计划和协调的方法。其中一个重要方面在于,人们在某方面(并非全部)认为并且感到法律是一种对个人的外部约束力。按照涂尔干的理解(1982),法律是一种与个人生活相分离的、作为一种社会力量发挥作用的社会事实。

再者,为了思考和结合法律的实际需要,我们还可以把法律理解为社会的一个组成部分并且运用这种理解尽可能地控制社会生活的条件。最为重要的是,法律的理解必然应当是系统性的和概括性的、理论化和体系化的。至少,有必要同时应对法律教义和社会的复杂性。法律观念的理论化并不是一个与社会生活本质的理论化相分离的作业。它是一个单一的、无止境的尝试。因为法律的系统理解是必要的,社会现象的系统理解通常是必需的。从本质上讲,社会学应当寻求一种整合的、不断拓宽的研究视角。

最后,这样一种视角需要以经验为基础——建立在对历史经验的多样性和细节的观察之上。如果法律探究没有和历史经验联系在一起,那么推测法律观念的本质或是意义是不切实际的,同时也无法抓住要点,因为它忽视了影响法律教义之意义的特殊语境。所以,对系统理解的需要驱使着我们转向概括的认识和视角的拓宽。但同时,对理解之经验基础的要求则驱使着我们拒绝宽泛的推测,因为它所忽视或是泛化的细节超出了特殊经验以及观察所能够合理支撑的范围。

如果说法律应当从一种强调社会性、系统性和经验性的视角去理解,那么这一主张是一个哲学主张抑或经验主张?通过以这种方式思考法律,这一主张最终提供了最大范围的可能性,即把参与者看待法律的各种视角最大限度地包含在了一起。基于此,这一主张是一个经验主张,因为它明确肯定法律经验的本质。同时,这一主张也可以被当作一个哲学主张,因为它声称法律经验通过某一特定的角度能够得到有益的解释:涉及某些在不同时间和地点、以各种不同方式来加以阐述的经典问题。

例如,我们能够以一种非社会的态度(in an asocial manner)把法律当作一种与任何社会关系的理解无关的纯粹计算。但是,我们很难这样做。对于大多数法律参与者,即拥有法律经验或是在某种程度上参与到其中的人,我们可能很难看到这样做能有多大的价值。

同理,我们可以否认法律和系统知识之间存在着任何联系。韦伯将"卡迪司法"(kadi justice)描述成一种拒绝任何企图把特殊情况纳入一般范畴的法律解释或是判决(1968:976—8)。然而,我们在历史和当代所了解的大部分法律经验似乎都看重法律系统化的企图——无论是理性的法典化、司法管理中明智的连贯性、公民或臣民预测法律结果的能力、法律教义之简约化或是明确化的企图、法律标准化或是统一化以及控制专断的努力。人们并不总是企图实现理性的系统化,且理性呈现出不同的形式。有时人们的企图仅仅是要求某种稳定性或是结果的确定性,或是某种概括的可能性。但是,系统化的企图存在于大部分法律经验之中,而人们在法律及其实践活动的发展进程中感受到了这一点。

我们对法律的经验性的关注同样是如此。如同我们对法律的社会性和系统性的关注,法律的经验性可以被视为大部分法律经验的一个基本的组成部分,就我们已知的任何时间和地点而言。

〔58〕

在法律创制的过程中，人们往往对法律适用的经验条件缺乏充分的了解。这或许是所有法律系统和社会都长期面对的一个问题，它超越了社会复杂性的特定规模和程度。然而，大部分法律经验需要将法律观念应用于特定情况和特殊案例。只有当法律得到适用并且与特定语境联系在一起的时候，人们通常才把法律看作重要的经验。这是法律作为系统的另一面，即"不适用于个例的法律"(law as the 'wilderness of single instances')。大多数参与者的法律经验致力于实现两个关键点：其一，通过在特殊的经验背景中解决问题以获知法律观念；其二，通过把法律观念运用于这些问题以求进一步地加以适应和完善。我们可以把法律与特定的经验参照相分离，而系统化的努力仍然持续性地使法律远离于特殊的语境。但是，大部分法律经验并不回避将人们对某些经验性的关注作为法律的一个核心面相。

解释法律的任务同样可以被视为法律经验的一个基本面，我们从这个角度可以把它看作是一个平衡经验性和系统性的无止境的活动。而我们所要做的便是利用这种不断变化的法律概念，即把法律作为一种社会现象以及与其他方面相关联的一种社会生活。在这个意义上，法律解释是法律参与的一部分，它尤为关注的是协调或平衡法律的社会性、系统性和经验性。

## 应当如何解释法律观念？

作为一个标签，"法律社会学"这个术语仍然被用来识别法律过程研究中极其重要的那一部分。同时，这个术语对于致力于扩大这种研究的学者而言仍然是他们形成自我认同的一个重要主题。当被用来指涉法律观念的社会学研究的时候，法律社会学在某种程度上并不令人满意，且具有误导性。法律社会学时常表现为一个子学科或是专业、社会学的一个分支或是与法律研究截然不同的划分。法律观念的解释最好体现出社会学的视角或洞见，或是社会学的理解或解释。

法律观念的社会学解释并不是一种探讨法律的特殊且专门的方法，它仅仅是一种与其他类型的理解共存的方法。在这一特殊的语境下,法律社会学是一项超学科的作业和理想,进而拓宽了人们对法律作为一种社会现象的理解。它当然坚持主张以社会性、系统性和经验性为标准,同时,它所表达的信念在于:在某种意义和某种程度上,这些标准已经被深深地嵌入到参与者对法律作为一种社会现象的本质理解之中。它寻求超越诸多这样的理解。但是,法律社会学是包容的而非排他的。我们在许多知识和实践的学科领域中都能够发现社会学洞见。

如果关于法律的社会学探究具有一种智识或是道德上的忠诚,那么这便是法律自身的忠诚——更确切地说,这是对法律之丰富内涵的忠诚,它要求参与者在法律过程、法律实践和法律的知识形式方面彻底拓宽他们的视角。[9] 社会学探究是批判性的,因为它坚称许多法律参与者(无论是法律职业者还是非法律职业者)的视角缺乏系统性和理论知识,或是对经验变化不够敏感,同时对法律的社会特征抱有过于狭隘的认识。但是,社会学探究同样是建设性的,因为它不能只是指责现存的法律观念。当我们从一种更加广泛的社会学视角去理解的时候,它还应当时刻追问人们还可以去怎样重释、重现和重构(reinterpret, and so reimagin and reshap)法律。

关于法律观念的社会学理解,上述讨论很明显要求拒绝法律的内部观点和外部观点或是内部人视角和外部人视角之间的传统二分。这种二分在法律哲学内部是常见的。作为一种手段(device),该主张随之错误地声称"法律真理"的唯一性。在很大程度上,这种内部—外部区分(internal-external distinction)仅仅是法律

---

[9] 在一场面对律师的演讲中,休伯特·洛特路斯纳(Hubert Rottleuthner)主张"社会学研究能够……帮助我们看得比日常生活更远……作为一位法律社会学者,我们突破了个人的经验领域……我们超越了个人的视角……我们建立了系统的联系,而不再依赖于未经证实的日常理论。同时,通过运用不同的参照系,我们指出你们在法律实践中没有给予充分关注的新的领域……我们为你们的日常工作提供一种认知背景。"

除了提出社会学知识与未经证实的理论截然不同以外,上述这些主张似乎是有道理的。我认为这些主张并未提出"证据",但却带来了潜在的启示——一种更加深刻的理解——以一种更加广泛的、系统的、有意识的经验视角重释日常的理解。当然,这样做不仅仅是为了律师,也为了一般意义上的法律参与者(1989:79,82)。

职业者内部的一个思维特征。它尤其反映了一种以特定的推理和理解为依据的职业自我形象(professional self-image)(Cotterrell 1995:第五章)。当人们通过社会学理解法律思维的时候,法律的内部观点(法律参与者)和外部观点(社会科学的观察者)之间的划分便不复存在了。在相互对峙、渗透和启发的过程中,法律作为一种社会现象的更加广泛和包容的视角取代了参与者对待法律的一种非中立的、相对狭隘的或是专业化的视角。[10]

人们或许不知道社会学理解怎样处理正义和法律价值问题。法律观念的社会学理解能够解决正义问题吗?答案显然是肯定的。正如我们所看到的,社会学洞见应当影响和解释法律观念。我们不必再问社会学是存在于法律的内部还是外部。我在第二章中已经指出,社会学同时存在于法律的内部和外部。所以,这种内外划分(inside-outside demarcation)在这一语境下变得毫无意义。法律与社会之间以及法律解释与社会学解释之间的界线开始变得模糊。法律在某些方面构成了社会,而社会理解以某种方式影响着法律。但是,通过把法律与社会关系的整个语境联系在一起,法律观念的社会学解释关注的是社会关系的模式化过程(patterning),而这便是一个具体的正义问题。

总的来说,正义是一种对社会关系的感知。它是人们对社会凝聚或是社会整合的一种理解(参看Durkheim 1984:77)。通过寻求视角的彻底拓宽,社会学解释能够丰富人们对正义之社会条件的理解。社会学探究对社会性、系统性和经验性的持续关注构成了这一丰富理解的基本维度。社会学探究无法使人们不再争论正义在任何特定情况下的要求。但是,通过系统地分析正义诉求背后的经验条件,社会学探究能够以一种更加广泛的视角揭示出正义诉求的意义。

如果法律观念的社会学解释被赋予这些特点,那么我们能说出

---

[10] 在此语境中,菲利普·刘易斯(Philip Lewis)在1988年提出的"描绘"(representation)——存在于法律思维中的关于社会制度、社会实践和社会关系的各种理解形式("描述和解释")——看起来是个有用的概念。这个概念强调的是那些转变为法律思想的各种社会知识,由此,法律理解和社会理解在某种程度上得以相互融合、不可分离。

任何具体和明确的方法吗？如前所述，按照杰克·巴尔金的观点，固定的方法论是法律所极其缺乏的一个统一特征(unifying character)。我们能否认为社会学探究具备这样一种固定的方法论呢？

问题的答案应当承认我在之前提出的一个重要主张，即如果关于法律观念的社会学探究具有任何特定智识上的忠诚，那么这便是对法律作为一种社会现象的忠诚，而不是对社会学或是其他社会科学学科的忠诚。由此，法律观念的社会学理解在方法论意义上反映了其自身碎片化和多样化的方法论特征。这种理解源于人们参与到了法律实践之中，或是受到了法律实践的影响。这是不可避免的，因为如前所提及，法律理解和社会学理解是相互依赖的。社会学解释扩大了法律分析的范围，并且拓宽了法律参与者的视角。〔61〕

相较于法律参与者所常用的各种方法，如果我们采用某种他们感到陌生的方法论，法律参与者的那些视角并不必然会被取代或是与之相抵触。但如果情况确实如此的话，那么法律通常会被社会学所取代，并且落入圈套之中。如前所述，一些论者认为社会学理解法律真理的所有企图都会深陷其中。所以，通过社会学理解法律观念的方法论应当顺着具体明确的方向审慎地扩大，这一方向包括法律参与者从法律角度思考社会世界的各种方式。该方法论试图彻底扩大这种法律思维在现有程度上的系统性和经验性特征，进而通过重释实现法律观念的改变。

我们可以用一个例子来阐明这个观点。由于法律教义内容狭隘且颇为晦涩，英国信托法的发展陷入了奇怪的僵局。在大多数普通法域，受托人能够通过各种方式托管个人或是集体的财产。但英国法宣布财产不得以抽象的非慈善目的被托管，如促进媒体自由或是校外体育活动。[11]

当人们想要知道为什么英国法对私益信托采取这样一种态度，同时，法律在这一领域的发展如何以先例为依据的时候，答案并非那么简单。相关案例以特定的私益信托为例，并且提出了大

---

[11] 如参见 Re Astor's Settlement Trusts [1952] Ch 534; Re Nottage [1895] 2 Ch 649; Bowman v Secular Society Ltd. [1917] AC 406; Re Endacott [1960] Ch 232.

量的理由来说明法院反对此类信托的传统。法院处理问题的方式包括三个方面：一是查阅过去已经作出的判决；二是详细列举法律在私益信托被宣布有效的情况下将会面对的各种技术问题（如执行问题）；三是对于社会或是经济权利以及允许设立特定信托的违法行为提出政策观点。

在这个领域，法律思维在一定程度上是经验性的，因为它关注已经作出的判决以及法院在特定判决中所具体宣称的适用条件。它还考虑法律在这个领域的执行情况和执行可能。同样，法律思维是系统性的，因为它寻求能够把司法方法（judicial approaches）统合在一起的一般原理（但它最终以失败告终，即私益信托案件几乎没有获得法院宣判的支持）。它还意识到法律在这个领域本质上表现为一种社会关系的表达。因此，它考虑政策：例如，限制财产转让以及特定类型的遗嘱自由在社会和经济层面上的利弊得失。但是，法律分析似乎并没有消除法律在这个领域根深蒂固的争论。论者们在这个问题上立场各异，一些支持法律对私益信托的反对，还有一些宣称这样做并不公正。于是乎，争论已经持续了数十年。在其他法域，立法改革（legislative reform）已经解决了这个问题。

〔62〕

在这个领域，法律教义的社会学进路试图以一种全新的、相对陌生的方法拓宽既有的法律思维方法（Cotterrell 1992；1993）。首先，一种社会学进路把法律教义的发展置于更加广阔的历史环境之中，进而强调信托法在不断变化的社会和经济环境中实现整体的发展。通过这种方法，我们看到人们对待信托制度的方式已经随着时间的推移发生了彻底的改变。这一改变是显而易见的。因为人们过去关注的是一系列先例在传统法律分析中的发展，而人们现在关注的则转变为法律观念的变化模式（changing patterns），即把信托关系的本质和更加广泛的社会、经济和道德思想相互联系在一起。由此，社会学探究通过将法律观念作为社会思想发展的一部分，拓宽了作为一种社会现象的法律观念。这样做并不是把前者转化成后者，而是把两者视为不可分割的两个方面。

同理，社会学探究超越了传统法律分析对先前判决的观察，进而将其观察范围扩大到这些判决的社会环境和潜在影响。对于那些有可能与私益信托存在法律区别但具有社会联系的领域，社会学探究考虑把判决与这些领域的法律发展联系起来,即把信托关系视为一种由法律组构的社会关系(legally structured relationships)。因此,通过重释法律职业者所发现的各种观念之间的关系,社会学探究寻求更加广泛和系统地看待法律。它将这些观念置于一种智识环境之中,而法律职业者能够从中发现其他方面的关系和联系。通过以各种方式对法律加以反思和发展,这些新的发现转而促进了法律的解释。

当社会学探究被人们按照上述勾勒的各种方法加以运用的时候,它不再寻求与法律相抵触的方法论,或是为了把法律殖民化而援引一门相竞争的学科。社会学探究彻底扩大了法律参与者对法律的理解,并同时表现出了法律的反身性(reflexivity)。如此看来,社会学探究是人们拓宽法律理解的一种必要方法,即系统地、经验地理解那一部分被当作是"法律的"社会生活。

社会学探究出自参与者的理解,但是,因为它寻求通过超越特定参与者的需要以实现法律理解的系统化,所以它超越了特定参与者的视角。例如,它肯定并不排斥基于个人或是传闻来描述法律经验以及一些无法概括的叙述,但它不认为这样做(就其自身的目的而言)是充分的。因为它严格要求法律或是社会知识的系统化应当建立在经验观察的基础上,所以它反对推测,即认为推测对经验变化的描述是不够充分的。同时,因为它所强调的法律特征在于法律是一种社会现象,所以与大多数法律参与者的要求相比,它更加全面和广泛地考察法律的社会特征。例如,它能够由此突破法律职业者或是其他种类的法律参与者所熟知的法律形式,进而扩大作为一种社会现象的法律概念。[12]

如此看来,法律观念的社会学解释并不是一种可取的补充,而是一种法律理解的必要方法。法律观念是一种型构社会世界的方法。通过社会学理解法律观念就在于从这个意义上去领悟和认识法律观念的范围和边界。

---

[12] 因此,法律多元主义的社会学理论往往体现了大量的法律知识、法律意识、法律权威和法律经验,而法律职业者实践的典型关注以及关于统一法(即由国家法院适用的法)的法律教育则倾向于掩盖这些多样的法律观念。参见本书第二章。

# 第四章
## 法律的共同体概念

法律研究应当如何设想社会？社会这一概念实际上并没有那么好用。社会在民族国家的领土内外正在分解成许多不同的社会关系网。共同体这一概念（相较于社会而言）能够说明那些具有一定稳定性和道德意义的社会关系，而这些社会关系是易变的和短暂的，且并不必然受到国家领土的禁锢或是限制。共同体的关系呈现出各种各样的形式，法律与共同体进路使法律学者能够分析不同社会关系类型的规制特征。本章介绍了四种基本的共同体类型。在实际的社会环境中，这些共同体类型是相互竞争和结合的。我认为我们需要一个严密且独特的共同体概念去理解法律与不同社会群体和文化之间的关系。

### 为什么是共同体？

法律的共同体概念何以必要呢？我的观点是我们需要这样一个概念，因为正如许多学者所指出的，我们需要从多元主义的视角出发去反思法律的概念本身（例如参见 Petersen and Zahle（eds）1995）。通过阐发譬如共同体这样的概念，我们才能够在理论上严密地来处理这个问题。建立已久的"现代"观点一直认为法律在本质上是民族国家的法律（Arnaud 1995）。但是，跨国法——协调跨越民族国家管辖的法律实践和法律思想或是与两者完全无关——

正变得越来越重要,特别是在欧洲。关于区域(region)[1]、地区(locality)、群体和企业的(半)自治性规制问题也同样如此。

民族国家显然是法律规制的重点。但是,民族国家承认联邦管辖或是下级管辖,同时,民族国家也参与到跨国的法律制度之中,或是在法律上与这些制度共存。同样,关于法规的创制、解释和适用,人们现在渴望的是更加多样且在某种程度上更加"地方的"过程。其目的在于让这样的规制在道德上更有意义,并且更加贴近公民(而非国家法)的生活经验。

这些愿望并不是最近才提出来的。在现代社会理论中,这些想法至少可以追溯至涂尔干在20世纪初期的作品。但是,由于跨国法的发展转移了人们对民族国家法近乎排他的关注,这为反思国内和跨国意义上的法律提供了空间。当前在经济和社会领域的全球化趋势或许使得某些涉及文化愿望方面的地方化趋势被强有力地激发了(Axford 1995:164ff.)。 [65]

国家法和跨国法都不否认国家作为法律的创制者、解释者和执行者。但是,跨国法使我们有可能以新的方法去定义法律。法律社会学主要是围绕着"法律"和"社会"建立起来的。有些时候,法律在法律社会学中被阐述为是作用于社会或是被社会作用的,此处的框架性概念是"法律与社会"。有些时候,法律被阐述为社会经验的某一部分或是领域,此处相应的框架性概念则是"社会中的法律"。然而,后现代作品中的主题怀疑的是我们把社会看作是一个在社会学上可被识别的实体是否还有益助(Bauman 1992:第九章;Smart 1993:57—8)。无论"社会"被定义得多么宽泛,社会的概念都表现为一个统一体,这一社会整体通过边界与其他类似的整体相分隔。

这些边界有哪些?如果我们试图从非法律意义上(所谓的法律意义是指管辖的法律边界,尤其是与一国领土范围密切联系的边界)去界定这些边界,那么我们在解释所谓后现代的社会环境的

---

[1] 相较于过去"省"(province)的概念,区域这一概念表达的是一种与国家中心(national centre)更加间接和下级的关系。参见 Anderson 1994。

时候将遭遇困境。这些被援用的概念(例如全国、省、地区、城市和街区;涉及种族、民族、宗教、经济或文化的群体;语言共同体)回避了所有有关边界的界定和说明问题。哪些划界的标准是重要的,或是说比其他标准更为重要?那些标准为什么重要?典型的后现代"社会"图景是这样的:个人的利益、价值、方案和承诺是一个巨大的、不断变化的多样性,而个人要通过许多短暂的且种类各不相同的集体身份来表达和实现自己。只要这样的多样性具有相对持久的框架,那么这些框架则有可能不受制于任何传统社会学意义上的"社会"范围。例如,这些框架可以由范围和规模各异的金融制度、商业关系网、生产和分配制度或是就业市场提供,或是由基于文化忠诚的复杂关系网提供。

如果对社会环境的这一描述还有几分道理的话,那么这给法律社会学所常用的法律概念带来了重要的启示。在关于民族国家的复合概念中,法律的现代概念与社会的现代社会学概念具有共同的渊源,而民族国家的概念在 18 世纪末的革命时期已经得到了人们的充分认识(Woolf 1991)。在这一概念的影响下,法律与社会是相互界定的。考虑到各种不同的定义目的,社会是一个政治社会,即由特定的政治制度所规制的、以领土为界的社会互动领域(例如英国社会、法国社会)。因此,社会明显受到法律制度管辖范围的限制(参看 Lacey 1998:120)。然而,如果说法律在某种程度上是社会的产物或表达,那么这一定义削弱了这样的观点。也有学者从相反的角度提出了这个问题,即(政治)社会是法律的产物(Fitzpatrick 1995)。如果社会的统一是碎片化的,那么作为社会现象的法律也同样是碎片化的。人们长期认为法律在本质上是国家法抑或是民族国家的法律,这取决于人们总是能够把国家和民族等而视之,即在民族国家的概念里,民族和国家具有相同的范围。只要这些条件被人们接受,那么法律便能够通过其与民族观念的不可分离性实现它的概念统一,而民族观念本身同时又使社

〔66〕

会统一体(社会)和政治统一体(国家)成为必然。[2]

虽然共同体的概念是一个"让人窝火的、难以明确的观念",但是这样一种方法可以摆脱社会的概念(政治社会)与国家的概念之间的现代纠葛(Hamilton 1985:7)。现在,"共同体"的概念能够说明各种各样的社会集体、承诺以及利益、价值或是信仰体系,这些因素是共存的、重叠的和相互渗透的。援用共同体这一理念的目的并不在于重提前现代的"共同体",而在于表达社会群体和社会忠诚在当代的复杂特征差异,以及它们的存在理由。因此,把法律与共同体联系在一起的目的在于持续探究那些表达或是反映在法律多样性中的社会差异所具有的变化模式。这种方法所争取的是把法律阐述为某种不仅限于政治社会的民族国家法的社会现象。

正如安东尼·科恩所指出的,我们最好不要把共同体当作是社会结构,相反,共同体是人们对社会关系本质的错综理解。虽然人们很有可能通过制度和社会结构来表达共同体关系,但是符号维度意义上的共同体是"某种人们'用来思考'的东西。共同体的符号是一种心理构念(mental construct),即它为人们提供了创造意义的方法"(Cohen 1985:19)。共同体为有界整体(bounded whole)内部的成员提供了一种认同感,"一种地方社会语境下的归属感"(Cohen 1985:9)。"地方"并不必然要从地理意义去理解,而是要从根植于特定经验语境的意义去理解。这表明共同体是一种与内部的参与者和外部的观察者以及"内部人"和"外部人"均不相同的东西。它既可以被主观地理解,也可以被客观地理解(Schutz 1957:250—7)。法律从外部观察着这些共同体,但不包括法律本身,即此处不包括法律所占据和表达的共同体(关于社会关系的各种错综理解)。例如,民族国家法对共同体表达了一种主观的理解,即民族国家本身被看作是共同体。法律若要更加全面、综合地

---

[2] 当这些关系不明确的时候,随之会产生问题。其中一个实例就是苏格兰长期存在的、模糊不清的处境,即苏格兰有自己的国家法(苏格兰法),但也没有自己的国家法(苏格兰法归根结底从属于英国法和英国议会的立法意志)。自治和独立的结合使人们说不清苏格兰法所界定的社会/政治实体在本质上是什么。

承认共同体的经验,这需要形式各样的法律意识能够以某种方式反映各种共同体的主观现实(subjective reality)。

[68] 这正是乔治·古尔维奇在其独特的、经典的法律社会学(1947)中所试图展示的。古尔维奇通过其复杂的研究提醒我们,像这样去反思法律所受到实际的限制是至关重要的。古尔维奇把法律多元主义看作是人们对各种不同的社会性以及对群体生活无数不同的可能形式所作出的表达。尽管当代法律社会学没有追随他的理想(参见 Belley 1986;1988),同时又在很大程度上忽视了由此而产生的麻烦且看起来有些冗长的法律分类学,但是对古尔维奇的研究进行重释的当代方法之一便在于从逻辑上试图"通过社会学"(赋予社会学洞见)去处理如罗纳德·德沃金(Ronald Dworkin)那样的法律哲学。德沃金把法律视为人们对社会关系的错综理解,它的存续依靠的是法律解释者的共同体(Dworkin 1986:第六章)。德沃金进路的社会学化需要承认必然存在着许多解释性共同体。因此,如果我们试图以一种极端的方式探讨法律与共同体之间的联系,那么结果就是会出现许多法律意识形式、许多法律解释的场合和语境以及(正如古尔维奇所指出的)许多共存于同一社会空间的法律形式。

然而,如果共同体在"内部人"和"外部人"的不同视角中呈现出不同的表现形式,那么法律与共同体的联系将意味着法律意义也是一个关于视角的问题。每个共同体都有自己主观的法律理解,并且表现为其他共同体的法律理解对象。任一共同体的法律观点都是局部的法律视角,也是对社会现象加以规制的局部视域。我们无法建立一种"完整的"法律视角,除非我们依靠了某些集权政治权威的统一强制力(意志),例如国家。然而,即便这样也无法创建一种统一且完整的视角。它实际上只是确保了某个法律视角凌驾于其他视角。

## 集体参与(collective involvement)的四种类型

有人说:"人们显然相信共同体的观念,无论是理想、现实或是两者皆有"(Hamilton 1985:8)。然而,如果确是如此的话,共同体的观念仍然涉及各种语境,并且仅仅提供了一些最为模糊的共同参照点。最起码,它代表着集体意义上的关注或是参与,而这类情形是无法仅靠孤立的个人生活方案去理解的。除此之外,通过遵循某种韦伯式的理论框架,我提出共同体可以与至少四种关于互动语境和集体参与的独特理想类型相联系。为了便于参照,我将把它们称作"共同体类型"。为了成为一个有用的概念,共同体这一概念除了集体参与的存在之外还需要更多。

遵循着这一理论框架,共同体首先与习惯性或是传统性的互动形式相联系,其中随之而来的情况往往是人们感到他们共存于一个相同的环境之中。我把这称作**"传统型共同体"**(traditional community)。它包括社会学家时常提到的"地方共同体"(local community),例如人们在限定的地理空间或是居住区和平共处。但是,传统型共同体的经验关联物(empirical correlate)还可以发生在人们共用语言的场合。从一般用词上讲,语言共同体(linguistic community)指一群共有某一特定语言或是方言的人。当然,地方群体和语言群体彼此促进着对方的身份。其次,共同体有可能涉及某一群体内部的利益趋同。我把这种共同体叫作**"工具型共同体/利益型共同体"**(instrumental community or community of interest)。其最接近的经验关联物是典型的商业共同体或是最初的欧洲经济共同体。再次,共同体可以指涉那些强调团结和相互依赖的共同信仰或是价值。我要把这称作**"信仰型共同体/信仰本位的共同体/价值型共同体"**(community of belief,belief-based community,or community of values)。宗教集会、教会以及各种教派显然是最接近这一类型的共同体。最后,我们可以按照共同体的意义去理解通过相互的情感而联结在一起的个人。这种类型的共同体可以被称作**"情感型共同体"**(affective community)。家庭群体和友谊群体是最为接近的情感型共同体。法律哲学家约翰·菲尼斯(John Finnis)指出,在这类共同体中,"群体性"是最为重要的。实际上,"最为紧密的共同体形式就是真正朋友的友谊"(Finn-

〔69〕

is 1980：141ff.）。[3]

　　这四种类型的共同体与韦伯关于社会行动的四种理想类型是间接相关的（Weber 1968：24—5）。这些共同体所阐述的内容旨在把韦伯对社会行动的类型化扩大到集体参与和互动的基本形式上。因此，传统型共同体与韦伯的传统行动相关联，工具型共同体与目的一理性行动相关联，信仰型共同体与价值行动相关联，同时情感型共同体与情感行动相关联。所以，从韦伯的视角观之，这四种共同体类型可以被看作是根据个人社会行动的四种基本取向而发展出来的集体行动。

　　从本质上讲，它们是社会关系的理想（纯粹）类型。换句话说，它们通过抽象的形式所表达的动机或是条件是不可化约的、最为基础的，并为个人之间的互动带来了实质性的意义。作为理想类型，它们无法影响那些实际上可以被经验识别的群体，后者可以被用来称作"共同体"。在实际的社会群体或组织中，四种抽象的集体参与类型可以无数方式结合在一起。所以，特定的群体并不是任何一种集体参与或是共同体的经验表现。我们仅能用工具型共同体来解释商人群体之间的部分关系；我们也不能完全（如果真要这样的话）用情感型共同体来解释家庭关系；教会肯定不仅是信仰型共同体的经验表现。我们可以认为，集体参与的社会关系模式——作为一个经验问题——在人们所研究的每个群体或是集体中均各不相同。因此，共同体的理想类型把各种社会关系概念化，而这些社会关系在现实的群体生活中是以复杂的方式结合在一起的。

　　尽管如此，我的初步观点是：共同体的理想类型和韦伯关于社会行动的理想类型一样都是综合性的。它们合起来涵盖了所有集体参与的独特类型，而共同体就是由这些要素组成的。

---

[3] 约翰·菲尼斯(1980：140)认为他所谓的商业关系（business relationships）与游戏关系（relationships of play）存在着根本区别。但是，游戏中的玩家有可能被他们个人利益的趋同而激发并联系在一起，例如施展他们的智力、练习他们的技能、获得乐趣或是因为获胜得到各种奖励。所以，在我的共同体分类中，两者之间的联系最好按照利益型共同体的理想类型去理解。

## 共同体:稳定性、依恋和边界

然而,共同体的理念不应仅限于说明那些由上述理论框架所识别的集体参与。例如,集体参与的四种类型并没有解释行动者(actors)何时或是为何会有一种共同体意识,也没有解释他们何时或是为何自觉地把自己视为共同体的一部分,并根据他们在共同体中的身份来调整他们的行为和预期。

从客观上讲,这种意义上的共同体似乎需要相对稳定和持久的互动(集体参与关系必须是持续的、可靠的)。从主观上讲,这种意义上的共同体还需要对他人或是其他超越个人的东西抱有一种依恋感(sense of attachment)(Anderson 1991:141ff.)或是归属感(Cohen 1985:15);一定程度上的共同关注和参与;以及在赋予身份的"有界整体"中抱有一种成员感(Cohen 1985:9,12)。当满足这些主客观条件的时候,集体可以被看作是一个公共群体,即一个体现共同体特征的群体。但另一方面,承认这一点是很重要的,即特定公共群体的内部关系有可能基于不同的集体参与类型(如上所述)而具有不同的特征。所以,对于所有自认为是群体成员的个人,他们在主观意义上的成员感或是依恋感并不必然是相同的。这其中的原因各不相同。有时,在国家被视为公共群体的情况下,这种依恋感是由政治推动的(Anderson 1991:113—4);从最极端的意义上讲,这种依恋感意味着人们愿意为了整个群体的存续而彻底牺牲自己(Anderson 1991:7,141)。在处于战争状态的国家语境下,这一意愿变成一种由国家强制力保障的、以战斗甚至是死在战场为内容的义务(Kantorowicz 1957:232ff.)。

当谈论共同体的主观存在的时候,我们很难说互动在多大程度或是什么性质上是合理的。拿地理位置或是共同语言来识别共同体似乎是合理的,因为它能够通过与其他地区的人口互动程度和沟通发达程度相对比,识别出相对高强度的人口互动和相对高度发达的沟通网络。拿趋同的利益来识别共同体似乎也是合理的,只要这些利益通常是通过群体互动来推动和表达的,并且是通过群体活动来应对来自外部可感知的威胁(perceived threats)。因此,通过日常的互动,共同体成员认为商业或是职业共同体是真实存在的;而通过集体游说,外部人则认为商业或是职业共同体是真实存在的,例如通过像是英国工业联合会(Confederation of British Industry)、英国非出庭律师协会(Law Society)或是英国医学会(British Medical Association)这样的代表机构。

〔71〕

再者,某些共有的价值(例如激进的个人主义)可能没有给共同体提供依据(除非人们普遍排斥那些不享有这些价值的人)。如果共有的价值或是信仰能够提供这样的依据,那么它们需要进一步团结其他抱有相似价值或是信仰的人。因此,大多数重要的宗教都要求这一点,所以教会和宗教团体很容易被看作是公共群体。尤其是当这些群体(例如基督教的大多数形式)甚至需要向那些不赞同教会价值和信仰的人延伸的时候,情况尤其如此。[4] 而就情感型共同体而言,为了丰富和加深情感性关系,并且提供能够使情感型共同体变得稳定和牢固的根源(roots and sources),持续的互动和共同的承诺随着时间的推移似乎显然是必要的。

从公共群体的意义上讲,除了稳定、持续的互动以及相互的依恋,识别共同体的指标往往还与外部人的态度有关。共同体被看作是一种指涉关系的概念(relational idea),人们使用这个词仅仅是因为他们需要表达他们与群体之外的人的区别(Cohen 1985:12)。识别"他人"对于识别自己而言是尤为必要的(Neumann 1995:10ff.;参见 Lacey 1998:112,124)。格奥尔格·齐美尔认为陌生人"是群体中的一群人",他们的作用在于界定他们在群体中的集体身份(Simmel 1971:144)。因此,在某种意义上,民族国家通过界定和对待"外国人"获得了自己的身份(Welsh 1993:13ff.)。这意味着民族作为一个法律概念是一个排他的共同体。按照卡尔·施密特(Carl Schmitt)的鲜明观点,国家的正当性依靠的是其识别朋友和敌人的能力(Schmitt 1976:26)。从实际意义上讲,"内部群体(we-groups)中的内部人的相互关系涉及和平、秩序、法律、政府和工业,而内部人与所有的外部人或是他者群体(others-groups)之间是一种战争和掠夺的关系,除非内部人和外

---

〔4〕 例如参见 St Matthew's Gospel, Chapter 5, verses 43—8。

部人通过协商缓和了双方的关系"(Hogg and Abrams 1988：17)。

然而,人们容易夸大共同群体的存在在相当程度上要取决于外部人所抱有的消极态度(negative attitude)。共同体指的可以是关系网、需求以及相互支持的条件或是共有的集体感受或使命感。这并不需要强调内部人和外部人之间的区别,也根本不需要关注两者之间的关系。显然,共同体并不必然意味着内部人与外部人之间是一种恐惧、敌对或是排外的关系,即便共同体特别注重其成员之间能够通过各种途径相互支持,还有对这些途径加以保护的需要(如果必要的话,这意味着防止"外部"干预)。

与其把内部人与外部人之间的关系假设为一种理论必然,我们更应当针对集体追问如下这些经验问题:人们参与社会互动所得到的经验与内部人/外部人的分类有多大关系?经验对于这样的划分有多大意义?假设这一划分是有意义的,那么内部人对外部人的态度是什么样的?内部人是积极的还是消极的,恐惧的还是无惧的?外部人通常对内部群体及其成员抱以什么样的态度?阿尔弗雷德·舒茨(Alfred Schutz)强调群体的身份不仅是由其成员的看法所赋予的,而且是由外部人的看法所赋予的,这其中包括(国家)对群体的法律定义(Schutz 1957：254—6)。这有可能产生"镜像效应"(looking-glass effect),即内部群体的自我看法是由来自外部的看法所决定的(Schutz 1957：247)。最后一个问题是,内部群体认为他们是绝对排他的还是相对排他的(限制外部加入)?是绝对包容的还是相对包容的(阻止内部退出,例如制裁那些与自己所属的文化或是宗教团体之外的人结婚的行为)(Schutz 1957：251—2)?〔72〕

关于排他性的问题,大多数公共群体只能通过限制准入来维护自己,但是对于任何特定的群体而言,哪些限制能够被群体之外的人接受或许取决于这些群体的存在对于外部人生活的重要程度。换句话说,公共群体和外部人在多大程度上愿意各自独立地存在。关于包容性的问题,最为重要的是各类共同体针对如下两点是绝不应当妥协的:其一,共同体之间的和平协调;其二,对当代民族国家所有个人公民之人身安全的保障。

虽然有难度,但是区分自愿群体和非自愿群体也是非常重要的(Schutz 1957：251—2)。或是说，至少同样重要的是划分如下两者之间的关系：其一，决定是否与某种社会关系(继续)联系在一起的自由感；其二，缺乏这样一种自由感的情形。对于非自愿群体而言，是否加入这类群体是别无选择的，例如出生在一个什么样的群体里。群体成员加入了一个已经建立的群体组织之中。因此，群体成员肯定从一开始就深处于密切联系的关系(relationships of mutuality)之中。在自愿群体(即行动者能够自由选择是否加入某一群体)中，群体的身份不是提前设定的，而是持续地由群体成员的自愿忠诚所反复设定的。一般来讲，人们一般认为自愿群体是这样一种群体，即它们最能够反映出动态性、流动性、短暂性以及所谓后现代文化所具有的适应性特征。自愿群体的存在与自由个人主义的统一文化价值是兼容的，后者例如表达在当代人权原则的价值之中。非自愿群体表现为那些时常与这些条件发生冲突的集体形式。有人或许会说，从更加深层的意义上讲，自愿群体比非自愿群体更是一种公共群体，因为自愿群体为其成员提供了加入和退出的机会，并且有意地规制了社会互动的程度。因此，自愿群体中的参与是更刻意的、更慎重的且有可能是更加丰富的，因为它源自并且表达着群体成员的个性，而非对群体成员加以控制。

## 共同体与信任

需要强调的是，这些关于群体特征的讨论无法让我们识别出共同体的决定因素。关于任何特定的集体在什么时候应当被视为公共群体的问题，我们在理论层面无法给出确凿的答案。然而，我们已经看到了回答这一问题的重要标准。这些标准涉及群体成员的主观看法(subjective outlooks)以及群体外部的人对稳定、持续互动的客观描述(objective characterizations)。但是，社会群体这一概念体现的是一种可识别的、可分离的社会现象。我早先指出最好把共同体看作是人们共同对社会关系的错综理解。按照科恩的话说，共同体是"某种人们借以思考的东西"。这意味着共同体意识并不受到不同社会群体的限制或是"束缚"。从更加宽泛的意义上讲，共同体指的是社会关系在特定方面的发展程度。

从这个意义上讲,社会发展的哪些方面对于共同体的概念是至关重要的?约翰·菲尼斯——作为近期为数不多的探讨这一问题的作者之一,他试图以法律哲学为目的阐发严密的共同体概念——把他的概念与"在一段相当大的时间跨度里……为了共同的目标而相互协调的社会互动"联系在了一起(Finnis 1980:153)。本章先前的讨论表明共同的目标并不必然与典型的集体参与相联系。[5] 利益趋同足以促成工具性合作,而作为集体参与的类型,传统型共同体或是信仰型共同体并不必然与任何共同的目标相联系。

然而,把"一段相当大的时间跨度"与共同体联系在一起的想法看起来是很重要的。互动需要更加透明。互动的关系网很重要,这些互动关系是一连串长期事件的组成部分,它们被用来回忆过去的互动并推测未来的互动。所以,共同体按照一般的理解不是一种速进速退的关系。共同体通常是缓慢、稳步地建立起来的。这些逐渐发展起来的关系的主要特征在于,这些关系以高度信任为基础。一般情况下,这种信任只能随着时间的推移、通过过去互动的经验积累才能够稳固地建立起来。信任能够促进未来的互动并且能够激发人们建立相对自由的、随意的社会关系。

在这个基础上,我在其他地方曾经指出共同的人际信任(interpersonal trust)是共同体概念的基本要素,共同体就是人们对社会关系的错综理解(Cotterrell 1995:第十五章)。针对上述关于集体参与的四种理想类型,信任是它们共同的构成要素。信任是所有共同体在社会生活中的经验基础,这些经验可以是牢固的或是脆弱的,共同的或是分散的。在任一集体参与或是互动的理想类型(传统型共同体、工具型共同体、情感型共同体和信仰型共同体)中,信任都假设了不同的类型模式并通过不同的类型方式得以表达。由于不同种类的规制需要不同的表达和支持,所以信任的建立或是维系也需要不同的条件。通过区分共同体概念的各种构成要素(这是本章一直试图分析的),这些问题已经成为法律理论需要解决的核心规制问题。法律的共同体概念为法律设定了议题,

---

[5] 事实上,菲尼斯在他的阐述中似乎没有再强调这 要素(1980:156)。

它给法律分析提出的任务是如何让规制审慎地适应当前的社会和文化多样性。

意识到共同的人际信任有多重要并不难。事实上，社会生活的方方面面在一定程度上都依赖于此。[6] 但是，这种信任的脆弱同样是显而易见的。尼克拉斯·卢曼把人际信任的替代过程描述为当代社会的一大特征，取而代之的是人们对人际沟通系统的信赖(1979)。在现代复杂的社会中，人们对金融、商业、科学、技术、职业和政治制度的信赖是至关重要的(参见 Barber 1983)。但是，危险在于人们会低估人际的信赖系统在多大程度上是由理想化的、共同的人际信任关系所支撑和(在某种意义上)塑造的(参看 Cotterrell 1993：90—5)。例如，人们对政治制度的信赖是以"典型政客"的形象为基础的，并进而受到实际政客的看法的影响，最后人们会根据对这些政客言行的印象作出政客是否可靠的判断。当今，大众媒体对形象的传达和形塑方面起到了重要的作用，其中，人们对信任的判断是根据政治、商业和职业领域的代表人物作出的。

法律通过各种方式管控着信赖系统。但是，早先关于集体参与或是互动以及哪些要素导致了参与转化为共同体(主观感受和客观识别)的分析体现了管控过程的复杂性。我认为最好把共同体视为人们对社会关系的错综理解，而这种理解立基于(并在某种意义上组建了[7])共同的人际信任关系。虽然发展和表达这些关系的实际经验条件是变化无穷的，但是我们已经指出集体参与或是互动的理想实例(传统、情感、工具以及以信仰为基础)表现出并且需要不同模式的信任关系。只要这些信任关系是活跃的和稳固的，那么共同体也同样是活跃的，因为它在主观上使人们感受到某种依恋感，同时又是具有客观识别性的稳定互动模式。

每一种类型的集体参与都有其理想的规制要求，即这些要求对于表达和支持某种必要的信任关系而言是最合适的。从一种极

[75]

---

[6] 在社会理论的文献中，关于以信任概念为题的考察，参见 Misztal 1996。

[7] 科恩的观点是正确的，即共同体的条件"不能化约为一系列规则"。但是，关于适当行为(appropriate behaviour)的非正式规则显然是一个理解共同体构成的重要表达(1985：16)。

端的法律多元主义的视角观之,有人认为每一种共同体都有自己的法律需求,并且需要自己的法律结构、法律意识和法律愿景。然而,法律结构、法律意识和法律愿景实际上是由国家法支配的。只要强制力的正当使用还是由国家独有的(正如韦伯所指出的),那么情况就是如此(Gerth and Mills (eds) 1948:78)。国家能够基于诸多目的强制普及它的法律视角和法律控制。实际上,对秩序的需求要求存在着这样一种协力(coordinating power)。但是,人们往往只关注单一的、重要的法律权威。国家控制所不及的地方通常在法律上被看作是无足轻重的。

如前所述,尽管是远程的和间接的,人际的信赖系统是以人们对人际信任的判断为基础的。所以,法律通过支持信任关系来支持信赖,即法律并不关注每一个特殊的信任关系,而是聚焦于更加一般意义上的、典型的集体参与模式(特殊的信任关系借此得以表达)。通过维系和促进体现在理想的集体参与或是互动类型中的模式,法律间接地为信赖系统提供了基本的保障。与其像卢曼以及其他学者那样认为法律无法控制或是直接影响社会中的其他沟通系统,通过这种方式看待这一问题给我们带来了一个新的视角。如果我们能够在抽象意义上把这些系统理解为信任关系的延伸或是衍生,我们可以看到法律——作为社会行动的一种规制形式——并不作用于抽象的沟通系统,相反,法律仅对与这些系统相关的各种社会行动起作用。人际信任的实际社会关系——从它们的亲密性和个体性的本质上讲——不是外部控制的对象,它们完全取决于参与到其中的人们的主观理解。因此,法律对信任关系的支持和促进主要是间接的。法律通过认可和保障那些促进信任关系的经验条件来提供支持。换句话说,法律权威地界定了各种组织、团体、实践、交易或是制度的特征,后者在相应的社会关系模式中表达了各种类型的集体参与或是互动。

我们在之前已经指出,群体是通过内部和外部去界定的,是由群体成员从主观上去界定的,也是由群体成员以外的人通过观察从外部去界定的。民族国家法是大多数群体的"外部观察者"(即把群体视为规制的对象),但在内部也是民族国家(或是其中特定精英阶层)的法律意识的主观表达。这就是为什么国家的法律控制无法充分界定(和控制)共同体生活在民族国家疆域内(或是之外)的特征。国家法无法表达作为主观感受的共同体生活所具有的丰富多样性。法律的共同体概念需要"一种更加碎片化的法律概念"(Lacey 1998：160)。于是乎,法律的多元主义概念要求我们不仅要承认国家法的法律现实,还要承认特定群体的法律意识在民族国家内的独特地位。无论采取何种方式,这些群体应当共存于国家法所规制的更大的民族群体内。因此,我们可以说国家法的任务在于协调并且促进这些群体的共存。如前所述,国家法的另一个作用(但并非唯一的作用)是从法律上去界定这些群体的特征。

〔76〕

## 民族与法律

在思考国家法的时候,我们应当关注一个基本的民族特征,即作为一个实体,民族的特征是通过国家法得到表达的。民族的政治表达是民族国家。相对于上述任何纯粹的集体参与类型(传统型、情感型、工具型或是信仰本位),民族甚至都算不上是个松散的关联物。显然,作为政治社会的民族是以公民之间的共同体关系为前提和基础的。但是,作为实体的民族往往被所有或是任意四种纯粹的集体参与类型看作是一个"想象的共同体"(imagined community)(Anderson 1991)。基于某些目的的考量,民族在本质上可以是由地理或是语言上的偶然事件统合而成的传统型共同体,可以是有些人所强调的公民的利益趋同,还可以是共同信仰的象征或是共同价值的记载,或是敬仰和爱国情感的对象。所以,国家法——表达了对民族的规制需求——反映了所有基本集体参与类型的规制需求和形式。但是,确切地讲,由于作为共同体的民族本身是一个模糊的概念,国家法对这些规制需求和形式的反映也是模糊和间接的。通过支持各种集体参与或是互动(它们共同存在于实际的经验语境中),国家法与共同体取得了最稳固的联系。

通过这种方式思考问题,国家法与共同体存在着各种不同的关系,因为共同体从理想类型的角度观之表现为多种形式。例如在英国,集权的国家控制通常给位于城市或是地区的独立民主决策留下了相对有限的空间。直到最近英国政府的态度一直都是：如果法律承认了某一次级地理共同体的特定法律意识，那么民族——作为传统至共同体意义上的一个地理实体——将遭到威胁。[8]

然而，商业共同体——作为工具型共同体的经验近似物——往往趋向于自我规制。这种共同体在主观层面的法律需求、法律愿景和规制结构通常是受国家尊重的。我们可以认为这一国策是以这样一个假设为基础的，即近似于实际商业共同体的利益型共同体与工具型共同体意义上的民族共同体总体上表现出了相同的利益趋同。因此，最近用来讨论国民经济的流行标语"英国股份有限公司"（UK plc/public limited company）让人们想起了这样一幅奇异的画面，即民族成为了一个单一的、庞大的商业公司。

相较而言，国家法与类似于信仰型共同体的群体之间的关系似乎总是充满争议。相似的问题还包括特定的宗教团体在多大程度上应当能够保留他们的机构和制度，孩子们在多大程度上可以免遭父母的信仰或是价值的控制（例如"包办"婚姻或是各种医疗方法的采用）。最大的争议在于，这样一些群体的统一价值或是信仰在多大程度上能够与那些想要把民族描述成信仰型共同体的意图相调和。[77]

最后，关于情感型共同体，家庭——作为这个意义上的共同体的经验近似物——一直被国家法所全面地规制（例如关于结婚手续、财产、婚姻关系和亲权）。这种情况已经发生了，尽管国家强调不插手家庭事务是很重要的。实际上，国家强调不插手家庭事务使人们能够在家庭关系中高度自由地考量他们自己的权利和义务，直到最近，多数西方国家转变了态度。此处的基本问题似乎在于，情感型共同体指涉的是最为亲密的共同体形式，因此人们特别注重情感型共同体的自我规制。但是，家庭关系关注的是儿童在早期积极地适应民族国家的公民身份，以及家庭中有序的代际财富转移。出于这个原因（如果没有别的原因的话），这些关系长期

---

[8] 在1997年5月工党政府的选举之后，新的政府政策关注的是积极在英国内部促进某种程度上的区域自治（regional self-government）。

以来太过重要了,以至于对国家而言是无法忽视的。特别是当人们按照情感型共同体去理解国家的时候(例如像是战争这样的紧急情况),家庭忠诚绝不允许阻碍民族忠诚。号召儿子或是丈夫冒着生命的危险奔赴战场的不仅有民族,还有家庭。如果没有做到这一点,那么整个家庭将会蒙羞,除非父母鼓励儿子或是妻子鼓励丈夫参战。为了自保,被看作是情感型共同体的民族利用了法律通常对家庭关系的情感性规制。由此,民族国家变成了祖国("motherland" or "fatherland")。

　　法律的共同体概念给我们提供了一种方法,即我们可以借助这种方法去反思法律与多样的社会群体以及共同的理解关系网之间的联系,而这些恰恰是当代社会生活的典型特征。这一方法不能解决复杂社会的多元规制问题,但可以为我们思考这一问题提供一种更加灵活和精妙的框架。在传统社会学意义上的"社会"和传统法学意义上的"国家主权"无法恰当地描述某些法域的情况下,法律的共同体概念就可以提供一种思考问题的方法。

　　法律的共同体概念被用来强调人们需要通过规制来表达共同的信任关系;这一概念承认这些关系的丰富性及其表达形式的多样性。因此,法律的共同体概念促进了一种多元的法律观。它承认秩序、协调和当下的重要性,同时,它承认国家法对于界定和影响共同体的规制条件起到了支配作用,虽然国家法的作用并非总是如此。然而,这一多元的法律视角还强调国家法在这方面的作用必然是不充分的,而且共同体的法律表达比国家法所提供的方案更具有社会意义。它提供了这样一种方法,即在文化和社会的多样性不断变化和增多的情况下,反思法律是如何促进这种高度发达的信任关系的,而后者是社会不可或缺的基础。

[78]

第二部分

应用(比较法与文化)

# 第五章
# 法律文化的概念

社会——法律理论(sociolegal theory)如何能够促进比较法律研究？第二部分的各章将采取这样或那样的方式回应这些问题。在比较学者(比较法学者)和法律社会学者的新近作品中，法律文化的概念愈加凸显。因此，这或许对于两类群体的合作是一个有益的起点。但是，本章指出法律文化作为一个解释性工具是存在问题的。法律社会学者已经把"文化"视为一个思考法律变迁因果关系的核心变量。对于这种类型的探究而言，这一概念的基础并不充分。文化的概念能够被用于法律研究的许多方面。但是，如果这个概念的应用超出了其自身严格的分析界限，这一做法是危险的、误导的。

## 导论

对于比较法律社会学而言，寻求法律文化的严格定义显然是一件有吸引力的事情。这里所说的比较法律社会学提供的是不同法系之间的一般性比较。实际上，人们通过关注法律文化以求把法律社会学和比较法这两种学术抱负融合在一起。

比较法——世界上不同法系的比较(Zweigert and Kötz 1998：2)——是一项示范性的学术事业，即为了比较不同的国家法律制度，比较法已经阐述了一套明晰的概念框架。例如，尽管存在着各种难点，"法系"的观念表明不同的国家法律制度或是其内部法律教义的核心要素(包括阐述和描述法律教义、法律推理和法律解释的风格)具有足够的相似性，进而可以被用来进行有益的比较。与此同时,"法系"还表明为了特定的分析目的,这些可比的体系或是体系—要素可以被看作是一类,进而区别于在性质上相差悬殊的体系或是体系—要素(例如参见 Zweigert and Kötz 1998:第五章;David and Brierley 1985:17—22)。

然而,比较法最重要的概念机制(conceptual mechanisms)对于法律社会学的目的而言似乎还不够充分,因为法律社会学所要求的概念框架不仅要求法律教义本身的比较,还需要比较与更广阔的社会背景不可分离的法律观念和法律实践。

〔82〕 长久以来,比较法所面临的问题之一便是脱离法律教义和法律程序所赖以存在的整个政治、经济和社会(我们称之为语境的)基质(matrix),进而无法令人信服地证明教义比较的理论价值(参看 Friedman 1975:201)。如果把法律或是法律制度视为政治社会内部的组成部分或是构成要素,那么比较法似乎一直无法为教义比较提供有效的框架(参看 Damaska 1986:6—7)。实际上,一些作者已经指出,涉及这些比较问题的比较法事实上注定要变成法律社会学(Hall 1963:10—15;David and Brierley 1985:13),或者至少要变成"一种混合社会知识的实证法",进而能够促成人本法律社会学(humanistic sociology of law)的形成(Hall 1963:第二章)。

通过寻求一种适合于比较法律社会学的法律文化概念,学者们期望的是一种能够接纳或是接受所有那些把涉及语境基质的要素都考虑在内的概念。而只有这样,法律体系及其特征要素的比较在社会学意义上才是有价值的。但是,自文化这一概念出现以来,任何这样一种概念都存在着不严密和不明晰的缺点。这是由于学者们对这些概念提出了要求,特别是要求这些概念能够起到分析的作用。

本章一般性地考察了法律文化概念的理论效用。其中,本章试图着重考察的是美国法律社会学家劳伦斯·弗里德曼(Lawrence Friedman)自 20 世纪 60 年代后期以来对这一概念的阐述和应用。本章的第一部分考察了弗里德曼在超过四分之一个世纪的时间里对法律文化概念的阐述和应用,并且评价了他所主张的这一概念在多大程度上是具有解释力的。之所以在这里强调弗里德曼的作品,是因为他通过迄今以来最为持久的努力在当近的法律社会学中建立了一个明晰的法律文化概念,并在理论上捍卫和阐释了它的价值。

我的主张是,弗里德曼所阐述和应用的这一概念缺乏严密性,并且在某些至关重要的方面存在着根本的理论混乱。然而,与其说把这一后果归咎于弗里德曼错误地阐述了法律文化概念,还不如说这一后果反映了作为解释性概念(explanatory concept)的文化在被应用到法律的理论分析时存在着普遍的问题。

实际上,我们无法建立一个具有足够分析精度(analytical precision)的法律文化概念。这导致了法律文化的概念不属于一个具有实质效用的法律理论,特别是无法成为经验法律社会学研究中的一个重要的解释性变量(explanatory variable)。尽管存在着这些问题,本章的其余部分追问的是法律文化的概念在哪些情况下有可能有助于法律的社会研究(social studies of law)。同时,本章还寻求阐述法律文化概念的比较法律社会学在多大程度上能够通过其他方法来实现它的理论目标。

针对弗里德曼在其作品中所阐述的法律文化概念,本章所涵盖的主要问题涉及:(1) 概念的界定;(2) 法律文化的种类及其相互关系;(3) 法律文化的因果意义和因果机制;(4) 概念的解释性意义。虽然(While)这是一些基本问题,但我们通过考察这些问题能够进一步突出那些应当被用来引导比较法律社会学的分析框架。

## 法律文化的概念问题

〔83〕

### 概念的界定

在弗里德曼对法律文化讨论最多的一部理论作品中,他提出了大量界定法律文化的方式:法律文化"意指人们对法律制度的公共知识、态度和行为模式"(1975:193)。法律文化还可以是"与作为整体的文化有机联系在一起的一系列习惯"(1975:194)。法律文化通常是文化的一部分,即"社会力量经由那些一般意义上的文化——习惯、意见以及做事和思考的方式——以特定的方式理解或是曲解着法律"(1975：15)。于是乎,界定法律文化的关键在于将密切联系的观念和行为模式集聚在一起。然而,在弗里德曼之后的阐述中,法律文化似乎仅仅表现为观念性的,而行为要素似乎被抛弃了。法律文化包括"社会对法律、法律制度及其各种组成部分所抱有的态度、价值和意见"(1977：76),"人们对法律制度所抱有的观念、态度、价值和信仰"(1986：17),或是"人们在某一特定社会对法律所抱有的观念、态度、期待和意见"(1990：213；1985a：31；参见 1994：118)。

这些不够严密的阐述使我们难以理解法律文化的概念包含了哪些内容,以及其外延所涵盖的各种要素之间的关系。如果法律文化的概念不具有解释性意义,并且仅能作为一种剩余范畴(residual category)来指涉法律所赖以存在的思想、信仰、实践和制度的一般环境,那么法律文化这个概念并不能够提出任何有价值的问题。在一些关于一般文化的概念讨论中,弗里德曼似乎间接采用了这样一种进路。因此,他主张一种文化的"常识观"(common-sense view);文化仅指特定环境中个体差异的范围(1990：212，213);民族文化是"一种难以与其他集合相比较的集合"(1975：209)。所以,作为一种条件性的甚至是随意性的剩余概念,文化似乎看起来像是由许多特殊的、多样的以及可能是无关的因素所形成的模式(pattenning)。

然而,这种观点显然无法满足弗里德曼的目的。这一模式被认为能够反映某些现象,就像是看不见的物体的影子(1990：196)。因此,法律文化的价值不仅在于它是一个集合。正如我们将要看到的,弗里德曼认为我们应当将法律文化本身视为法律发展的因果要素(causal factor)。"至少从某种终极意义上讲,法律文化导致了法律的形成"(1990：197)。与此同时,弗里德曼亦认为法律文化是在理论上解释法律社会学的一个必备要素(essential component)。出于这个原因,这一概念在现有的基础上需要更加严密的界定。然而,法律文化在此处所具有的多种含义很容易让我们回想起经常出现在人类学作品中的"文化"一词本身所具有的多种含义(参看 Geertz 1973：4—5)。

## 法律文化的种类及其相互关系

〔84〕

弗里德曼指出:"人们可以从许多抽象的层面来谈论法律文化"(1975:204;参看 1994:120)。每个民族都有它的法律文化(1975:209);法律文化能够描述"一整套法律制度的深层特征——它的主导观念、气质和风格"(1975:15);每个国家或社会可能都有自己的法律文化,不存在完全相同的法律文化(1975:199)。另一方面,弗里德曼的作品大量论及所谓现代性的法律文化或是现代法律文化,它们被视为许多当代社会的代表性特征(1975:204ff.;1994);弗里德曼的作品还论及了西方的法律文化(1990:198—9),甚至是新兴世界的法律文化(1975:220)。

然而,尤其是在他后期的作品中,他特别强调法律文化在某一国家或是民族的多元性理念——实际上是大量令人眼花缭乱的文化(1990:213)。例如,美国有富人和穷人、黑人、白人或亚裔、炼钢工人和会计、男人、女人以及儿童的法律文化,等等(1990:213)。"对于我们所选择的任意特定群体,分离出相应的模式应当是有可能的"(1994:120)。复杂的社会有复杂的法律文化(1994:96)。美国的法律文化不是一种而是多种,即"这里有法律保守派、法律自由派以及各种变种和亚种。在特定的群体内部,法律文化是由特定的态度构成的,然而,这些特定的态度总是倾向于保持连贯一致,并形成一组组相互联系的态度"(1985a:98;参见 1986:17)。

法律文化的概念因此向两个方向延伸。一方面,针对国界或是国家法律体系所无法涵盖的那些极其广泛的历史趋势或是运动,法律文化提出了一种宽泛的比较和识别。另一方面,如果从社会科学意义上去理解法律多元主义,那么法律文化则被用来识别其中那些为我们所熟知的主题(参看 Merry 1988)。在一定程度上,法律文化这一概念的普遍运用表明这是一个相当精妙的概念。法律文化并不表现为一个一元的概念,它象征着大量的多结构覆盖的文化层和文化区(multi-textured overlay of levels and regions of culture),各类文化存在着不同的内容、范围和影响,并且与国家法律体系中的制度、实践和知识存在着不同的联系。

然而,从另一个方向观之,当人们针对法律文化与特定国家法律体系的关系提出具体问题的时候,如此有弹性的法律文化概念给它的理论应用带来了严重的问题。如果法律文化指涉如此之多的文化层和文化区(由于法律文化的观念本身具有不确定的范围,各种法律文化层和法律文化区的范围归根结底也是不确定的),如何把这一概念当作是比较法律社会学的一个理论要素来加以应用仍然是存在问题的。

〔85〕    弗里德曼对法律文化的描述始终强调一种重要的二元性,这种二元划分似乎在某些方面超越了上述各种法律文化层或是法律文化区。他以一种宽泛的方式区分了"那些从事专业化法律工作的社会成员"(Friedman 1975:223)的法律文化与其他公民的法律文化。此举让我们回想起了萨维尼(Savigny 1831:28—9)。弗里德曼视为"特别重要的"(1975:194)是法律职业者的内部法律文化。相比之下,他针对其他公民的法律文化采用了"外部的"(1975:223;1986:17)、"大众的"(1990:4)或是"外行的"(1977:76)这几种不同的说法。然而,"内部"法律文化与"外部"法律文化之间的关系仍然是不确定的。为什么非要是社会学意义上的内部法律文化才是特别重要的?为什么法律职业者的行为和态度能够对法律体系的需求产生巨大的影响?我们没有看到显而易见的理由(参看 Friedman 1975:194)。正如我们将要看到的,鉴于法律文化的概念主要被用来解释法律体系运作的社会意义,所以上述问题是至关重要的。

    按照弗里德曼的理解,法律职业者的法律思想必然受到其文化的约束,文化决定了法律思想改变的范围(1975:206)。内部法律文化反映了外行(或是外部)法律文化的主要特征(1977:79)。尽管如此,在他看来,不同种类的职业法律推理——如果指的是法律判决中形式的、权威的理由陈述——是具有社会意义的。法律推理倾向于封闭或是开放,倾向于教义创新或是排斥创新。不同类型的法律体系可以依据各自内部主导的法律推理类型来进行分类。与这些分类相联系的问题包括诸如法条主义(legalism)、对法律拟制的依赖、类比推理以及关于司法语言和风格的具体表现。

    然而,尽管弗里德曼明确将这些问题视为内部法律文化的表现或是产物,我们仍然无法搞清楚各种各样的问题能够产生哪些社会后果。同样,我们在这个意义上仍然不清楚内部法律文化是如何与比较学者(即比较法律研究中的专家)所谓的法律体系或是法系的"风格"(参看 Zweigert and Kötz 1998:67ff)相区别的。但是,弗里德曼指出,法系的观念对于法律社会学并无益助,因为法系之间的风格差异并不必然与法律所赖以存在的社会经济环境相联系。因此,不同于法律文化之间的差异,法系之间的差异在社会意义上相对而言并不重要(Friedman 1975:202;1977:75—6)。如果这是因为法系之间的差异是通过武断地汇集特征而建立起来的,那么我们似乎也会在法律文化中看到这种情况,至少在某种形式上是如此。正如我们已经看到的,作为"某种集合"的文化本身也可以被看作是一系列个体的差异。

正如我们将要看到的,弗里德曼并不能够清楚地解释内部法律文化与外部法律文化之间的社会性联系,这对法律文化概念的解释性效用产生了严重的影响。然而,无法清楚解释的原因似乎是显而易见的。如上文所指出的,弗里德曼强调的是多样和多重的法律文化层和法律文化区。最终,他继续使用了法律文化这一概念,这在一定程度上意味着如此多样的观念、实践、价值和传统存在着统一的元素。于是乎,对法律文化概念的使用促进了"内部"法律文化的观点。作为一个统一体,"内部"法律文化是与"外部"法律文化相对立的。〔86〕

例如,与此相对照的是,针对法律思维的风格与其赖以发展的社会环境之间的关系,韦伯作出了大量丰富的分析。在描述各种不同的影响因素的时候,韦伯无须假设任何统一的文化概念。换句话说,那些象征着观念、信仰和价值演变的极其复杂的历史模式应当被概念化,而不应当仅被视为各种共存要素之间在无尽历史资料中的短暂偶遇。

显然,韦伯关注的是智识、道德和社会环境中具有历史意义的独特集合,例如像是资本主义精神、西方的理性或是与某种占支配地位的宗教相联系的社会取向等复杂的现象(例如参见 Gerth and Mills 1948:第十一章)。但是,韦伯绝没有把文化当作一个核心的解释变量去使用。为了探究的有序进行(本章将在下文讨论如何应用理想类型的方法来实现这一目的),将文化的"集合"概念化或许是有必要的。但是，探究本身几乎总是涉及那些相区别的具体要素，而这些要素在集合中是能够被识别和联系起来的，例如主体间行动(intersubjective action)中特定的宗教、经济、法律或是政治取向。

**法律文化的因果意义和因果机制**

法律文化的概念有什么用处呢？在弗里德曼看来，法律文化这一概念是一个必不可少的要素，它能够决定法律制度运作的社会环境。法律文化"决定了人们在何时何地以及为何诉诸法律、法律制度或是法律程序；以及何时诉诸其他制度或是不采取任何行动"；"法律文化让一切运转起来"，它是解释法律运作的关键变量；把法律文化纳入法律的图景之中"就像是给表上发条或是给机器插电源"(1977：76)。由此，弗里德曼明确地肯定了法律文化的因果意义。

尤其是在 1975 年出版的《法律系统》一书中，弗里德曼相对具体地解释了法律文化是如何影响法律制度的运作的。社会力量产生了一种变动力(impetus for change)，但并不直接作用于法律制度之上(1975：15，153；参见 1994：118)。利益需要被转化为需求，而需求应当成功地作用于法律制度之上，进而导致"法律行为"（例如新法）的出现。法律文化通过其自身所表达的态度影响着需求，进而实现或是允许利益转化为需求(1975：150，193)；法律文化还决定着法律制度回应这些需求的方式。然而，在后一项能力中，法律文化——应该包括内部和外部——塑造了"结构"(1975：209)。这些结构包括法律制度自身的结构（例如规则体系），以及作用和围绕于法律制度之上的权力和影响(1975：150)。

[87] 但是，当这些结构性要素抵制或是适应需求的时候，弗里德曼极力否认法律制度本身作为一个系统也能够通过某种方式作出回应。"真实的力量，真实的人民"在起作用；"利益集团通过或是在法律制度内表达着实际的反抗"(1975：155)。尽管如此，法律制度——程序结构和教义结构——"确实能够产生某些影响，但是我们不知道确切有多大的影响"(1975：156)。弗里德曼把法律制度比作拔河比赛中的绳子。法律制度就是绳子，它可以被拉到某一

特定的程度；或许,这根绳子的重量和粗度能够增加一些惯性。但是,这根绳子几乎不能决定比赛的胜负。

毫无疑问,法律文化的因果机制在这里存在着大量的含混之处,但是,弗里德曼的基本要点已经再清楚不过了。为了专门通过法律来解决问题或是保护利益,人们向法律制度提出需求,而法律文化控制着需求产生的速度。而且,法律文化看起来还能够以更加费解和复杂的方式决定着法律制度的回应。其中,内部法律文化影响着法律结构,同样,"外部压力"(反映了权力和影响的社会配置)也影响着制度的回应。

弗里德曼的阐述还是存在问题的,即他没有再区分法律文化的相对特征。或是说,我们至少很难把弗里德曼所说的这些作用于法律制度的影响要素(shaping elements)与上文所讨论的各种法律文化之间极其复杂的相互作用联系起来。法律文化的概念解释的东西太多了。实际上,这个概念似乎要解释任何在法律制度内部发生或是没有发生的事情。然而,法律文化的概念解释的东西又太少了。因为当法律文化本身含有如此大量不确定的因素并且在各种不确定的普遍性或特殊性层面上起作用的时候,把任何东西都归因于法律文化使我们无法识别任何特殊的因素。出于法律社会学的探究目的,这些因素被认为能够对法律在社会中的情境产生重要的影响。

**概念的解释性意义**

为了缓解争议,弗里德曼常常承认法律文化概念的含糊性;它是"一个抽象且棘手的概念"(1990:95)。关于法律文化的表述"充其量建立在不可靠的证据之上"(1975:204)。关于比较文化的系统资料还很少(1975:209)。"实际上,我所能做的只是估计、解释和推断"(1990:198)。这一阐述或许"更多的是关于资料显示结果的猜测,而不是对资料的解释"(1994:119)。

为什么要保留一个如此难以理解的概念呢? 暗含于弗里德曼作品中的答案似乎在于,这个概念所起到的艺术性功能大于科学性功能。它能够把人们对一般趋势的印象简要地描述出来。诉讼热情(litigation enthusiasm)或许是某些国家法律文化的一种表现,即"无论如何,这是一种强烈的印象"(1975:212)。此外,关于公民在不同国家(尤其是美国)诉诸法律的问题,弗里德曼在这些年来的作品中重新谈到了这一问题。他认为这是一个关于法律文化的问题,这使他能够调整其对于有关文化的阐述,进而动态地解释这样一个社会学现实,即在不同国家和不同时期,公民参与国家法律体系的程度和性质是有差异的。

[88]

因此,法律文化的概念包含这样一种观念,即法律文化正在以某种方式渗透到更多的生活领域之中,同时,权利意识在某些国家正在扩张(1975:210—11);对于正义和补偿的普遍期待越来越多(1985a:43,144;1986:22;1990:60);更多的法律成为社会生活的组成部分(1986:20);在美国和其他地方,一种关于选择的文化意味着越来越多的人期望可以构想、表达、实现个人的选择并且(如果有必要的话)通过法律来实现这些目标(1990:74)。

弗里德曼对这些主题的讨论明显是印象派的;他的工作像是画家对风景的描绘,而不是勘探员对地形的测量。法律文化概念的吸引力在于,它所提出的方法似乎能够涵盖诸多重要但又不确定的问题(特别是社会信仰、意见、价值和观点所存在着一般变化的意义),这些问题往往难以被概括为某种可以检验的假设,而美国的法律与社会研究一直在为社会行动寻求着某种可以检验的假设。对法律文化的讨论借助的方法是推论(inferring)和暗示(suggesting),而不是行为意义上的解释;它描述的是无法轻易通过系统的经验分析而得到支持的一般印象。

## 法律文化与法律观念形态(legal ideology)

弗里德曼对法律文化的阐述是有问题的。总体而言,这表现为文化这个概念本身存在着难点。这些难点严重限制了法律文化这个概念的效用,其一,比较法律社会学无法实现系统的经验解释,其二,社会现象之间一般性的因果关系或是功能关系无法通过理论的阐发而得以说明。

另一方面,文化的概念——或许是法律文化——对于指涉共存于特定社会环境中的一组组社会现象(思维模式和信仰、行动或是互动模式、特有的制度)仍然是有帮助的,其中,集群内各个要素之间的确切关系并不明确或是重要。法律文化是一个便宜的概念,因为法律依存于由社会实践、传统、理解和价值所构成的一般环境之中,而法律文化这一概念能够对此提供临时性的描述。从这个意义上讲,相较于比较法中法系的概念,法律文化在法律社会学中可以具有同等重要的意义。通过使用这一极其宽泛或是多少有些印象主义的词汇,法律文化这一概念能够描述由各种不同要素所构成的大规模集合(large aggregates)。

如果不是这样的话,法律文化的概念或许在大多数的分析语境中会被其他概念取代。法律文化所包含的大部分概念可以从观念形态的角度来理解。如同弗里德曼对法律文化的阐述,法律观念形态不是一个统一体,而是一个由观念、价值、信仰和态度趋向所构成的覆盖体(overlay)。它们根植于实践之中,通过实践得到表达,并在实践中得以形塑。然而,不同于弗里德曼的法律文化概念,法律观念形态的概念被看作是以一种相对具体的方式与法律教义"紧密地联系在一起"。法律观念形态并不是法律教义,但是可以被看作是由价值要素和认知观念所构成的。它们以实践为前提,通过实践得到表达,并在实践中得以形塑。法律观念形态相较法律文化的优势在于,与法律文化的情况相比,法律观念形态的渊源及其形成和影响机制是更加具体的。

〔89〕

在很大程度上,法律观念形态的生成和维系依赖于职业的法律实践,同时,法律教义得到了制度化和职业化的阐释和应用,它对公民意识的影响以这样或那样的方式使法律观念形态得到了传播。这并不是说观念形态产生于这些教义的实践和形式之中;法律教义自身必然反映了观念上的趋向(ideological currents)。在这其中,法律教义并不能控制法律观念形态,同时,法律观念形态对于那些希望理解教义是如何发展的人而言亦是值得分析的。但是,强调这一点似乎是很重要的,即通过智识和制度机制,法律教义有能力在职业法律实践的领域之外来影响"常识的"理解(那些被看作是理所当然的知识和信仰形式)。因此,虽然法律观念形态的概念包含着一系列根植于实践之中、非常宽泛且有点模糊的观念,但是观念形态与教义之间的特定联系是能够在理论上得到说明的。

在当代的环境中,法律教义是碎片化的、复杂的和多变的;法律教义始终处于重述、补充和修改的过程中,尤其是根据不断变化的政府政策。法律教义往往把高度特殊的规章与广泛授予官方的自由裁量权结合在一起。相比之下,法律观念形态被看作是一个仓库(repository),里面储藏着法律教义在当代所有无法实现的愿望。从某种意义上讲,法律观念形态是法律教义的技术性特征的反面。例如,法律观念形态是一幅幻象,它把法律教义视为不受时间影响或是不证自明的有效法则;它认为法律逻辑能够自足地解决所有的法律纠纷;它把法律视为"不存在漏洞的"、完备的系统性法典;它认为法律理念所体现的价值能够获得连贯和统一的阐述。

凭借着法律观念形态的概念,重要的法律探究往往关注的是法律教义——这些教义在观念上的想法被彻底改变了——通过哪些方式能够促进社会理解以及信仰、态度和价值结构的构成或是形成;与此同时,作为教义的法律如何能够提供一个渠道,进而将极其宽泛的思想和信仰趋向转化为规制实践(Cotterrell 1995:7—14)。

使用法律观念形态这一概念的另一个好处在于,我们可以根据具体的观念形态或是观念形态的趋向来进行思考,同时,我们还能够认识到各种观念形态的趋向有可能是相互冲突的,而且还反映着各种不同的社会经验。如同我们在法律文化的概念中所实际看到的,马克思主义的意识形态理论容易陷入这样一个困局,即这套理论或许只是在随意界定的集合中假设了统一性的存在。但是,如果我们的分析受到较少的统一性假设的制约,法律观念形态这个概念能够被用于界定相当具体的价值体系和认知观念。

法律观念形态这一概念使我们能够采用这样一种分析方法,即尽管价值和观念在内部和相互之间存在着种种矛盾和冲突,但是两者实际上是能够以体系的形式存续下来的。法律观念形态这一概念还能够帮助我们识别这些思想和信仰体系的韧性(tenacity),以及它们对通过经验作出改变的抗拒程度。法律观念形态这一概念还能够激发我们考察观念形态的体系结构以及修辞和符号在体系中的作用,并且使我们能够认识到各种观念形态的趋向之间普遍存在着冲突。或许,法律观念形态的概念比法律文化的概念显然更加强调社会权力与思想和信仰趋向之间的关系。例如,法律观念形态关注的是,法律制度的职业化教义生成过程是如何通过影响这些趋向来施加社会权力的。

至少在弗里德曼的阐述中,法律文化的概念似乎更加直接地关注多样的要素,这些要素影响着"法律行为"在法律制度内的生成,并且能够解释这些制度在特征和取向上的差异,以及对利益和需求的回应性。职业化的法律实践和法律教义能够对其所赖以存在的更加广阔的语境环境施加影响,弗里德曼对这一影响力倾向于保持含糊其词或是抱有一种不可知的态度。他宽泛地关注了文化的整体环境作为一个法律决定因素的各种形态。

相比之下,对法律观念形态的分析或许能够提供一种更加可操作的理论作业,即通过对各种机制的探索,法律——通常被看作是国家法律体系的职业化实践——能够影响、转化并进而有助于强化更加广泛的价值、信仰和理解结构。这一理论作业似乎更加具有可操作性,因为它特别关注的是制度化、职业化操作的法律教义,而不是能够影响法律制度的各种无限多样的文化渊源。

## 理想类型的应用

如上所述,比较法律社会学的具体作业似乎鼓励学者采用法律文化的概念。然而,法律观念形态的概念似乎并不具有这一特别的倾向。针对国家法律体系中特定的制度差异,或是实践、风格和组织上的差异,或是公民参与到职业化的法律及其机构中的模式,比较法律社会学的理论作业思考的是这些差异或模式的社会决定因素。由于比较法律社会学关注的是法律体系的多样性,所以法律探究似乎又回到了比较法与法律社会学之间的交叉区域。但是,在这一语境中,相较于采用法律文化的概念作为解释性工具的进路,像是米尔伊安·达马斯卡(Mirjan Damaska)所采用的进路——通过关注涉及政治结构的具体变量与政治观念形态的相互作用,来解释法律程序在模式上的差异(1986)——似乎更值得期待。

[91] 　　在提出分析"模型"的时候,达马斯卡论及了他的变量以及各个变量之间的相互关系(1986:14)。因此,他的分析以两个方面为基础,一方面是政府结构和程序权威的理想类型,另一方面是政治权威目标的理想类型。这些变量被用来解释弗里德曼所谓的内部法律文化的各种要素,特别是法律组织和观点的类型差异。这些类型差异往往与比较法所识别的普通法系和大陆法系之间的明显差异相联系。但是,达马斯卡拒绝承认自己有意对因果关系提出一般性的主张。在政治和观念环境中,具体的法律体系存在着近似于解释性模型(explanatory models)的特征。达马斯卡认为这种情况往往并不意味着变量之间存在着决定关系,但却能够用来"证明或是支持司法形式的特定集群"(Damaska 1986:14)。

　　在某种程度上,达马斯卡试图把那些存在于普通法系与大陆法系之间的、关于程序法的、非常笼统的法律文化差异进行"分解"。[1] 首先,他提出法系中的比较法概念不足以描述程序制度的显著特征,因为不同制度呈现出不同的实践形态,即便被看作属于同一个法系;其次,由于这个或那个法系的特征集聚在一起,所以各种程序要素之间缺乏表面上的联系。

　　按照韦伯的方法,达马斯卡似乎认识到不可能描述文化的复杂性,除非能够发现特定法律体系的历史发展进程存在着一些具体的、有几分特性的集群。这些发展进程应当依据某些深层的观念来理解,我们可以这样表述这些深层的观念,即"它们能够把司法形式塑造成可识别的模式"(Damaska 1986:5)。这些假定观念(关于包括司法机构在内的政府组织以及合法权威的基础)之间的逻辑关系产生了程序制度的理想类型,这能够促进实际的程序制度之间的比较。

　　纯粹的或是理想的类型(逻辑构建的概念被精心地设计出来,其目的不在于反映经验现实,而在于有条理地解释经验现实)的应用似乎是一个重要的研究方法,因为它把比较法律社会学的两个至关重要的研究要求结合在了一起。第一,这种方法能够识别各种各样被指涉为法律文化的要素,且无须把文化局限地理解为一

---

[1] 详细的讨论参见 Goldstein 1995。

种不同于集合(aggregate)的统一体(unity);同时,第二,这种方法有助于进行比较。

这一进路的典型出处源自韦伯对广泛的文化集合(cultural aggregates)的研究。事实上,从某种意义上讲,韦伯的全部作品关注的是把西方文化作为一个独特的集合来描述。但是,理想类型的方法可能是唯一可行的一般方法,它无须具体化便能够研究大规模的文化集合。从本质上讲,理想类型首先假设它所指称的对象——逻辑统一且自足的观念完全是为了智识反思才被创造出来的——不应当被等同于逻辑构成且自足的经验现实;其二,理想类型假设它所梳理的经验现象只不过是一组资料。为了特定的研究目的,这些资料是从无尽的历史经验中选择出来的。〔92〕

这一有价值的方法论是要付出代价的。我们意识到文化本身不具有能够被测量、观察和体验的经验存在。相反,文化是一种观念,它能够提供测量、观察和体验具体社会(包括法律)现象的方法。但是,只有当文化的观念被彻底转化为一系列在逻辑上得到详细阐述的理想类型时,上述情况似乎才有可能发生。

## 文化集合的研究

然而,在满足特定的限制条件的情况下,法律文化的概念(类似于弗里德曼从描述和经验意义上对这一概念的使用)能够取得更加精确的效用。换句话说,在一些情况下,把法律文化的概念看作是一个经验范畴——而不仅仅是一组理想类型的构建——是合适的。

在特定的条件下,我们不仅可以借助理想类型来描述法律文化,进而从无尽的资料中进行概括。我们还可以从民族志的意义上描述和记录各种丰富且复杂的态度、价值、习惯和社会行动的模式等集群(cluster)或是集合(aggregate),它们构成了弗里德曼所谓的外部法律文化。但是,上述设想只有在一种情况下才有可能是行得通的,即相关的文化集合是小规模的、隔绝的,由此我们在区分和区别文化的时候才不会遇到严重的问题。

例如,布罗尼斯拉夫·马林诺夫斯基(Bronislaw Malinowski)

肯定认为其丰富且经典的民族志研究展现出了所谓的超布连群岛岛民(Trobriand Islanders)的法律文化(Malinowski 1926)。马林诺夫斯基的民族志的研究范围主要并不取决于对具体变量的跟踪,而在于他在阐述复杂且未加区分的文化整体时关注的是对社会的结构、变化、连续性以及功能关系的揭示。这里,基于民族志研究的目的,文化集合的范围凭借着美拉尼西亚社会(Melanesian societies)的较小规模和地理隔离得到了界定,并具有了可操作性。

然而,应当强调的是,由于马林诺夫斯基的民族志研究关注的是作为整体的文化集合及其内部交织的各种非常复杂的要素,所以法律必定无法与社会的其他方面区分开来,或是必定只能通过临时的、多变的方法才能够被区分开来。因此,法律文化仅仅是文化的某一方面(从某一角度观之),后者表现为一个未加区分的集合。严格来讲,不存在法律文化,存在的只有从法律观察者的角度来看待的文化。然而,关于文化的范围仍是一个尚未解决的问题。但是,"马林诺夫斯基的颇为含糊的文化概念"(Firth 1988:16)避免了这些问题,因为他所论及的仅仅是一个在有限的地理空间内(于是乎,从社会学的角度观之,也是意定的)、从民族志的角度记录下来的社会生活整体。只有当人们试图把这一整体作为某种完整且独特的统一体(参看 Malinowski 1944)来加以理论化的时候,这一概念才会遇到严重的问题(Paluch 1988)。

〔93〕

在考虑当代大规模社会(例如在欧洲或是北美洲)的时候,这些观念并非毫无价值。在当代社会的语境下,如果相关文化集合的范围通过类似于马林诺夫斯基所成功采用的研究方法得到了限定,那么法律文化概念的含糊性问题以及评价法律文化(弗里德曼指出法律文化与法律制度的变化相关联)在多个层次或是区域的因果意义问题似乎并没有那么严重。

当我们把关注点从统一或是集权的国家法律体系转向当代社会的多元规制体系以及这些多元体系的范围(我们在前面针对弗里德曼的作品中讨论了这些规制体系所反映的各种法律文化),法律文化的概念有时也可以发挥效用。显然,应用法律文化的概念进行分析是有可能的,这并不是因为这一概念在这些情形下获得了更加统一的内容,而是因为文化集合中的各种要素作为一个纯粹的现实问题——如同超布连的"法律文化"——更具有地方性并且在规模上更受到严格的限定或是限制,进而导致这些要素看起来更具有可操作性,同时显然更易于处理。例如,人类学家克利福德·吉尔兹(Clifford Geertz)把这称作"深描"(thick description)(Geertz 1973:第一章)。

在人类学研究以及诸如欧根·埃利希(1936)之类的早期法律社会学研究中,学者们关注法律多元主义的同时亦附带表现出了对文化差异的一种相对敏锐的感悟。在埃利希的作品中,他强调法律秩序的多元体系优于国家法律体系。埃利希想要精确地反映这一差异,并证明态度、价值、信仰和习惯上的复杂差异有可能直接被各种各样的规制表现出来。实际上,法律文化的概念或许特别适合民族志研究,后者致力于描绘的内容包括交织的认知结构、价值和信仰体系、社会行动的模式以及规制体系;在一个有限的社会地区里,这些内容构成了一个相对未加区分的复合体;有趣的是,这一复杂的集合可以被看作是一个集合,也可以被看作是对整体和错综复杂的社会生活的描绘——只要在实践上是可能的、亦确实看似是合理的。

但是,如上所述,这一进路使我们难以对法律或是制度要素保持一种不加区分的理论关注,即在复杂的社会里,这些要素被等同于或是设定为社会组织所独有的那些法律特征。将法律特征区隔出来要求我们分析文化的构成要素并在理论上说明各个要素之间的关系。但是,这恰恰是人们在应用作为集合的法律文化观念时所试图回避的,或者至少是为回避而辩解的。重要的是,人类学逐渐开始关注社会组织在规制、秩序维护或是聚焦纠纷方面的问题(这一分析至少在某种程度上区分了社会生活其他方面的问题),法律文化的概念与文献中所使用的其他一系列概念相比并没有凸显它的价值(例如参见 Snyder 1981)。

〔94〕

有可能把弗里德曼意义上的内部法律文化——价值、态度或许还有实践(前面已经提到了这些内容在弗里德曼作品中的含糊性)——视为一个小规模的文化集合吗?根据上述的论述,答案似乎基本上是否定的。内部法律文化在多大程度上与外部法律文化相区别?内部法律文化的独立的社会意义在哪里?考虑到人类学进路对文化的民族志描述,弗里德曼对上述问题的回避是可以理解的。只要较大规模的文化集合被看作是文化,那么似乎还没有明显令人满意的方法把它与内部法律文化相区隔。此举必将牵涉到两者之间不计其数的联系。

尽管如此,为了分析当代国家法律体系的某些特征,使用文化集合的概念如前所述是很难取得成效的。如下两种情况在一定程度上存在着密切的联系,其一,应用文化的概念来综合小规模社会语境中的复杂的要素集合;其二,针对美国的大众法律意识,努力去展开精妙的民族志解释。

这一努力——特别是阿默斯特研讨会(Amherst Seminar)的与会者针对"法律观念形态与法律程序"所作出的努力——直接用观念形态的概念(而非法律文化的概念)指明了他们所关注的重点。根据本章前面所指出的法律观念形态的分析取向,法律观念形态显然更加关注国家法律体系对普通公民之间的社会理解、态度和价值结构的影响力,而较少关注各种分散的理解、态度和价值是如何形塑国家法律体系的运作的。另一方面,一些作品同时借助了文化和观念形态的概念。"法律语词和法律实践属于文化构念(cultural constructs),它们不仅把强有力的意义传递给了那些受到法律训练的人或是日常处理商事交易的人,还传递给了普通人"(Merry 1990:8—9)。大量文献强调,大众或外行与律师以及国家法律体系内部的其他法律职业者对法律的理解存在着冲突、矛盾和交涉。同时,也有不少文献强调了大众法律意识的相对统一性(relative integrity)。

如我们所料,总体来讲,这样一种研究在如下条件下是最具有说服力的,即它详细考察了那些相对有限的社会语境所呈现出来的广泛形态,例如被视为社区的特定城镇(Greenhouse 1986),或是律师事务所这类背景下的社会互动(Sarat and Felstiner 1995)、庭审调解(Merry 1990)或是社会福利机构(Sarat 1990a)。在这些场合,人们围绕着法律的意义展开交涉。通过对整个社会互动的复杂语境进行详细的民族志记录,这些研究获取了更强的解释力。另一方面,这些研究能够与法律保持具体的联系,因为国家法律体系及其实践和程序被看作是社会互动产生的背景,而在相关的背景下,各种形式的大众意识发展了起来或是受到了影响。

从这个意义上讲,这些研究可以说直接关注的是法律文化,尤其是弗里德曼意义上的内部法律文化与外部法律文化之间的互动。这些研究似乎试图把法律文化的特征当作是诸多偶发性要素的集合。另一方面,法律观念形态概念的应用始终明确关注的是相关的社会权力与法律意义被建立或是交涉的可能性之间的关系。有效的民族志研究需要符合一般条件,而关于大众法律意识的文献则取决于这一条件,特别是要把关注点限定在具体的社会语境之中。这意味着法律文化的概念在这类研究中有可能是有效用的。

然而,同样地,这一类文献似乎相对而言并不注重因果关系的探寻或是解释理论的构建。通常,这一类文献也不会尝试那种比较性的课题(本章把这种研究专门视为比较法律社会学的核心)。针对法律的具体社会背景,大众法律意识的民族志解释及其在社会行动中的表达似乎旨在阐述复杂的深描。然而,这一类文献同样声称要投入到作为社会科学的法律社会学研究中去(Sarat 1990b)。

## 结论

通过对法律文化的反思,我所得出的一般结论是:法律文化概念的最大用处在于强调了当代国家法律体系中社会基质的复杂性和多样性。我们已经注意到法律文化有可能被理解为大量复杂的重叠文化(overlapping cultures),其中一些文化是相对地方的,还有一些文化是更加普遍的。然而,在许多情况下,依赖于文化的一般概念使我们难以从理论上去识别具体的法律文化。

当前,法律的社会研究倾向于放弃或是拒绝人们对特定社会科学观念的传统理解,并且采取了一种适当且必要的解释方法,进而否认了"科学"一词在这一语境下有可能产生的诸多实证主义影响。在解释社会现象的时候,人们出于诱惑更多地依赖于相对模糊的文化概念。本章的论点是:除非被用于有限的且得到详细界定的环境,否则这种依赖将是错误的。同时,虽然弗里德曼长期以来详细阐述了法律文化概念的含义，但是我们通过考察所揭示的那些问题在法律文化概念的应用中是极为普遍的。

然而，下面这样一种观点在社会研究中可能是有用的、甚至是必要的，即在特定的语境下，不加区分的社会要素集合在特定的时间和地点是共存的。这种观点很容易借助文化概念来得到表达。在研究相对具体的社会语境的时候，法律文化的概念还能够临时涵盖国家法运作的整个语境基质。

从更加一般的意义上讲，对于某些社会现象的集群而言，人们不知道它们的确切联系，但却能够识别和关注它们的整体意义，在这种情况下用文化来指涉这类集群是合适的、必要的。人们借此能够描述错综的信仰、价值、理解和实践，而采用民族志方法的社会学研究同样也可以采取适当的方式来描述这一复杂的关系网。这或许会导致人们更加具体地去探究法律教义的观念意义（ideological significance）以及法律观念被制度化的实践过程。

# 第六章
# 文化中的法律

　　第五章对法律文化的概念在社会学研究中的解释性价值提出了质疑,但是,法律分析在许多语境下都能够碰到这一概念。从刑法中的文化辩护到法律试图以各种方式界定、保护或是表达文化,文化的观念在法律领域比以往任何时候都更加凸显。针对法律文化在当代的突出表现,本章审视了一系列证据,并追问了文化的观念如何能够以合乎法理的方式(juristically)被适当地讨论。我主张,答案在于把"文化"分解成各个组成部分,并根据共同体的社会关系的不同类型来观察文化的表现形态。

　　法律与文化之间的关系长期受到法律人类学和法律社会学的关注。但在当今,两者之间的关系被视为各类不同法理探究(juristic inquiries)的核心问题。对于法律的本质或是法律所表达或反映的价值,人们已经确立了根深蒂固的思想。在近段时期,所有这些对法律文化概念的援用表明或是暗示着上述思想的外延存在着问题。由此所产生的后果在于,法律理论现在必须系统地思考法律文化的概念。本章追问的是如何思考才能够最好地完成这一理论任务。我认为文化的概念对于法律理论的效用是有限的,因为"文化"的术语涵盖了太多不确定和不相干的现象。但是,为了在一般层面上思考法律与文化之间的关系,法律理论需要概念资源(conceptual resources)。本章提出这些资源首先应当对不同抽象类型的共同体进行严密的区别。实际上,文化的模糊观念所涵盖的内容包括共同体的社会关系的不同类型以及它们所赖以存在的关系网(混合体)。

## 法律与文化的交集

法律与文化之间的关系通过哪些方式成为法律研究中的一个愈加凸显的问题？首先，针对那些直接援用文化并以文化为中心的法律探究，我概括了六个重要的主题。我要借此尝试简要描述这一领域中的法理关注(juristic concern)包含着哪些重要的内容。此处，文化这一术语通常被用来指涉集体的信仰、价值、传统、忠诚或是人生观。它们是特定社会民众的典型特征，并被假设存在于持久但绝非不变的混合体之中。

〔98〕
### 比较法

比较法的发展预示着一个这样的主题。比较法学者"对'法律文化'的概念越来越着迷"(Ogus 2002：419)。在这个全球化和所谓文化多样的世界里，比较法研究作为一个现实问题变得愈加重要。由此，比较法的本质作为一个学术事业被广泛地讨论。[1] 法律在多大程度上"根植于"和"脱离于"文化成为一个亟待解决的问题。如果比较法的实际目的在于改善规制的结构和体系，那么比较法学者应该在多大程度上把法律看作是一个适应性的技术工具，而又在多大程度上应该把法律看作是对文化环境的表达或是共同的价值观(mentalités)(Legrand 1999)？法律必须要承认后者才具有实际意义吗？关于法律与文化的争论似乎是如下两个问题的关键所在，其一，作为一个学术领域(scholarly field)，比较法的本质是什么？其二，关于法律政策以及法律体系之间的法律协调(harmonization of law)，比较法有可能提供实际的指导吗？例如在涉及法律移植的场合(Watson 1993)。此处的关键问题涉及"法律对文化的依赖"(law's dependence on culture)。法律解释依赖于文化理解吗？法律效力归根结底取决于文化环境吗？

---

〔1〕 例如参见 Legrand and Munday (eds) 2003；Harding and Örücü (eds) 2002；Nelken and Feest (eds) 2001；Riles (ed.) 2001；Glenn 2004。

### 自由主义与多元文化主义

在一个完全不同的语境下,文化强烈要求按照一个政治哲学的概念去思考。其中,重要的是试图以构建的方式思考多元文化主义对自由主义的影响(Kymlicka 1995; Kymlicka 1989; Raz 1998)。多元文化主义能够像威尔·金里卡(Will Kymlicka)所指出的那样成为一个自由主义的概念吗?如果法治在某种程度上是一种要求在统一适用的法律面前同案同判的教义认同(doctrinal recognition),那么对于那些区别于其他群体的社会群体,这样的教义能够根据不断复制的、通常清晰可辨的、但往往高度复杂的标准承认那些特定群体的主张和利益吗?例如按照金里卡的观点(1995:18),如果这些标准关注的是与语言、祖国和历史相关的身份认同,那么人们有可能从文化的角度(cultural)来解释这些标准。法治能够把群体看作是享有权利并承担义务的文化人(cultural persons)吗?在本章的语境下,重要的事实在于,当今许多法律语境都在讨论这一宏大的问题(参看 Kymlicka (ed.) 1995:第四部分)。

在这一概念结构下,此处的问题涉及"法律的文化认同"(law's recognition of culture)。至少是在教义以自由主义的假设为基础的场合,文化对于法律教义必定是无形的吗?如果法律无法以任何有效的方法承认文化的差异或是差别,但却假设在其管辖范围内的文化统一性,那么文化对于法律或许是无形的。鉴于这样的假设,法律没有必要思考统一文化的本质。但是,文化应该是无形的吗?反过来讲,文化应该成为一个法律概念吗?如果人们假设文化在主流的法律和政治思想中的地位提高了,那么人们能够把多么精确的意义赋予文化观念呢? 〔99〕

### 文化的法律定义

法律与文化同样涉及关于法律的"建构性"(constitutive)的争论。女权主义理论和批判种族理论都强调法律有能力影响社会关系和社会制度的意义,同时,法律实际上还有能力界定个人的身份。这个问题不仅涉及以规制为目的去界定法律人格(臣民或是公民的司法本质)。法律有时也影响期待、责任以及依附于社会地位的约束,例如母亲、移民或是特定的种族或民族群体的成员(Frug 1992;López 1996)。由此,法律能够有助于创建这些地位的文化意义。许多讨论(不仅限于女权主义理论和批判种族理论)强调法律的建构力(constitutive power),即法律借助其创造意义的能力能够使人们理解他们所生活的社会环境,以及他们在环境中的位置。边沁曾经针对财产指出:"财产的创造是法律的功劳"(1970:255)。在某种程度上,这一主张无疑是正确的。责任、契约、过错、罪过、信托义务、权威、合理性以及其他许多概念界定了日常关系。

在马什皮部落诉马什皮镇案(Mashpee Tribe v Town of Mashpee)[2]中,美国的一家法院负责裁断马萨诸塞州的马什皮人是不是"部落"。在这一过程中,法律界定了集体身份,并产生了巨大的影响。该定义"所含有的关于种族、领导、共同体和疆域的具体看法与马什皮文化毫不相容"(Torres and Milun 1995:130)。通过这种方式得到适用的法律支配着文化,即(基于各种具体的、涉及财产权利的定义目的)要求文化期待应该按照法律的定义和规定来调整(López 1996:12—13;参见 Sheffield 1997)。在这些情况下,文化意义是由法律所管控和赋予的。这个问题涉及"法律的文化支配"(law's domination of culture)。

### 文化辩护(cultural defences)

在刑法领域,围绕着文化辩护的争论是法律与文化新近兴起的一个交集。一位美国评论者写道:"简单来说,文化辩护是用社会习惯和信仰来解释被告的行为(并进而全部或是部分证明刑事责任的成立或是免除)。……一些文化辩护通过将外国文化的风俗和法律标准与美国进行比较,解释了外国文化是如何影响一个居住在美国的人(往往是移民)。虽不常见但值得关注的是,这一辩护同样被美国土著人以及那些沉浸在一国非主流文化中的人采

[2] 447 F Supp. 940 (D Mass 1978), affd, 592 F 2d 575 (1st Cir), cert denied, 444 US 866 (1979).

用"(Harris 1997：241)。

　　一种观点认为,文化辩护一旦被提出,我们急需一种差异化的法律文化解释。法律的解释性共同体或许并不局限于职业共同体。通过对法律文本的"最佳"理解展开论辩,职业共同体内的法律职业者帮助法律"完全按照自身的标准运作"[3]。法律职业者以外的公民也有可能成为法律的解释者(Dworkin 1977：第八章；1985：第四章)。与此同时,在许多西方国家,法律职业共同体自身不断明确反映着性别、种族、民族、性取向等众所周知的多样性。[4]现在,法律的解释性共同体反映着社会的模式化差异,我们也可以把这一差异描述为文化的多样性。从某种意义上讲,认为法律解释能够直接引入文化的观点颠倒了上述关于法律支配文化的观点。如果说法律的意义除非与其所依存的文化语境相联系否则是不可靠的,那么我们可以说文化在这个意义上支配着法律吗？如果是这样的话,当这些语境并不一致的时候,哪些文化语境可以被看作是重要的,或是最为重要的呢？[5]

　　因此,在这一语境下,问题涉及的是"作为文化竞争或是文化冲突对象的法律"(law as an object of cultural competition or struggle)。当女权主义者要求法律在本质上应当被认为是性别化的(gendered),类似的问题随即产生了。例如,英国刑法关于回应暴行(responses to violence)的辩词主要是为"男性"而非"女性"设定的吗？如果是这样的话,这解释了法律为何在女性"渐怒"(迟缓的、顾虑的)回应(slow-burn reactions)暴力挑衅的场合难以承认其行为的合理性(Edwards 1996：第六章)。在强奸或是性骚扰案例中,同意或是强制的法律意义专门采取了一种男性导向的观点

---

[3] 参看 Omychund v Barker [1744] 1 Atk 21, 33。

[4] 参看 Cotterrell 2003：第八章,讨论了"新差异法理学"(new jurisprudence of difference)在一定程度上源自职业的发展。

[5] 婚姻这一概念就是一例。人们长期理所当然地认为婚姻的核心法律意义是足够确定的。但在当今的一些社会中,人们对文化冲突的关注聚焦到了法律之上。例如参见 Shah 2005：120, 121,作者追问了"英国法对少数民族法律事实的无视还要持续多久……"；法律体系必须"要重视……有待处理的人的民族性(ethnicity)问题"；多元婚姻应当"被看作是多民族社会中某种形式的家庭协议(family arrangement)"。

来预设正常的两性关系吗(MacKinnon 1989：111—3，172—83)？英国衡平法上的房屋所有权对财产及其收购模式的看法忽略了各种常见的女性感受吗？[6] 如果法律是性别化的，类似于法律是"文化的"(cultured)主张——法律受到某种文化假设的强烈影响——可能给法律规制带来更加困难的现实问题。这是因为法律通常假设文化的统一性同时回避对这个问题的思考。但是，当代环境存在着相当数量的文化多样性(恐怕我们只了解一部分)，这一立场再也站不住脚了。

[101]　在英美法传统中，人们总是赞誉法律在文化中的根性(rootedness)，并认为法律具有相当的政治意义。在 17 世纪初期，首席法官柯克(Chief Justice Coke)以英国普通法为题写道："我们只属于昨天……我们在世上的每天都只是昔日和古代的影子……在这其中，法律一直……通过长期和持续的经验……得到改善。"[7] 在 20 世纪初期，美国法理学者詹姆斯·卡特(James Carter)写道："法律、习惯、行为、生活——几乎是同一件事情的不同称谓——是如此紧密地融合在一起，以至于人们甚至无法只想其一而忽略其他"(Carter 1907：320)。关于法律在文化中的整体嵌入性(embeddedness)以及法律意义在文化语境中的整体依赖性，我们很难找到更加清晰的主张。

直到最近以前，这些假设似乎都是不成问题的，因为文化的统一是传统普通法思想所恪守的目标。法律实证主义的兴起把人们的关注点从法律的文化基础转向了立法的政治渊源，并且掩盖了文化变迁所有可能产生的问题。关于法律的解释性共同体的本质(法律解释上升为法律理论的核心问题)最近才吸引了人们持续性的关注。由此，社会的模式化差异(基于性别、阶级、种族、民族、性取向、宗教等等)同样成为一个涉及法律本质的探究问题。

### 法律与大众文化

在当代研究中，关于"法律与大众文化"的文献日益增多。这

---

[6] 例如参见 Lloyd's Bank v Rosset [1991] AC 107；Burns v Burns [1984] Ch 317。

[7] Calvin's Case (1608) 7 Co Rep 1, 3.

是第五个直接关涉法律与文化的例子。在这一语境下,大众文化常常意指通过电影、电视、剧场、小说、杂志、报纸或是广告所表现出来的生活形象(Silbey 2002)。该项研究的主要目的在于,如果法律被当作是社会中一般公众的自我形象(self-images),而这些形象是通过大众理解逐渐传开或是借助大众媒体展现出来的,那么法律在这种情况下是如何呈现在我们面前的呢?这个问题涉及"作为文化投影的法律"(law as a cultural projection)。这个问题不一定要通过具体的实践、教义或是影响才能够理解,但要根据建构的形象或是拟制的叙事去感知。大众文化的媒体对法律的描述构成了现有的文化预设。

与本章的分类目的密切联系的是最近关于法律与"大众意识"的研究,该项研究考察了公民在不同语境下是如何理解和体验法律的(例如 Ewick and Silbey 1998;Merry 1990;Yngvesson 1993)。然而,这类文献通常追问的是大众对法律的体验和感知是如何逐渐抵制法律对文化的支配的。

其中一个主题是,一旦遭遇丰富多样的文化体验,那么法律——作为职业化的法理教义(professionalized juristic doctrine)——要么无法理解其所面对的文化环境,要么无法全面加以规制。"大众意识"不可能不顾职业的法理解释(juristic interpretations)而成功地重新定义法律。但是,丰富且不可控的文化多样性有可能抵制这些解释。这一领域的研究旨在表达文化的丰富和整体的体验。所以,通过大量的附随理解(incidental insights),该项研究往往采用叙事的手法来对文化进行"深描"(Geertz 1973)。借助这样的方法,相较于作为职业知识和实践的法律,大众意识下的法律通常表现得完全不同。作为文化投影(而非法理知识)的法律是多面相的,并且在具体的规定或是程序中是难以界定的。这个问题涉及多样且复杂的体验,其中,法律和非法律之间的界限往往是难以区分的。

**法律与文化遗产**

关于法律—文化联系(law-culture link)的最后一个例子是法律对于保护文化遗产的作用。这包括对历史遗迹的保护、对艺作品出口的控制、以保护当地代表民族文化或是少数民族文化的电影产业或企业为宗旨所采取的激励性法律规制，以及动用法律来促进或是维护各种民族语言的使用。这里的问题涉及"法律的文化照管"(law's stewardship of culture)。文化在这里往往被认为是由法律所规制的全社会共有的。有时，文化被看作是由少数民族共有的。这些独特的文化进一步被视为整个社会共同的文化财富。

## 文化的社会—法律成分(sociolegal components)

关于法律与文化在当代的关系，上述这些例子表明问题是普遍的、多样的。但是，这些例子还表明两者之间的关系在法律研究中通常是多么混乱。这主要是因为文化的概念在大多数法律文献中是含糊的。虽然人们普遍认为应当探讨法律与文化之间的联系，同时，人们在探讨的过程中仍然无法明确地回答与法律相联系的到底是什么。于是乎，人们以许多看似矛盾的方法描述着法律与文化之间的联系，即法律有时依赖于文化，有时却支配和控制着文化；有时忽视文化的存在，有时却促进或保护着文化；有时表达文化，有时却被文化所表达。

关于这一问题的可能解决方案，本章将在余下部分简要陈述一些想法。首先，我要指出的是，文化在上述各例法律探究中通常包括传统（某种共同的文化遗产）、价值或是信仰（某一人群在思维方式、信奉、观点或态度上的趋同性或是共性）。覆盖在这些文化成分之上的往往是情感要素，这些要素影响着共有的传统、价值—承诺、态度或观点。当人们认为法律根植于文化或是对文化施加影响的时候，他们通常强调的是文化的某种特征。

〔103〕

在法典本位的现代欧洲法时代之初，萨维尼宣称法律在文化中的深度嵌入性——被理解为民族性格——与共同语言密切相关(1831)。事实上，共同的语言可以被视为一种文化传统的表现形式，它所传承的东西影响、表达着一种文化统一感。在萨维尼看来，法律职业者同样是文化遗产的符号。在某种程度上，萨维尼的观点与爱德华·柯克(Edward Coke)和马修·黑尔(Matthew

Hale)曾经明确提出的古典英国普通法的观点相类似（Cotterrell 2003：第二章）。和语言一样，法律是逐渐演变和发展的。然而，按此观点，法律还保有一种文化同质感（cultural homogeneity）。同时，法律从它在传统文化基质的根性中获取实质意义（法律解释和评价的隐含标准）。这便是法律对文化环境的传承。

这一观点似乎表明，法律不能脱离它的文化基础。然而，基于这一文化根性，法律具有相当大的力量。法律是文化的承载者（或许是最为重要的承载者），同时，法律通过这项任务被赋予效力。在萨维尼看来，法律职业者是文化的解释者，并在一些重要的方面充当着文化的职业捍卫者和界定者。在传统英国普通法思想中，只有法律职业者才能够掌握"人为理性"（artificial reason），这一理性源自长期的经验，而非仅靠读书（Sommerville 1999：84，89；Postema 1986：32—3）。法律可以从两个方面获取极其坚不可摧的力量，其一，法律是晦涩、深奥的知识；其二，法律是所谓共同体的集体经验（这里指的是国家、王国或是人民）。重要的是，如果人们通过这种推理来描述法律，那么法律是完全依赖于其所传承的文化环境的；但与此同时，法律基于这一文化基础亦具有非常强大的力量。

除了文化的传统成分，文化的另一种成分（虽然二者常常是相互联系的）关注的是共同的价值观、共有的终极价值或是信仰、公认的重要态度或是集体的一般观点。虽然这些共同的思维、感受和评价（及其实践表现）通常会变成继受的遗产（received inheritance），但是人们更多强调的不是这一传统的基础，而是那些看似共同的信仰或是价值在当前的强烈程度（strength）和完整程度（integrity），以及它们与外部其他文化群体看似特有的信仰或是价值之间所存在的差异。同样，基于这样一种假定的文化基础，法律相应地既可以表现强劲，也可以表现脆弱；既可以支配文化，也可以被文化支配。

因此，皮埃尔·罗格朗（Pierre Legrand）在近期关于比较法的作品中着重强调了法律文化是影响法律的价值观，是法律实践和法律教义所赖以存在和获取意义的基础（1999）。在罗格朗看来，法律的文化嵌入性使不同文化环境之间的法律移植从严格意义上讲是无法实现的(2001)。这意味着法律已经愈加无法被看作是一种指令性工具(directive instrument)和引导社会变革的技术。另一方面,法律呈现出了某些比技术性的控制工具更加重要的内容。法律是某种生活方式,是一种解释社会关系的方法,是整个世界观的组成部分。法律深深地根植于各种类型的经验(不仅限于法理经验)之中。面对着旨在实现法律工具化的政治企图,根植于文化中的法律有能力保住它的身份。如同萨维尼曾经坚定地主张法律的文化根性,罗格朗事实上是旧瓶装新酒,即他的主张有可能在某些方面曲解了作为一种文化现象的法律。这是因为罗格朗(如同萨维尼)假设了一种单一的文化特征,而没有认识到文化现象具有碎片化的、复杂的和多变的特征。(详细参见第八章以下)但是,问题的关键同样在于,文化中的法律表现得既强势又依赖;面对创制、解释和实施法律的政治环境,法律所具有的(道德)特征没有受到直接的影响。

[104]

于是乎,文化相对于法律的关系是极其自相矛盾的,即法律既脆弱又强劲,既支配文化又被文化支配;法律通过各种方式表现出来;法律内嵌于或是涵盖着其他许多事物。虽然文化往往被视为某种统一体,但是文化实际上指涉着各种碎片化的影响、经验、理解、环境、期待和约束。在这种情况下,最有益助的办法是把文化——相对于法律规制而言——看作是各种截然不同的标准,这些标准被用来界定共同体的社会关系。

例如,文化在某种程度上无疑涉及传统。如果是这样的话,人们在共同体的各种社会关系中表达文化,这些关系在本质上是传统的。例如,这些关系有可能仅仅依靠的是共同语言或是共同的领土位置、继受的环境或是习惯,或是共同的历史经验。在某种程度上,文化还涉及信仰或是价值问题,它依存于共同的、共有的态度、理解方式或是世界观中。在这种情况下,文化在共同体的社会关系中得以表达,后者建立在对某种终极价值或是信仰的真实或假定的共同承诺之上。然而,文化还可以包含着某种情感纽带。这种关系是极难被界定或是理解的:这种依恋感是难以捉摸的,不能被合理地解释,或是无法被确凿地与特定现象联系在一起,但却常常被唤起(例如通过烹饪、风景、建筑物、艺术作品、各种各样的大众文化、特定事件的经验)。所以,人们能够在共同体的情感性社会关系中表达文化。

在之前的第四章,我讨论了法律如何与作为理想类型的信仰型共同体、传统型共同体或是情感型共同体联系起来。根据当时的解释,我们可以借助马克斯·韦伯的社会学来识别这四种类型的共同体,它们结合在一起穷尽了所有稳定的、协作的社会关系形式(亦参见 Cotterrell 2003：257—61)。除了传统型共同体、信仰本位共同体和情感型共同体之外,第四种类型的共同体是工具型共同体。在这种类型的共同体中,社会关系建立在纯粹共同或是趋同的目标(通常不仅限于经济目标)之上。

有一种观点认为,在思考法律相对于文化的关系的时候,把工具型共同体排除出去似乎是有道理的。只要是为了特定目的缔结的,那么工具性关系就是存在的。因此,工具性关系或许不具有与文化现象相联系的持久性特征。一旦目的实现,社会关系即告终结。事实上,文化的观念——就像当今法律所经常援用的那样——往往的确含有情感性、信仰本位和传统性的共同体关系(结合在复杂的关系网之中),进而不包含工具性的共同体关系。由此,全球化通常意味着工具性关系(主要是经济关系)的国际化和跨国化。人们往往认为文化思考与工具性关系是对立的。事实上,人们时常认为文化需要反全球化的保护。〔105〕

另一种观点认为,全球化具有自己的文化,这种文化在许多方面都看重工具性关系,并试图在跨国环境中协调和稳固那些旨在建立和维系工具性关系的必要条件。所以,文化有时也可以根据工具型共同体来表达。一旦根据这四种共同体的理想类型(在复杂的共同体关系网中以无数方式实际地相互联系在一起)来重释文化,那么我们在法律与文化关系的法律理论中就有可能作出更富成效的分析。其中一点,把法律文化的观念分解为共同体的社会关系的各种独特的理想类型使我们能够发现文化是如何能够并且总是与其自身相冲突的,即共同体的社会关系的各种类型可能是相互冲突的。

法律相对于这些共同体的关系是有区别的。因此,法律在文化冲突中的作用是复杂的。我们经常提及全球化与保护各种文化之间的潜在冲突时常表现为以下两种现象之间的冲突,其一,共同体的工具性关系跨国激增;其二,其他类型共同体的地方增进。但是,这个问题同样涉及特定信仰型或是价值型共同体的跨国增进(例如强调自由、民主或人权的终极价值,或者强调市场作为一种特别有价值的社会关系所具有的终极价值)。

## 文化与规制的复杂性

此处,共同体关系的类型学方法具有重要的意义。作为一种论证手段,这种方法以法律理论为目的,主张文化的概念应当被分解成各种不同的成分,进而减少它的含糊性和不确定性。现在,法律与文化的关系是法律探究的重点。但是,文化的概念过于含糊,以至于无法运用到这一语境之中。然而,法律与共同体之间的各种关系能够通过理想类型得到有效的分析。在某种程度上,不同种类的法律与不同类型的共同体联系在一起,同时,我们能够通过每种理想类型去思考(和辨别)法律的规制可能性(regulatory potential)及其一般应用问题(详细讨论参见第九章以下)。所有的法律都存在于文化之中,但是,法律影响着文化,因为它影响着共同体关系。

我们可以回到刑法中的文化辩护问题来说明这一进路。最近,马丁·戈尔丁(Martin Golding)主张尽管文化证据(cultural evidence)"能够与标准的辩护理由和需要考虑的量刑因素结合在一起发挥作用",但是刑事责任的文化辩护是不能够被独立采纳的(Golding 2002:157)。他通过分析强调,刑法通常对刑事责任的心理状态(尤其是对环境和行为妥当性的认知)是有要求的。关键的问题在于,被告对法律情形、罪行以及行为背景的认知和态度在什么情况下是合理的。文化辩护的问题是它试图把"合理性"置于文化理解之中,而这种理解在通常的法律观点看来可能完全是不合理的。由此产生了一些根本的、棘手的和实际的问题。如何界定任何特定文化的特性?"文化性"因素的适用与否应当由什么决定?问题的难点归根结底在于文化概念的含糊性。

关于法律—共同体的分析还导致人们对文化辩护以及对文化

证据的倡导产生了普遍的怀疑。但是,这种分析对该问题采取了一种不同的进路,即不关注文化本身,而聚焦于被规制的具体社会关系的本质。判断它们的特质和意义需要参考这些社会关系所代表的共同体类型。戈尔丁参考了三起美国当地管辖的案例[8],这三起案例阐明了有可能产生问题的情形。在 1985 年的美国政府诉穆阿案(People v Moua)中,被告被指控劫持和强奸了一名被他绑架的女子。他辩称抢婚(marriage-by-capture)作为老挝的部落文化习俗既认可对女性的绑架,也认可女性的反抗,这展现了女性的贞洁。他被判处了相对较轻的非法拘禁罪。在 1988 年的美国政府诉陈氏案(People v Chen)中,被告杀害了通奸的妻子。法庭判他过失杀人罪,而没有判他谋杀罪。法庭认为他"基于中国关于通奸的传统价值和男子气概的丧失被迫施暴"。一起未命名的内布拉斯加州案争论的是一名来自伊拉克的移民父亲是否应当对强迫包办其两个分别为 13 岁和 14 岁女儿的婚姻担责,同时这名"父亲"是否应当对其与两个女儿之间的非法性关系担责。在包办婚姻(arranged marriage)的场合,所有相关被告都认为这一习俗是正常的、合理的,并且应当得到悠久传统的认可。

　　这些案例的问题在于,法律必须规制的社会关系的本质是什么。重要的是,我们要同时思考两方面的内容,其一,"外部的"法律分类以及关于相关社会关系类型的解释;其二,参与者在其中对社会关系的"内部"理解。如戈尔丁所指出的,法律准确地从这些理解中寻找证据,这有可能包含所谓的文化证据。但是,此处使用"文化"这一术语的危险在于,我们把这些理解(把它们看作是由特定文化成员所赋予的实证现象)具体化的同时,并没有意识到援用文化无法评估个人对他们各种关系的主观理解。绝非偶然的是,文化问题经常在牵涉家庭关系或是两性关系的案例中被提起。在这些案例里,情感型共同体的关系可以说是最重要的。但是,在各种类型的共同体中,情感型共同体往往是法律最难规制的。这主要是因为我们难以——通过理性规则的形式——在范围上确定那些支配着情感纽带的期待、义务和理解。援用文化不但无法解决、[107]

---

[8] 详细分析来自 Golding 2002:148—51。

还有可能掩盖这一问题。

这三起案例的核心问题是"强制"和"同意"。但是，这些概念所涉及的问题在于，多变的、时而含糊的意义是依赖于文化的。法律处理这些概念几乎从来都没有一贯的方法。然而，在当代西方社会中，主导的信仰型共同体强调人类尊严和自治的终极价值（最明显且直接的表现就是对人权的援用）。为了反映这种类型的共同体，法律把尊严和自治概括为各种形式的社会关系的共同价值，并努力去界定两者的意义。这些价值同样意味着强制和同意在各种语境下是如何被理解和规制的。

归根结底，法律对特定价值体系的立场在上述案例中是有争议的，即法律或是坚持其不沟通的特征（non-negotiable character），或是与人类自治和尊严的不同理解相互沟通。在这一语境下，援用文化有助于识别某些"地方的"价值共同体，其中，各种共同体对尊严和自治问题持有不同的观点。但是，援用文化肯定还包含着一些（时常模糊和隐秘的）理由，以解释为什么地方的价值共同体应当受到法律的尊重，这些理由通常与传统、群体利益或群体团结联系在一起。

然而，法律不允许辩护、例外情况或是正当理由是在某个无所不包的文化范畴下作出的。法律必须对每个文化成分（无论是涉及利益、终极价值和信仰、传统或情感纽带）的可接受性作出判断。法律与共同体进路认为法律根植于共同体的生活；法律是不断变化的错综规范，它表达和影响着许多不同共同体关系网之间的相互作用。对于这些关系网而言，法律并不是中立的。对于源发于这些关系网的特定规范，法律要依据现存的教义作出判断。同时，法律限制、采用、整合、调整或协调着这些规范。

在上述三个案例中，传统型共同体同样应当被视为一个考虑因素。在支持文化辩护的场合，法律诉之于承继的习俗、惯例和家庭经验。那么，作为一种文化成分，传统具有什么样的法律意义呢？法律承认传统习惯和传统理解，并把传统视为累积的经验。例如，法律对"合理性"的诉诸在很大程度上依赖于这一经验的存在。规制传统型共同体的目的在于保护人们对共处的基本要求。但是，人们同样要求法律帮助他们摆脱传统，并赋予他们探寻新的方案和关系的自由(Santos 2002:177)。因此,按照当代西方主流的理解,法律政策强调安全的价值,但也强调摆脱惰性的需要。若传统能够给人们带来生活的方向,法律应当尊重传统,除非传统压缩了人们制定方案和达成工具性关系的空间,或是允许愈加压制的情感性关系存在。于是乎,由于传统具有模棱两可的特质,亦同时具备积极和消极的方面,所以法律对传统的规制应当受制于主流价值共同体的不断发展的内容,后者同样是法律的服务对象。

## 结论

〔108〕

本章的目的在于提出法律与文化的关系应当被重新概念化。这些关系应当被看作是法律规制问题,而这些问题涉及与法律相关的共同体的不同类型,以及由这些类型所组成的社会关系网。

由于共同体的社会关系是多样的,且人们可以多种方式理解它们的本质和重要性,所以法律永远无法以一种协调的、整合的方法反映所有的共同体关系。法律反映和影响着文化,同时也受到共同体以及它们相互之间的权力的影响。因此,认为法律同时依赖于和支配着文化并不矛盾;认为法律漠视和无视文化的同时似乎亦促进或保护文化也不矛盾;认为法律表达着文化亦被文化表达同样并不矛盾。但是,共同体——按照严格限定的理想类型去界定——有可能成为当前最有力的概念,它能够帮助法律理论解释法律—文化关系的复杂性。

# 第七章
## 存在一种法律移植的逻辑吗?

艾伦·沃森(Alan Watson)[1]和威廉·伊瓦尔德(William Ewald)[2]提出比较法与法律社会学之间存在着一种全新的关系。但他们的描述方式无法让这些研究领域中的重要学术成果相互促进。通过运用在第四章中所介绍的共同体分类,本章将考察沃森在比较法研究中的核心进路,即关于法系之间的法律移植命题。对于法律移植成功的可能性,我所论证的法律与共同体进路能够提供一种细致和现实的分析,同时提出如何理解法律移植成功的方法。

关于法律社会学与比较法研究之间的关系,本章以一些煽动性观点作为出发点。通过辩护和解释艾伦·沃森具有影响力的比较法命题,威廉·伊瓦尔德提出了一系列观点(Ewald 1995b)。在本章的前半部分,我将批判伊瓦尔德和沃森对于比较法与法律社会学之间的关系所作出的错误分析。我认为问题不但没有解决,还阻碍了这些领域之间的有益互动。在本章的后半部分,我将提出一种有助于互动的全新概念框架。我的论证在于反思沃森著作中的核心思想:法律移植,即法律制度在法系之间的迁移(transferring)和借用(borrowing)。

---

[1] 艾伦·沃森是美国佐治亚大学法学院的法学教授(退休)和英国爱丁堡大学法学院的荣誉教授,他被公认为世界上最权威的罗马法、比较法、法制史和法律与宗教专家。——译者注

[2] 威廉·伊瓦尔德是美国宾夕法尼亚大学法学院的法律与哲学教授,他尤其在法律哲学和比较法学领域享有国际声誉。——译者注

## 沃森:"社会学无涉"的比较法

伊瓦尔德认为,如果除去沃森对于法律发展所作出的一些偏激的阐述,他的理论不仅构成了比较法研究的基础,而且定会激发法律社会学的重大变革。依据伊瓦尔德的观点,沃森"为法律本质的社会学思辨确立了新的方法论标准",并且向"思辨性的法律社会学者"布置了一项思考法律变迁与社会变迁关系的新任务。事实上,除非人们再次向沃森发起挑战,否则,法律社会学此处所思考的(如过去经常发生的那样)只不过是一个虚构的事实(Ewald 1995b:509,510)。

这些挑战需要彻底抛弃伊瓦尔德所称的法律与社会变迁的"镜像理论"(mirror theories)。这些理论假定:在某种程度上,法律以一种连贯的、在理论上能够说明的方式反映着社会的全部或是某些方面。按照沃森在其诸多著作中所阐述的观点,镜像理论与沃森针对法律变迁过程所作出的最为重要的基本主张相矛盾(例如 Watson 1977,1985a,1985b,1991,1993)。这些主张包括以下几点:

(1) 法律的生长主要是通过解释法系之间的法律规则移植,或是阐释法系内部现存的法律观念,以求类推适用于新的环境; 〔110〕

(2) 社会需要不必然导致法律发展,甚至经常不导致法律发展,有些并不满足明显社会需要的法律存续数代,甚或几个世纪;

(3) 法律变迁机制在很大程度上是由法系内部的法律职业精英所控制的,如法典制定者或立法起草者(Watson 1988:第一章和第二章)、法官或法理学者;

(4) 尽管法律得以运行的社会环境发生了重大变化,有些法律规则仍然"特别顽强"地长期存续(Ewald 1995b:490,496);

(5) 至少某些重要的法律分支(尤其是欧洲民法的主要结构)的发展完全或主要是"纯粹法制史的产物",同时,这种发展的解释无需考虑社会、政治和经济因素(Ewald 1995b：500)。

更有甚者,我们能够在沃森的著作中发现其关于法律"隔离于"社会的更为一般性的论断。正如伊瓦尔德所言,沃森有时指出"法律与社会之间找不到令人感兴趣的关系"或者"法律完全隔离于经济、社会和政治"(1995b：509)。但若从整体上把握沃森的著作,伊瓦尔德拒绝将上述这些极端的观点视为沃森典型的一般法律发展观。

伊瓦尔德通过系统归纳沃森的法律理论,强调了沃森激进的思想内涵。这种做法是必要的,因为"沃森本人以一种略带松散且依凭直觉的手法提出了他的理论"(Ewald 1995b：491)。伊瓦尔德不仅想要解释法律史中的特定事件,更意欲驾驭沃森的思想。沃森提出了"一种原创且富有争议的观点,以解释法律与社会之间的关系",并且"开启了一种比以往任何通说更加精妙且细致的……法律观"(Ewald 1995b：490,509)。沃森在其著作中指出,法律与社会之间的因果关系"将被证明是双向的、互动的和多层次的";它们并不是简单明了的。另一方面,沃森的研究进路同时增加了这样一种可能性,即"现象或许过于复杂,以至于无法提出一个简洁的、甚至原则性的描述",同时"也没有令人满意的理论"(1995b：508,509)。

于是乎,如果说沃森对于法律自治于社会的命题仍然有效,那么任何法律与社会的一般理论可能都是值得怀疑的。问题也许过于复杂以至于无法被理论化。法律理论应当源自严谨的资料研究,而非强加一种先验的命题(Ewald 1995b：510)。沃森如是批判法律社会学,"实际情况通常是这样,相较于法制史和传统比较法,法律社会学对于理解法律变迁以及法律规则与其所处的社会之间的关系而言帮助甚微"(Watson 1991：72)。其原因在于法律社会学缺乏一种历史视角,以至于无法反映法律回应环境变化的速度(如果确实存在的话)。不仅如此,聚焦于行动中的法律将导致"贬低法律规则的重要性,并且忽视法律规则的缺陷和影响"(1991：72)。

然而,这些论述没有提供进一步的例证或是限定,所以它们基本上是粗枝大叶的。举一个重要的例子,我们很难说马克斯·韦伯的著作《经济与社会》缺乏历史维度或是贬低了法律规则的重要性。[3]通过援引萨维尼、罗斯科·庞德和马克思等一系列作者的观点,沃森提出法律符合着某种不变的社会特征,或是表达了社会利益或需要。伊瓦尔德将这些作者视为提出"镜像理论"的开拓者。这一术语似乎受到了劳伦斯·弗里德曼的启发,后者将法律描述为"社会的一面镜子"或是"应对生活的一面镜子"以及"由经济和社会所形塑"(Friedman 1985b:12,595)。伊瓦尔德和沃森均援引了弗里德曼相似的段落,以描述这种遭受质疑的社会学理论(Ewald 1995b:492;Watson 1991:82—3;同时参见 Wise 1990:2)。但他们都没有从任何细节观察这些理论,进而没有考虑到这些理论形态的多样性以及相应主张的特殊性。因此,理查德·埃贝尔(Richard Abel)有理由指责沃森树立了一个"稻草人",以讽刺其所欲以攻击的对象(Abel 1982b:790)。沃森忽视了这些理论中的立论细节以及相应的限定和条件。

虽然伊瓦尔德将镜像论视为一种类理论,可他没有提供属于该类理论的确切名单。有时,他所论及的"镜像论"仅仅指涉一种把"法律作为某些外部力量(社会的、政治的、经济的,等等)的镜子"(1995b:491)。但是,没有人指出法律"反映"社会意味着什么,而弗里德曼被引用的话似乎是使用这一术语的唯一理由。伊瓦尔德确实注意到,不同理论假设社会(或是该理论所论及的任何一种社会因素)决定法律的"强度"不同,而有时一些因素的变化便被看作具有决定性的影响(1995b:493—4)。但是,这些变量并没有妨碍伊瓦尔德将这些理论视为一种"类理论",甚至是一种单一的概要性理论。

沃森本人在评论中也强调他的理论容易被误解为是将所有的社会—法律理论拒之门外。他将关于法律发展的所有社会学和人类学理论作为功能性理论(Watson 1991:85,86),并且声称这些理论无法识别那些频发功能性障碍的法律(规则)特征。所以,他

---

[3] 沃森在《民法法系的演变及形成》(1981年版)第三章中讨论了韦伯在这些方面的作品。

承认任何法律的一般理论均不可能建立于一种社会学或是人类学的立场(1991：86)。但他又在同一篇论文中声称"社会学视角对于理解任何法律的发展都是必要的",而且他的研究进路"并没有忽略法律社会学的理论框架,而只不过是暂时予以回避"(1991：72,92)。

为什么有必要采取如此模糊但相当否定的立场呢?例如,难道沃森式的比较法学者不接受任何法律的社会理论吗?即便他们（就像人们责成他们所做的那样）着重关注的显然是法律的"内部"发展过程或是"纯粹的法制史"。相比沃森的那些更加极端的断言,难道不应该强调沃森的那些"弱"命题（伊瓦尔德想要加以辩护的）并不否认某些社会因素往往导致了法律的发展吗?难道不应该确定无疑地承认许多法律的社会科学理论(social scientific theories of law)并非功能性理论吗?也就是说,这些理论并不假设其所研究的社会现象必须从功能的视角去解释。而最为重要的是,难道不应该确定无疑地承认镜像理论其实不存在任何有价值的范畴,顶多存在着的是种类繁多、涉及法律之不同社会面向的理论吗?同样,难道不应该注意到法律相对于社会的关系显然不是当今法律社会学进路的主要焦点吗?相反,法律可以被视为社会的某个方面,或是社会经验的某一领域,即本质上被看作一种源于社会的"内部"过程。所以,如前第二章和第三章所述,关于法律的内/外界分从社会学的视角来看,其效用实在可疑。

[112]

## 寻求理论的逻辑

沃森的理论目的似乎仅仅在于证明其他理论是错误的,而并不意图表述自己的一套理论。指出比较法学者所援引的特定社会理论——诸如马克思、孟德斯鸠的理论——是错误的,这固然重要,但如果仅仅声称这些理论没有解释所有法律的发展,或是所有法系的规则模式,甚或是所有重要的发展或模式,这并不足矣。这可能只能证明这些理论需要得到补强。证明这些理论的错误需要证明这些理论什么都无法解释或是无足轻重。可由于伊瓦尔德仅仅希望展示沃森更加温和的理论,所以他使得法律社会学者几乎

## 第七章 存在一种法律移植的逻辑吗？

难以应对沃森的理论。毕竟，正如沃森所言（Watson 1977：8；同时参见 Ewald 1995b：499—500，503），法律职业精英是至关重要的（问题在于有多重要）。他们在某种程度上总是能够控制法律教义的发展模式，同时，面对来自职业群体外部的压力，法律职业者采取行动维护他们的特权和利益。

虽然法律社会学者很少有机会论及沃森的理论，但作为伊瓦尔德所为之辩护的对象，沃森的逻辑将其置于一个更为困难的境地。沃森的任务在于只通过其"薄弱"的命题去解决整个镜像理论中的虚构范畴。换句话说，沃森应当证明至少某些重要的法律发展是无法在"社会"中找到任何原因的（也就是说，排除立法者阶层的自利、惰性、保守主义或是职业自豪感等不被视为出自社会的可能原因，他们因此不被视为社会的一部分）。作为替代方案（这似乎通常是沃森更为偏好的方案），他的任务在于证明某项特定的法律或是某套法律教义存续了相当一段时间，但是它们事实上并没有服务于社会群体或是社会阶层的利益。这种效用的缺乏是众所周知的，也是能够改变的（Watson 1991：91；Ewald 1995b：502，507）。〔113〕

上述任意一种研究进路都提出了逻辑上不可完成的任务。怎样能够证明法律并不服务于任何类型的社会利益？或是说，怎样能够证明法律发展不存在任何社会原因呢？证明一项绝对否定性命题的难度是显而易见的。由于古代社会缺乏许多潜在有关事项的证据，所以即便是某些貌似合理的证明也存在着实际的困难。进一步讲，如果认真对待这样的证明，那么为了深入了解社会群体的处境或是法律语境中的社会关系模式，这需要某种类型的社会科学调查。

再者，如沃森所承认的，只要法律仍然具有重要的影响，那么法律的社会功能障碍显然依旧存在。他倾向于假设那些涉及重要社会领域的法律（例如土地占有制或承包制）本身一定具有重要的影响。他强调法律构成社会制度；法律制度是被赋予法律效力并通过一种法律视角观察的社会制度（Watson 1985b：68）。但是，人们长期认为特定的法律形式有时也许自身的作用有限，即便这些法律所涉及的事项具有不可否认的社会价值（如参见 Renner

1949；Friedmann 1967：第三十四章）。这些事项只有通过社会组织和社会关系模式的经验研究，才能够得到令人满意的回答（Friedman 1979：127）。但沃森并无兴趣采用这种调查方法。然而，采用这种调查方法的必要性却推翻了这样一种主张，即甚至对于沃森所关注的那些特定的法律，法律变迁（或是法律缺失）在不诉诸社会本质的经验调查的情况下就能够得到完全的理解。

主要的难点在于沃森关于法律移植的否定性逻辑。正如理查德·埃贝尔所指出的，"很难构思一种建立在荒谬、无理和割裂之上的社会中的法律理论"（1982b：791）。沃森欣然承认他对功能性理论缺乏关注。但如埃贝尔所言（1982b：793），沃森的坦承掩盖了这样一个事实，即任何理论都需要严密的构思。

然而，伊瓦尔德将沃森的研究进路视为"重要的理论进步"（Ewald 1995b：491）。而这一理论进步似乎在于为一种比较法的哲学进路扫清障碍，进而使其摆脱社会科学领域任何学科际合作（interdisciplinary cooperation）的需要。与此形成强烈对照的是，传统的研究进路注重学科之间的互动以及法律在一个广阔的历史语境中的位置。大量比较法著作深受传统研究进路的影响，并且获得了许多杰出的比较法学者[4]长期且明确的支持。伊瓦尔德宣称对于比较法而言，哲学优先于其他学科。事实上，比较法的发展进程在本质上是一项哲学事业，而且还是"一种固有的单向活动"（1995a：1946—7，1951）。但这似乎是值得怀疑的。按照伊瓦尔德的解释，法律社会学与比较法之间的相互依赖似乎表明沃森命题的操作化将持续引发经验方面的问题。

实际上，在我看来，比较法与法律社会学共同致力于将法律理解为一种社会现象。鲁道夫·萨科（Rodolfo Sacco）指出："作为一门科学，比较法的首要和基本目的在于……更好地认识法律规则和法律制度……唤起法理学者的兴趣……无论他在哪里发现可供研究的规则"（Sacco 1991：5，9）。如果是这样的话，比较法与法律社会学似乎都关注法律，即作为观念的法律、作为实践的法律以及

---

[4] 尤其参见 Zweigert 1975；Zweigert and Kötz 1998：10—12；David and Brierley 1985：13；Hall 1963：第二章；Sacco 1991：388—90。

在某种程度上作为制度化教义的法律。

因此,通过伊瓦尔德的系统化分析,沃森的研究进路在作出其自身的社会学基本假设的同时,误解了法律社会学。然而,沃森对于法律经验的某些重要方面作出了明智的反思。法律社会学应当以一种更加广阔的视角解释和整合沃森的命题,进而恢复其与比较法学者之间的有效合作途径。法律社会学尤其应当详加考察沃森对于法律移植的概念界定和阐释。

然而,正如沃森在不经意间所表达的,如何界定法律的概念是在运用法律移植思想的过程中所有问题的基础。沃森在其著作中评价道:"我……主要关注实证法律规则"(1991:86—7)。虽然行动中的法律显然是重要的,但是实证法或是书本上的法律也应当得到重视。在乔阿吉姆·泽科尔(Joachim Zekoll)看来(1996:2747),沃森的"实证主义与传统比较法学形成了鲜明的对比"[5],后者寻求将法律置于一种实际应用和文化共鸣的环境之中。而对于劳伦斯·弗里德曼而言,沃森将法律看作"排在纸面上的文字,而非一个活生生的过程"(1997:128)。

但是,沃森也坚称法律是"文化的一部分"。法律源自立法者(在特定社会操控法律变迁的精英群体)、一般意义上的法律职业者以及"广大民众"的不同文化(1991:100)。他指出,承认法律文化的"巨大能量"和"自主性"是至关重要的(1991:102)。沃森所看重的是弗里德曼(1975)所称作的内部法律文化,即法律职业者或是专门从事法律工作的人群所抱有的观点、实践、知识和价值。沃森运用法律共振峰(legal formants)的概念来描述法律形成并获取其意义的环境。依据萨科的定义,该术语"承认……活法包含制定法规则、学者的阐述以及法官的判决等许多不同要素",进而不仅包括规则还包括法律在不同语境中内在的、理所当然的或是潜在的特征(Sacco 1991:22,384,388)。在沃森看来,为了充分认识立法者操控的法律发展过程,法律必须从广义上去理解,即"一个规则如果不归属于法律文化,便不可能成为法律"(Watson 1991:101)。

---

〔5〕 然而,沃森对实证主义法律理论进行了猛烈的批判。参见 Watson 1988:第五章。

[115]　　　另一方面,沃森似乎认为关于思考法律对于职业化领域之外的影响,强调实证规则便足矣。所以,他毫无根据地声称:"少数官员的行为在相当程度上受到实证法规则的约束和制约,同时,个人行为也受到法律规则的影响"(1991:87)。

上述立场是十分重要的,因为它们表明沃森在其著作中对法律的界定是相当模糊的。有时,沃森强调实证法规则,而有时,沃森更加宽泛地强调并不明确的法律文化观念。在沃森的研究进路中,他对规则的强调可能表明他认为源自其他法系的法律借用是容易的。如果立法者具备意愿和技术,那么他们会简单地选择现有最先进和最具声誉的法律渊源。而关于任何被借用的规则一旦被接受将如何在新环境中运行,这是一个需要另行思考的问题(Watson 1993:20)。另一方面,对于法律文化的强调可能会突出法律移植的难度甚或不可能性,因为一种法律文化很难被另一种法律文化取代,同时法律规则通过法律文化才能够得到理解(Legrand 2001)。

这里的法律文化能够被不同作者解释为包含着不同的构成要素,例如我们在第五章所看到的,概念似乎总是不够明确。所以,关于法律移植可行性的各种观点是很容易产生的。但在大量探讨中,法律文化至少倾向于隐晦地指涉职业化的法律思想和法律实践,尤其是比较法学者所通常认为的那些不同法系所特有的风格、观点或传统。

从社会学的视角观察,法律观念和法律实践的这种职业环境需要经验研究。通过分析国际商事仲裁实践在许多国家的发展,相关研究清晰地表明,律师的法律文化与重要的新兴法律服务市场的发展相冲突(Dezalay and Garth 1996)。该项研究根据律师的传统实践、法律观和工作风格来理解这些文化。但从经验界定的意义上讲,在经济发展和跨国影响的压力下,尤其是在法律服务市场的竞争下,该项研究同样展示出了法律文化被改造和重组的方式(另参见 Garapon 1995)。相较于沃森所采用的一种非经验的、进而看似静止的职业法律文化观念,这样一种经验研究进路所形成的对比是再鲜明不过的了,后者承认律师在角色、观点以及关于法律教义的组织策略方面的多样性和持续性变化。

所以，沃森关于法律发展相对隔离于社会压力的多项命题都是很重要的，即法律"被法律职业者视为一个独立的存在（existing in its own right）"；"创制法律的方式以及法律的渊源被视为给定的甚至是不容变更的，而实现这些变化是极其困难的，即便当它们存在着重大的缺陷。"同时，对法律职业者而言，"法律应当按照自身的术语来解释，由此权威需要被探寻和发现。那种权威……必须已经存在，所以法律通常是保守的"（Watson 1985b：119）。这些观察的确是看似合理的，但是，这些命题是否能够反映法律职业者在法律实践或是法律发展的所有重要语境中的风格和观点，这是颇值怀疑的，尤其是在当今高速的法律变迁、政策驱动型的法律以及法律规制的跨国压力下。法律传统是特定法律共同体的传统，而其存在条件能够也应该被经验地加以研究。〔116〕

人们界定法律的方式（例如规则、根植于法律文化中的观念、更宽泛意义上的文化组成部分，或是作为实现特定目的的工具）影响着法律借用是否能够成功（确切来讲，即可能性）的判断标准。如前所述，强调法律作为一种实证规则也许会使得法律移植看上去并不存在问题。仅仅官方颁布一部借用的法律可能会被视为法律移植，其所关注的是"现存的规则，而不是规则由于学术或是司法解释在社会中的运行现状"（Watson 1993：20），也不是民众对于规则的援用或是接受。与此相对照的是，强调法律作为一种工具必然趋向注重行动中的法律。除非法律能够在继受社会产生社会影响，否则人们不会重视法律移植。法律移植的成功与否将会取决于其是否能够实现预期的效果，而这才是法律移植的动机所在。同理，如果法律被视为一种在共有的传统、价值或是信仰（无论是法律职业者、社会公众或是某一社会群体）中的文化表达或是文化构成，那么只有在证明了法律与继受环境中的文化相一致，或是通过改造继受环境使其符合移植法律的文化预设之后，法律移植才被认为是成功的。

鉴于各种复杂的原因，我们很想说任何法律移植的逻辑都是不可能的。法律移植的概念本身是不明确的，有待处理的问题是十分复杂的，各种变量是种类繁多的，或是时常缺乏明确的界定。但是，人们已经提出用重要的社会学思想来解释为什么法律移植会成功或是失败。我们似乎有必要把这些思想与最近著作中的观点整合起来,后者强调不同法系中的法律职业传统、风格、话语、观点和实践。

## 法律移植与法律共同体

在早期的文献里,法律移植的概念通常依赖于简单的法律分类。由此,恩斯特·列维(Ernst Levy)声称并非所有类型的法律都能够被接纳:

> 最不易放弃其传统特色的法律便是包括无遗嘱继承规则在内的家庭法。排在其后的便是不动产法,尤其是涉及农村土地。另一方面,与个人的过去联系得更加松散、进而更易于复制的法律是动产法(尤其涉及商业货物)以及大多数的合同法。这些可替代的法律领域被经济利益而非民族习惯或情感所控制,因此总是为人们接纳法律提供最佳的土壤(Levy 1950:244)。

[117] 科特·利普斯坦(Kurt Lipstein)同样将"婚姻法、土地法和继承法"作为"一个国家法律体系的不同分支,它们相较于商事法、合同法和程序法能够更加形象地展现出一国的国民性格"(1957:72)。但是,依据对土耳其1926年接纳《瑞士民法典》这一著名案例的分析,他总结道:"虽然人们长期认为立法……不可能存在于地方传统和信念的冲突之中,但是土耳其经验却正好相反。"法律移植的成败或许最终依赖于组织、教育以及一套灵活的管理体系和司法实践,进而使陌生的思想适应地方环境(Lipstein 1957:80—1),同时为民众援用新的法律观念最大限度地增加激励并消除障碍。

一般来讲,工具性的法律和文化本位的法律这种简单划分蕴含着洞见。但是,如果不彻底改变讨论的术语,这一划分将无法得到进一步的阐发。尤值强调的是,与其透过法律是否影响社会的传统视角考察,更重要的是始终将法律视为根植于社会之中。法律是这些共同体生活的一部分,也是人们社会经验的一方面。

甚至在沃森的法律移植观中，这种思想也非常重要。他认为，法律根植于、形塑于法律职业精英共同体之中。通过重构这一群体在历史上的某些实践活动，他试图强调和解释这一群体对法律移植的可能方案和本质属性的影响（如参见 Watson 1995；1996）。在沃森看来，职业共同体决定了新的法律从何处借用，抵制了来自外界的变革压力，确定了法律品质（legal excellence）的自身标准，或是基于自身的理由来保护法律（例如混淆概念、知识垄断或其他手段）免受外界的影响（Watson 1977：7—8；1985b：72ff.；1995）。我起初强调任何这类共同体的本质必须得到经验考察，而非逻辑假设。但在许多情况下，它似乎受到共同利益和传统（承袭的工作风格、惯例和共同的历史经验）以及一种培育和延续职业法律文化的法律职业共同体的强烈支配。

透过一种更加宽泛的社会学视角，对于法律所处的环境或是其意欲植入或改变的环境而言，法律职业共同体以外其他以传统为基础的共同体同样值得关注。在法律社会学文献中，格里高利·马塞尔（Gregory Massell）于 1968 年提出了一个经典的例子，他叙述了苏联中亚地区（Soviet Central Asia）试图运用法律改造传统的农业社会。事实上，在这一语境中，法律变迁的文化抗拒（cultural resistance）在很大程度上认为传统不只是文化的联合因素（unifying element）。马塞尔论及了存续于传统环境之中的"以亲属、习俗和信仰为基础的旧联合体"，它们正是苏联法所意欲改造的对象。于是乎，按照这种传统陈旧的观点，作为抗拒因素（resistant element）的文化总是有碍于移植文化本位的法律（如家庭法），而这种文化是由惯例、家庭组织结构以及宗教或其他信仰所组成的含糊混合体。

在考量被移植的法律在什么条件下能够植入于新的社会环境时，文化的概念基于这些和其他原因似乎过于宽泛和抽象，以至于无法识别相关变量。在理论分析上，更可取的做法是区分不同类型共同体的文化基础。马塞尔的"亲属、习俗和信仰"联合体隐含着三种类型的共同体：建立在情感关系（如亲属关系）之上的共同体；建立在纯粹共同的环境、经验或传统之上的共同体；以及建立在共有的价值或信仰（如属于马塞尔研究范围的伊斯兰教）之上的

〔118〕

共同体。这些分类不应当被视为物质意义上的共同体,相反,它们应当是对影响社会关系的各种纽带(bonds)所作出的抽象分类;各种类型的社会关系(links)产生了人与人之间的身份、团结以及合作。

传统陈旧的观点认为,文化本位的法律是难以移植的,而上述三种类型的共同体都表现为一种反对法律变革的潜在场所或是来源。但认为这些共同体都必然抗拒新的法律是过于简单的想法。每种类型的共同体均通过自身的方式促进或阻碍法律变迁。沃森的贡献也许在于,他证明了法律职业共同体在很大程度上基于他们对自身传统的敬畏以及对自身承袭的工作风格的谙熟,通过法律移植策划着雄心勃勃的法律变革("大规模自愿的法律借用":Watson 1985b:97),并同时凭借着类推或是其他手段广泛推进着现行法律的发展。重要的是,新的发展被看作是与传统相一致的,这种有机的发展应当尽可能满足人们对于法律品质、妥适性、正义或是实用性的传统理解。

与此相对照的观点认为,工具性的法律(尤其是合同法和商事法)易于移植,因为依赖于"经济利益而非民族习俗或是感情"(如列维所言)并不将法律限制于特定的共同体之内,而是使其能够相对自由地在共同体内外迁移。但是,激发法律变革的经济利益通常是商业精英或是商人共同体的利益。另外,这种经济利益在一般意义上通过纯粹的工具性关系将人们约束在一起,如生产者、消费者、销售者或是服务交换者。似乎没有理由认为这些经济共同体总是乐于改革,例如在商事法或是合同法领域。现代化和经济关系的便利化很可能存在着催生新的法律的强烈利益。但是,也同样存在着对新的法律的抗拒,因为新的法律扰乱了人们满足集体利益所依赖的各种实践活动。[6] 总之,利益本位或是工具型共同体确实有必要被看作又一种与法律移植相关的共同体。

[119] 由此,作为一个理解法律借用的概念框架,我认为提出在第四章所引入的关于共同体的四种纯粹类型(工具型、传统型、信仰型

---

[6] 例如,参见贝尔格塞(Belgesay)讨论了土耳其在接纳瑞士民法典的过程中,放债人起初抗拒移植破产法和债务强制执行法(1957:50—1)。

和情感型)是颇有益助的。在此语境下,最后一种共同体(情感型共同体)指的是亲密关系、隐私关系以及时常(但不绝对)涉及家庭生活领域的因一时冲动而引发的问题(uncalculated concern)。将法律视为根植于共同体关系的理念有助于澄清法律移植的界限(parameters),即通过社会学的视角思考法律移植在不同社会之间所呈现出的适用范围和因素变量。在本章的最后部分,我将尝试阐述为什么这一框架能够带来帮助。但是,首先我认为有必要进一步阐释共同体的四种抽象类型。

我在之前解释了马克斯·韦伯关于社会行动的四种纯粹类型,现在关键在于识别这些纯粹或是理想类型的抽象本质。例如,援用情感型共同体的概念并不要求任何实际存在的群体(如家庭)必须属于建立在纯粹情感关系之上的共同体。任何这种群体可能同时建立在或是存续于工具关系和情感关系之上,或是依存于对传统关系的纯粹熟悉和习惯之上。然而,情感型共同体的概念突出了社会关系中的亲密、冲动、宣泄以及受情感或友谊强烈影响的面相。因为与其他类型的共同体一样,情感型共同体是一个抽象概念,所以法律并不与其直接相关,相反,法律与各种复杂的实际社会关系直接相关。任何给定的社会关系模式都会受到共同体的纯粹类型的相互影响。尽管如此,在法律意义上,情感型共同体特别有助于思考组织方面的问题,因为社会关系的情感面相往往非常重要,例如结婚和离婚、家族继承、两性关系和信托关系。

同理,工具型共同体的概念并不预设诸如合同关系完全或是必然由工具性考量所支配。但是,它突出了社会关系的工具面相以及规制这种关系的特定法律问题,例如合同法、公司法、产业法和商事法。此外,传统型共同体不仅包括建立在传统或习惯之上的关系,还涵盖更为抽象意义上的所有纯粹建立在潜在近邻(chance proximity)或是共同经验之上的关系。由此,它指涉纯粹基于生活在共同的地区而产生的关系,以及从同一种语言或方言,或是共同的历史或经验所衍生的关系。在法律上,它很显然与规定和平共处最低限度条件的规则密切相关,如一般刑法和侵权法以及某些领域的财产法。最后,信仰本位的共同体(信仰型或价值型共同体)聚焦于由共有的信仰或是为了他们"自己"所忠于的价值所界定的社会关系(Weber 1968:25)。在当代西方社会,其主要的法律参照点(legal reference points)可能是人权法或是其他表达涂尔干意义上的(1975a)道德个人主义的法律。也就是说,个人自治和尊严被看作值得法律保护的基本价值。

虽然这四种类型的共同体无法根据法律移植的难易程度提出任何简明的法律分类,但却能够将法律与不同种类的需求以及与不同种类的社会关系相关的问题联系在一起。毫无疑问,在法律移植的过程中,移植可能与在移植者看来与法律相关的社会关系模式相联系。例如,借用社会中的立法精英(law-making elite in the borrowing society)将这些可欲的实践模式与其他地方的立法共同体联系在一起(Levy 1950:245);或者,将繁荣的经济生活与公司法或商事法的输入国联系在一起(Ajani 1995;Waelde and Gunderson 1994);或者,个人价值至上的世俗社会或许能够为意欲借用其法律的人们提供一种范型,进而实现他们自己社会的世俗化和"现代化"(Kubali 1957;Starr 1992)。

在新近关于法律移植的文献中,研究重点似乎基于不同的地理位置存在着很大的差异。在当代西欧,主要争论围绕着欧洲法律制度是否趋同而展开。对于法律与工具型共同体和传统型共同体之间的联系,经济、社会和文化在不同西欧社会之间的相对同质性假设或许导致了人们特别关注趋同在跨国层面所受到的影响。

最为明显但并不绝对的是,关注工具型共同体意味着关注法律创新的经济效用,或是法律对于经济环境和需求的适应。贡塔·托依布纳(Gunther Teubner)在讨论(1998)大陆合同法中的诚实信用原则(principles of good faith)是否能够适应英国语境的时候,通过大致比较经济组织在德国和英国语境下的不同结构,阐述了其对这一问题的关注。然而在西欧,许多有关法律移植的讨论关注的是法律与传统型共同体的关系,即法律职业者在这种情况下保卫其对待法律的传统的职业工作风格。也有讨论关注的是法律职业者职业法律文化在法律跨越民族国家疆界时对法律意义的影响。或是,法律思想在欧洲共同法或是共同法律文化的背景下是否能够实现真正的趋同(Legrand 1996,1997;Van Gerven 1996;Van Hoecke and Ost 1997)。

在新近关于中东欧或原苏联加盟国的法律移植文献中,研究重点有所不同,尽管传统型共同体和工具型共同体仍然是关键的研究重心(foci)。按照简玛利亚·阿雅尼(Gianmaria Ajani)的说法,传统展示了它的力量,即"自20世纪90年代初期以来,弥漫在中东欧国家的民法典神话已将法典化作为法制改革议程中的首要方案。这一神话可以追溯至社会主义时期,当时该地区几乎所有国家均致力于编纂和修改民法典"(Ajani 1995:106)。法典化代表着一种影响当代研究进路的法律传统。但与此同时,中东欧和苏联的立法精英并不必然因传统而联合起来,因为即便是在大陆法的思想和实践氛围下,接纳"为支持者和评论者更加熟悉的普通法方案"亦会带来巨大的压力(Ajani 1995:113)。传统并不必然是一股统一的力量,因为法律可能与不同的传统型共同体相联系,即便这些共同体按照现代的观点被视为法律职业共同体。

〔121〕

## 法律变迁的社会框架

### 法律移植与传统型共同体

有多大可能概括各种共同体类型与法律变迁之间的关系?应用于现代环境之中,传统型共同体的概念基于有限的社会关系可能往往表现得相对脆弱。例如,单单是位于某一特定地区的住所本身并不必然在居民之间建立起显著且积极的社会联系。同理,与沃森所暗示的情况相比,在现代环境中,法律职业者所秉承的法律传统很可能联系更加脆弱。阿雅尼指出,原社会主义国家所面临的经济压力的现代化,迫切需要新的规则框架以支撑急速的经济和社会变革。"在西方社会,民法典延续了数十年,有时甚至数个世纪。就社会主义的经验来看,它们的生命相对较短。就原社会主义国家的经验来看,早期'标榜永恒'的民法典在转轨期不得不面对经济结构的持续转变"(Ajani 1995:116)。魏尔德(Waelde)和冈德森(Gunderson)认为(1994:376)最适合于这种环境的法律是"过渡法"(interim law),即"服务、围绕和附随个人重大交易"的法律(另参见 Ajani 1995.105)。

由此,正像传统已经普遍被社会变革所淹没,试图保持传统的法律职业者被迫不断地适应环境。职业关系可能被一种工具型共同体而非传统型共同体所支配,如同律师争夺新的服务市场并与特定的利益群体结盟。另一方面,虽然(以及因为)传统型共同体是脆弱的,但它所催生的法律在某些方面是牢固的。在某一特定的环境中(例如刑事基本法、侵权法或是财产法),仅在于提供最低限度共处条件的法律通常是相对明晰和稳定的(就像与它们相联系的社会环境一样),同时,这些法律的基本理念被大众意识所认同。有限的效力范围以及根基性的特质决定了这类法律的稳固性(strength)。从本质上讲,为了维持既定环境中的现存秩序、安全和稳定,以传统型共同体为中心的法律是一种最低限度的规则。而其对秩序的需求是一个简明易懂的理由。

鉴于职业立法精英被视为传统型共同体的典范之一,他们的法律影响可能特别在于根据(职业意义上)常见且既定的传统促进法律教义的有序、安全和稳定。为了保持与传统型共同体的联系,法律职业者将基本秩序注入法律思想和实践之中。也就是说,这种秩序显然适合且契合于他们所长期熟悉的惯例。即便是在东欧或中欧社会急剧变革的语境下,立法者仍然设法根据既定的传统设计新的法律,无论是大陆法还是普通法。为了找到使法律获得稳定的解释和发展的框架,将法律和传统联系起来似乎很有必要。所以,短期见效的过渡法仍然将会让位于某种与解释性传统(interpretive tradition)联系更加稳定且牢固的法律(Waelde and Gunderson 1994:377)。虽然何种传统将以何种形式占据上风仍然存在着争斗,正如我们在更为普遍的欧洲法领域所看到的(参看 Dezalay and Garth 1996:第五章;Legrand 1996)。

[122]

当其他类型的共同体涉入最少的时候,传统型共同体对于法律的影响很可能是最大的。正如萨科(1991:392)所指出的,"没有已知的事例表明,阶级对立的消解改变了机动车在公路上行驶的方向。"换句话说,当信仰、利益或是情感因素没有介入的时候,其余的全部就是由传统或惯性所决定或维系的法律规则。一旦采用哪种法律的问题最终不用借助其他术语解决,遵循某个法律传统或许能够提供解决问题的答案。若将其他因素考虑在内,土耳其最终选择《瑞士民法典》推进本国的法制现代化仅仅是因为某些法律改革者接受了某种特定的法律教育吗(如人们所认为的那样)(Findikoglu 1957：13—14；Lipstein 1957：74)？

### 法律移植与工具型共同体

新近的文献阐释了法律与工具型共同体的一些潜在的重要关系,这些文献关注的是原社会主义转轨经济体在东欧和中欧的法律移植。被移植的法律范型的声誉表明,"人们普遍相信随着引进民主的形式要件和市场经济的法律支柱(legal pillars),转轨的'美好结局'将会随之而来。"同时,借用法律是"构建一个自由市场的必要条件"(Ajani 1995：96，103)。阿雅尼详细论述了商事法、公司法、竞争法、知识产权法、投资法、国际贸易法以及其他受到影响的法律领域(1995：104)。他特别感兴趣哪些法律最适合工具型共同体的需要。如前所述,临时的过渡性规则有时是值得提倡的。但另一方面,一些经济学家指出"一个关于货物、服务和资本交易的全面和稳定的法律框架"需要通过成文的形式"防止混乱",并提供重要的技术保障。全面的法律变革将会促使生产商和消费者主动适应,而无须等待当前政策的彻底改变(Ajani 1995：107)。因此,从某一角度来看,一个稳固的法律传统最适合工具型共同体的需要,但从另一个角度来看,它有可能妨碍了这种需要,而过渡法至少在短期内是必要的。

同等重要的是,法律可能与一些群体或是关系网相联系,而这些群体或是关系网表现为各种相异、矛盾、甚至是互斥的工具型共同体(就像各种相矛盾的传统型共同体)。法律变革的压力并不仅仅,甚至不主要来自社会中继受新的法律的经济群体或是利益。热切激发经济机会的世界银行和信贷机构(例如国际货币基金组织、世界银行、欧洲复兴开发银行)以及欧盟机构、跨国律师事务所、跨国公司、高等学府、美国律师协会等组织提出了相互矛盾的法律范型。这些组织在起草法律、培训法务人员或是提供政策建议方面展开援助(Ajani 1995：110—13)。所以,沃森从狭义上理解的那种控制法律发展的法律精英是难以想象的。相反,具有不同影响的广泛主体推进着法律发展,以满足追求多元利益的国家、次

〔123〕

国家以及跨国群体的需求。

然而,工具型共同体在抽象意义上主要是一种相对较弱的社会联系(就像传统型共同体,但原因不同)。如果传统型共同体是一种叠加在较强的社会联系(social ties)(例如共同或趋同的利益、共有的信仰或情感承诺)之上的弱社会关系的残余,那么工具型共同体便是这样一种社会关系,即只有参与主体的特定目的趋于一致,这种关系才能够存续。然而如同传统型共同体中的法律,工具型共同体通常与法律高度关联。因为其相对有限的目的(由工具性关系的范围所界定),它可能有助于技术效率和可预测性。这无疑解释了传统法律移植命题中所萌发的真理,即工具性法律易于传播。此处的理由可能在于,法律的相对精确性来自其所代表的有限的社会联系,所以当通过法律术语表达时,很少需要文化语境赋予意义。但是,这些社会联系可能会招致不符合这种关系的法律的抵制。

### 法律移植与信仰型共同体

即便本章只能简要和精练地展开讨论,这里仍然需要思考信仰型共同体和情感型共同体与法律移植之间的关系。如果移植的法律与完全不同的价值或信仰相联系,那么一个以信仰型共同体为基础的群体或是社会可能会抵制任何重大的转型。共有的价值或信仰能够创造出一种稳固的社会联系,所以任何被感知的挑战可能对它们都具有破坏性。由此,一旦被移植的法律所依赖的信仰型共同体与当地的法律所根植的社会格格不入(例如英国普通法中的理性人观念被强加于一些社会之上),事实证明将出现根本性的问题(如参见 Seidman 1965;Keedy 1951)。

另一方面,需要着重强调的是,法律与信仰型共同体的联系可能往往是相对较弱的(通过反复对比法律与工具型共同体或是传统型共同体的联系)。这正是因为在将抽象的价值转换为具体的法律规定或是毫无争议地阐述特定的法律价值取向时,存在着模棱两可之处或是解释性空间(interpretive leeways)。[7] 中东欧国

[124]

---

[7] 一处经典的讨论,参见 Arnold 1935。

家的社会主义意识形态无法阻碍对非社会主义法律形式的大规模借用,或是将社会主义价值附加在传统"资产阶级"的法律规则和传统之上(Ajani 1995:99—101)。实际上,法律解释的一个趋势可能就是避免对价值或是信仰的争论,并且关注工具性考量或是一些实际的、"务实"的考量,例如对稳定和秩序的基本(传统的)要求。把法律当作共有价值或是信仰的体现可能会招致特别的争议,进而无法解决解释的问题。在人们有意识地强调法律与价值或信仰的联系的场合,这有时是一种深思熟虑的策略,即运用法律重申某一群体或社会在信仰型共同体中的特质(参看 Amin 1985:14—15)。然而,这种策略是有风险的。在人们将特定的法律视为象征着基本价值或是共有信仰的场合(虽然模糊),法律也能够成为激烈价值冲突的焦点,例如不同的社会阶层(或是那些提供或接受法律移植的不同社会)将对方看作彼此冲突的信仰型共同体。堕胎法是这种法律的一个典型的现代例证,即在不同程度上,法律在不同社会代表着"绝对理念的冲突"(clash of absolutes)(如参见 Tribe 1992)。

**法律移植与情感型共同体**

最后,什么是情感型共同体?情感型共同体的概念强调的是情感关系的亲密性和多面性本质,以及情感或是朋友关系的飘忽界限。一般性的法律问题在于,这些关系(例如以家庭和亲属为背景的关系,也包括信托、照顾和依赖,或是相互扶助的关系)是难以通过具体的权利义务关系或是可接受行为的适当标准来界定的。在某种程度上,这些关系排斥明确的法律规定或是控制。所以,法律意义上的信托义务往往具有模糊的边界。[8] 同理,婚姻关系也排斥根据以规则为基础的义务和权利来加以完整的界定。最后,情感型共同体——尤其是以家庭为背景——特别包含了排除公共视角在内的关系。于是乎,由情感型共同体的本质所引起的法律

---

[8] 保罗·芬(Paul Finn)在考察信托法时,总结道:"笔者所要审慎指出的是,当其他人有权期待他会按照其他人的利益或是他们共同的利益行事,进而排除他自身的若干利益的时候,他在这种关系中将会成为受托人。"(1989:54)

规制问题区别于其他以传统、信仰或是利益为基础的共同体。常见的实际问题包括：缺乏社会关系的法律可见度(legal visibility)，或是如何界定在法律上的规制对象，或是如何确定对具有模糊边界的亲密关系进行规制的标准。

〔125〕 因此，虽然情感型共同体常常涉及稳固的社会联系，但它与法律的联系是尤为薄弱。就像信仰型共同体，但理由并不相同。然而，法律难以与信仰型共同体相联系的原因在于，将价值转换为法律形式或者根据价值来解释法律存在着含糊性。而法律难以与情感型共同体相联系的主要原因在于，从法律上界定作为社会关系的情感型共同体存在着难度，亦面临着抵制。显然，法律与情感型共同体之间的关系给这样一种传统陈旧的观点带来了影响，即认为家庭法或继承法的移植往往是无效的。

事实上，这类法律的成功移植已经大量出现，且并不局限于西方法系之间的迁移(如参见 Kahn-Freund 1974；Starr 1992：92)。在任何情况下，理解这类法律不能仅仅以其与情感型共同体的联系为依据。然而，一些与家庭关系相关的法律移植必须解决在处理或是解释情感关系的过程中所涉及的一般法律问题。这些问题在一系列法律难点中得到了反映，例如在两性关系中解释强迫和同意，或是界定信托义务的范围，以及那些时常从情感关系内部所观察到的怪异或是无足轻重的法律特征，即便是在摆脱这种关系显然需要法律保护或是帮助的场合(例如家庭暴力案件)。法律规制家庭或是两性关系的难点往往在于，这些关系中的受害人不愿意或是没能力援用法律，同时，法律回应总是缺乏适当性和敏感性。

因此，法律移植文献常常指出，法律对家庭关系的影响取决于援用法律的特定动机。例如，在土耳其婚姻法西方化很多年之后，婚姻仍然按照习俗非正式地私下缔结。这种情况已然发生了变化，人们开始支持由新法正式规制的婚姻。先前对新法抵触或是不感兴趣的民众认识到，通过国家法保障的家庭福利或是受抚养人利益(dependency benefits)只有在正式的家庭关系得到确认的情况下，才能够实现(Timur 1957；参看 Starr 1992：92)。马塞尔对中亚苏联地区革命法的研究表明，法律重塑传统家庭关系主要是为了赋予女人摆脱情感型共同体的压迫形式以保障她们自己的利益，或是作为新社会主义信仰型共同体的先锋。同理，在土耳其，大力的宣传鼓励女人援用西方化的法律改变她们的处境。她们对法律的运用——尤其是在离婚以及家庭暴力领域——推动了法律对农村和家庭生活传统模式的广泛影响（Starr 1992：第五章）。

## 结论

法律与共同体进路并不提供一种法律移植的一般逻辑，相反，它有助于形成一种在特定语境下审视法律借用的框架。各种法律领域与共同体的理想类型之间不存在明确的关联。法律与各类共同体之间的关系是复杂的、多样的和多变的。所以，这里我并不认为本章所发现的法律与各类共同体之间的联系是唯一重要的，或总是重要的。它们阐释了一种运用各类共同体促进法律分析的方式，即将法律视为在特定经验背景下社会生活的一个部分。此外，每种共同体并不必然与任何可由经验确认的特定社会制度相一致。它们在特定的语境之中相互叠加，并以复杂的方式相互影响。在特定的经验背景下，四种共同体中的任意一种都有可能强化或是阻碍其他种类的共同体。

〔126〕

然而，在实践中，不同种类的共同体之间的冲突很容易与各种群体利益联系在一起。因此，奥托·卡恩—弗洛因德（Otto Kahn-Freund）的观点是值得一提的，他认为政治或是权力是决定法律移植可行性的一项重要因素（1974）。但是，权力的运作不仅横贯于政治系统内部，还尤其与各种社会阶层相互冲突，后者的联合或是特性是由不同种类的共同体所决定的。法律冲突通常表现为工具型、情感型、传统型或是信仰型共同体之间的冲突，或是社会群体、社会或社会阶层之间的冲突。在某种意义上，这些冲突自视为或是被视为与争论中的法律存在着联系或是毫无联系（'owning' or 'disowning' the law in dispute）。

本章开始讨论的比较法与法律社会学之间的关系问题有什么结论吗？关注法律与各种共同体之间的联系使我们能够持续深入

地理解沃森的作品,即作为精英,职业立法者的工作和思维方式是分析法律移植的一种重要思路。但是,法律与共同体进路从社会学视角看待这一思路,即关注传统得以运行的条件。因此,我们要着重研究律师和立法者的"内部"法律文化,而比较法提供了有效且成熟的资源。但是,我们还要着重研究其他社会群体、社会阶层或是作为一种整体的社会的共同经验或是共同环境所产生的影响。

除了传统问题之外,正如我们所见,其他种类的社会联系或是社会群体能够并且也应当被考虑在内。根据抽象的共同体理念来看待这些问题,我们有可能理解任何法律移植的复杂逻辑。只有我们将法律移植与特定的社会语境联系在一起,并且关注传统、信仰、情感和工具性之间在特定经验背景之下的复杂互动(作为社会联系的根本性基础),这样一种逻辑才能够得到发展。

# 第八章
# 社会学与比较法

比较法自现代以来一直与法律社会学联系密切。早期的社会学大量借助比较法学者的成果。多年来,比较法学者总是不断强调他们的研究领域与法律社会学之间是相联系的。但是,两者之间几乎很少有机会合作。如果把这些问题置于历史的视角中去考察,我在本文的观点是:法律社会学和比较法是可以紧密兼容的。法律社会学者应当把研究应用到比较法中。而对于比较法学者而言,他们需要在他们的成果中关注社会学意义上的问题和假设。

## 一段令人失望的关系?

在至少一个世纪的时间里,比较法与社会学之间的关系一直是矛盾的。现代比较法成为一个独特的学术实践领域通常可以追溯至1990年的巴黎国际比较法大会。自那以后,比较法学者经常主张比较法与法律社会学之间有必要建立密切的联系。比较法学者总是声称比较法与法律社会学是密不可分的。在有些情况下,当谈到某些重要的学术活动或是愿景的时候,人们往往把比较法称作是某种类型的法律社会学甚或是与法律社会学并无二致。然而,人们很少仔细考察这种关系的本质。总之,比较法学者和法律社会学者都回避对这一关系的严密探讨。

在某种意义上,这样的回避是可以理解的。很少有学者声称他们熟知比较法和社会学领域的全部文献。他们不可能同时对两个领域都有充分的研究兴趣,进而能够促动他们进行这样的探究。

同时,比较法学者和法律社会学者的学术取向往往存在着显著差异。法律社会学对理论和经验的关注超出了大多数比较法学者的研究兴趣。而比较法学者则并不必然立志于像社会学那样在理论上解释社会的变迁或是稳定,也不必然运用"结构""系统"这样的抽象概念去描述社会生活的本质。他们往往更倾向于针对法律实践和法律教义在特定法系中的细节,展开具体的、看起来更加实际的探究。法律社会学努力作出的概括和理论分析需要经验材料的收集以作为支撑,考虑到法律社会学归根结底不应当对法律经验的范围和种类设限,所以比较法学者往往并不信任宽泛的社会或是法律理论,后者声称能够为最为广泛的法律比较和社会比较提供材料基础。甚至是那些坚定赞同社会学并且把比较法看作是科学的比较法学者,他们往往竭力发出告诫,即强调客观性在社会研究中的限度以及误把意识形态当作理论的危险(Zweigert 1975:83—4)。

〔128〕

对于法律社会学者而言,比较法应当针对法系在教义和制度上的特征细节提供不可或缺的资源。但是,比较法学者通常使用的比较范畴(例如,法律风格或是法系)对于法律社会学者而言可能并没有帮助。一些法律社会学者甚至摒弃这些范畴,因为这些范畴反映了比较法学者"过于刻意地"关注法律职业者的职业传统或视角;同时,相较于在法庭或是律师办公室以外的社会生活,这些范畴与人们所实际体验的法律之间没有明确的联系(Friedman 1997)。法律社会学者质疑比较法学者的比较对象和依据,他们还质疑如果脱离对社会语境的系统研究,法律教义或是制度的比较在多大程度上能够带来有益的知识(Carbonnier 1969;Abel 1978)。

如果这些观点上的差异是容易识别的,那么为什么许多比较法学者坚定地声称比较法与社会学(尤其是法律社会学)之间是存在着联系的,但同时,他们通常总是回避深入的探讨?我认为,主要原因在于人们一直没有明确比较法作为一项研究作业的本质。一些比较法学者特别感兴趣为比较法在社会科学领域争取一个特殊的位置,并进而疏远比较法与其他法律研究之间的关系,后者被认为对"科学"缺乏基本的关注。然而,更为重要的是,一些比较法学者对这样一个假设特别感兴趣,即为了避免陷入宽泛的认识论和本体论问题,比较法可以以某种社会学理解为前提或是与之相结合,后者关注的是社会探究的本质(包括探究作为一种社会现象的法律)。

在这里,认识论问题涉及的是比较社会现象的目的。比较能够带来什么样的知识?这样一种知识因何而有效?本体论问题涉及的是比较什么?比较实体或是恰当的经验研究对象有哪些?在比较法中,比较的对象可以是法律规则或是法律制度,或是法律风格、法律传统或法律文化,或是由法律解决的社会问题(像是"犯罪"或是"工业冲突"),或是由法律规制的社会制度(例如"家庭""继承"或是"商事活动")。

社会学创设的概念总是能够帮助比较法学者解决比较法中的认识论和本体论问题。之所以有帮助是因为这些概念源自社会科学或是与之相联系,这意味着比较法学者自己并不认为确认这些概念需要进行社会理论探究(social theoretical inquiries)。

由此,最具吸引力的概念可能就是"功能"。人们总是认为规则或是制度的比较应当以它们所具有的可识别的客观功能为依据,即它们对更广泛的社会进步所起到的作用或是人们认为它们在社会中所执行的各种不同的具体任务,例如规制某些具体的家庭关系、贸易或是财产制度。在 1938 年的作品中,马克斯·莱因斯坦(Max Rheinstein)认为比较法关注的是法律规则的功能比较以及"法律的一般社会功能"。他指出:"从这个意义上讲,比较法和法律社会学是同义词"(1938:296,298,301)。[1] 在莱因斯坦写下这段话的那个年代,法律社会学几乎不可能成为一个与社会学探究相区别的领域,尽管关于法律的功能分析的观点已经在社会学中建立了起来。这一影响主要归功于埃米尔·涂尔干的作品(1982;1984)。所以,正如许多早期作者所做的那样,人们很容易声称比较法在某种程度上包含法律社会学。因此,比较法的正当

〔129〕

---

[1] 莱因斯坦积极地推动着早期的法律社会学。他负责马克斯·韦伯法律著作的英文翻译,并且撰写了大量关于韦伯、埃利希、蒂玛谢夫、古尔维奇以及其他法律社会学家的作品。一般参见 Rheinstein 1979:第一章。

性一部分源自其作为社会科学的一个分支,比较法的独特性是由它对法律问题的特别关注所赋予的。

在过去的一个世纪里,比较法一直在呼唤如下这些概念,例如"功能"(Zweigert and Kötz 1998:34—6,62;Curran 1998:67—8)、法律和社会演化(Hall 1963:16—17)[2]以及"社会事实"(Lepaulle 1922)。[3] 比较法一直在引用社会制度、社会利益、社会需要以及社会问题,这些概念或是从社会科学借鉴而来,或是被认为已经得到了社会学话语的确认。比较法一直在做的往往是去识别合理的比较对象,并且说明比较的科学目的(参看 Zweigert and Kötz 1998:10—11)。另一方面,这一策略总是伴有不令人满意的一面。让比较法的部分基础依赖于另一个不同学科的参考文献(即便是从隐晦或是最一般意义上讲)会招致诸多后患。或许部分是出于这个原因,许多比较法学者坚决强调比较的目的与社会学探究之间没有特定的联系。他们界定比较法课题所采用的各种方法往往并不要求参照社会科学。有些时候,比较法学者宣称社会学视角(与历史或是哲学视角相对应)对于比较法所主要关注的问题而言在很大程度上都是多余的(Watson 1993;Ewald 1995b)。

我认为,这些考量因素体现了比较法学者对待社会学(尤其是法律社会学)的矛盾心理(ambivalence)。在本章的下一节,我将试图更加详细地探讨这一矛盾心理,并指出法律社会学与比较法之间关系的难点源自两点:其一,如何在概念上界定各个研究作业的范围;其二,人们对各个研究作业的理解方式是因时而变的。我最终的观点是:比较法和法律社会学是相互依存的,且虽然各个研究作业具有各种各样的恰当目的,但是两者核心的、最一般意义上的、最艰巨的科学课题是相同的,即理解法律在自身发展过程中的本质,以及法律作为社会生活组成部分的各种形态。

---

[2] 关于"发展阶段"(而非年代顺序)作为比较基础的重要性,同时参见 Gutteridge(1949:73)。

[3] 在1922年的一篇论文中,勒波勒(Lepaulle)展示了涂尔干式社会学的有力影响,该文在一定程度上批判的是罗斯科·庞德的社会法理学。

## 适得其反的开拓性研究？ 〔130〕

比较法的文献表明有大量可能的理由支持这样的研究作业。人们能够通过比较法去实现：

1. 找到有助于改善或是阐明本国法系的观点（Watson 1993：17；David and Brierley 1985：6—7；Zweigert and Kötz 1998：18—19；Markesinis 1990）；

2. 促进法律职业者在不同法系之间的细致沟通，例如在大陆法系的语境下解释某一独特的普通法制度，比如信托制度（Abel 1978：220）；

3. 通过探寻法律借用及法律影响的方式，解释特定法系下的法律发展（Watson 1993）；

4. 为了增进跨境的贸易或经济活动或是出于其他原因，协调或是统一跨国领域的法律（例如 Bonell 1995）；

5. 以解决国际冲突为目的提供法律方案，进而促进国际理解（Lepaulle 1922：855；David and Brierley 1985：8）；

6. 为法科学生和法律学者理解本国法系提供一种他们较为生疏的视角（Zweigert and Kötz 1998：21）；质疑某一特定法律安排的当然性和必然性（Lepaulle 1922：858；Gutteridge 1949：19—20）；同时，促进对差异性的理解（Legrand 1999：10，11，134；Curran 1998：44）；

7. 理解法律文化的影响，例如把法律文化看作是法律协调的障碍（Legrand 1999：73—4，134）；

8. 找到法律观念的"公分母"，"以唤起某种国际法律意识"（Lambert 1931：127）；或者

9. 通过研究法律领域以促成人们对社会世界的认识（Hall 1963）。

我们还可以在这些文献中找到比较法所声称的其他目的，但是上述所列的内容足以说明比较法的各种目标。我们可以把这些目标放置在天平上，其中一边特别关注的是从实际出发解决具体、迫切的法律问题，像是当前的判例法问题（例如 Markesinis 1990）；

而天平的另一边则是一些最为抽象的理想,这些理想有助于人们对社会世界展开广泛的理论认识。需要注意的是,社会学的目的同样展现出了相似的范围。至少在英国的语境下,社会学包括菲利普·艾布拉姆斯(Philip Abrams)所称的"政策科学的概念"(policy-science conception),即认为社会学旨在为理性的社会规划提供实际的知识;同时,社会学还包括"社会—技术的概念"(socio-technics conception),即把社会学者看作是政策制定者的技术助手或是协商者,这个意义上的社会学提供的是"基础信息、分析资料、数据收集建议、技术问题解决、最佳行动方案的技术识别,或是政策效力的事后评估"。但是,在艾布拉姆斯看来,社会学还可以按照其他三个概念去理解,包括"澄清"(通过阐明假设、消除幻想或是揭穿谬误的方式重新阐述问题)、"提倡"(把充分的证据与作为政治信仰的崇高事业联系在一起)、"教育"(不断启发人们认识社会世界的本质,而这与当前的政策、倡议或是短期的问题解决没有直接的联系)(Abrams 1985:183,184,185)。

将上面每一个概念与作为比较法目的的相应概念联系起来并不困难。两者的相似之处进一步表明,我们在一定程度上可以认为比较法学与社会学从事的是非常相似的多面相作业(multifaceted enterprises),即包括梳理和了解社会世界;理解社会世界中的规范性规制(normative regulation);并且评估和比较不同社会提供规制的不同方法。

或许,两者之间的紧密关系在 1900 年的巴黎国际比较法大会表现得最为明显。人们常常说"那次会议的重点是把比较法看作是社会科学,尽管当时的说法是社会学",同时,"值得一提的是,19 世纪的社会学对欧洲大陆学者产生了巨大影响"(Hall 1963:17,18)。伴随着人们在世纪之交的乐观主义情绪以及对科学进步的信念,比较法如同社会学一样表现出了极大的雄心。从最广泛的范围来看,两个领域似乎都涵盖了无所不包的智识课题,只是关注点因专业程度而有所差异。

伟大的比较法学家爱杜尔·朗贝尔(Edouard Lambert)在法国写作时的智识氛围受到了埃米尔·涂尔干社会学思想的强烈影响。他把比较法制史(comparative legal history)看作是比较法广泛研究作业中的三大分支之一(Lambert 1903：913—16；1931)，朗贝尔的描述方式与涂尔干的理解完全一致，后者把比较法制史视为社会学的一个重要分支(Cotterrell 1999：7—8)。[4] 在朗贝尔看来，比较法制史旨在建立"法律的普遍史"，其目的在于"揭示社会现象承继过程中的规律或是自然律，而这一规律支配着法律制度的演变"。比较法制史学者"直到现在主要感兴趣的还是对人类社会法制史中最难理解的时期加以重构"(Lambert 1931：127)，同时，朗贝尔批评他们所做的研究在本质上是猜测性的(1903：886—91)[5]，许多研究往往要向关于法律和社会演变的天真假设妥协。他希望作为学术作业的比较法脱离这些关于法律起源的晦涩的社会学探究。

尽管如此，与涂尔干合作最为紧密的许多学者都投身到了比较法制史这一课题之中，这其中就包括和朗贝尔在里昂法律系共事的、年轻杰出的罗马法学者保罗·于弗林(Paul Huvelin)[6]。他们把法律的文本研究与人种学、文学和历史学领域的材料结合在了一起(Cotterrell 1999：第六章、第八章和第九章)。涂尔干式的社会学者大量使用了法理学者的比较法研究。至少在现在，比较法学者和社会学者之间的联系有可能是紧密的，即便比较法学者往往认为社会学者的探究是不切实际的、知之甚少的、过分猜测的。同时，社会学者可能认为比较法学者的成果是不成体系的、理论欠缺的、智识狭隘的。显然，对于涂尔干式的社会学者而言，如果成果本身是社会学取向的，那么研究者把自己当成法理学者还

〔132〕

---

[4] 在评论朗贝尔影响深远的比较法文献的时候，莱因斯坦甚至把比较法制史视为法律社会学的同义词。参见 Durkheim 1975d：266。相应地，朗贝尔把涂尔干的《比较法年鉴》(L'Année sociologique)看作是这类比较法学最初的重镇。

[5] 但是，他还审慎地提到了社会学在法律研究领域能够大有作为(1903：891)。另参见 Jamin 2000。

[6] 关于于弗林极富想象力的社会—法律研究，参见 Cotterrell 2005。朗贝尔在他的比较法文献中，经常乐于引用于弗林关于早期罗马法的作品。例如参见 Lambert 1903：644, 646。里昂法律系还招入了激进的法理学者伊曼纽尔·勒维(Emmanuel Lévy)，后者是涂尔干社会学群体中的另一位重要成员。朗贝尔欣赏并且极力推崇勒维的作品。参见 Lambert 1926。

是社会学者则无关紧要了。

从最宏大的层面来看,后期的比较法学者(他们的作品特点丰富且涉猎广泛)并没有积极呼应比较法与社会学探究之间的早期联系。但是,把比较法律分析置于包含全部文化在内的语境之中只有少数学者能够做到,这些学者有信心驾驭历史学和社会学领域的大量必读文献。[7] 时至今日,要想看到具有如此广度、洞见和风格的作品,人们仍然会去读社会学领域的经典之作,例如马克斯·韦伯、涂尔干及其追随者的作品。但是,通过法律、社会或是文化的综合比较去创建全景域式的法律或是社会知识基本上不再是社会学或是比较法的目的。对于作为"方法"的比较法而言,一个更加合适的关注点旨在远离宽泛的实体目的并且聚焦于多方面的技术效用,这在某种程度上类似于艾布拉姆斯的社会—技术意义上的社会学概念。然而,人们仍然时常根据艾布拉姆斯的教育启发意义上的社会学概念去说明比较法的目的。在很大程度上,比较法和社会学已经阶段性放弃了它们最为广阔的追求,即联合在一起研究历史和社会在复杂的、非对称演化模式中的变化。但是,完全放弃这些追求将会是令人遗憾的。

在相对近期英美法系的文献中,为了重启关于结合比较法与法律社会学的持续争论,英美法学者只尝试过一次。在出版于1963年的《比较法与社会理论》中,杰罗姆·霍尔(Jerome Hall)试图恢复一个老旧的课题。这是一个综合性的社会科学课题,其中,比较法将发挥重要的作用。但是,霍尔坚称相较于大多数现代社会学以构建社会理论为目标,比较法从事的是完全不同的研究作业,其观察和资料收集的方法在一定程度上模仿的是自然科学。在霍尔看来,比较法——和所有解释性法学(interpretive legal study)一样——必须理解并且充分阐述法律的价值、理想和理念。再者,作为"法律之社会知识的复合体"(Hall 1963:33),比较法不仅应当研究实证意义上的法律规则,还要研究官方行动、法律问题的分析风格以及与法律相关的社会实践。同时,比较法应当赋予公民经验以意义。作为一名律师,霍尔显然坚持认为所有这些问

[133]

---

[7] 参看 Curran 1998,强调了美国比较法的视野随着时间的推移越来越狭隘。

题都应当去解释性地理解(understood interpretively),即按照哈特式的内在方面去理解,同时也要依据价值并且观察作为社会现象的法律。出于这一原因,比较法只能是人本法律社会学的一部分,后者强调的是法律的解释性和评价性特征。"我们不可能把比较法概括为一个只是由描述性的因果归纳所构成的社会学。因为比较法忠于法律观念的独特性、自治性和价值性"(1963:67)。

事后来看,霍尔的书所引起的回应和作品本身一样有趣。一些评论是友善的,即便有些温和,而还有一些评论则并不友善。有学者批评霍尔无法识别比较法学者的目的,或是作品的范围和种类,他们还批评霍尔只关注"比较法学的一个可能目标,即其对社会理论的潜在贡献"(Von Mehren 1965:188;同时参见 Hazard 1964;Schlesinger 1965);比较法学者应当理解社会科学的演变以及他们各自研究领域的所有新进展(Wagner 1964)。一些批评者同意比较法研究应当有助于理解社会,但是坚称大多数比较法学者已经展开了这个工作(Hazard 1964)。在社会学者这边,一位重要的学者写道:"无论开拓性研究将带来哪些适得其反的结果,杰罗姆·霍尔在他的书中所进行的研究都是开拓性的"(Schwartz 1965);霍尔并没有看到法律社会学已经完成的一系列成果。我们需要更好的研究和更加全面的理论框架,虽然霍尔的书提出了"怀疑这两方面可能性的理由",但这些理由并不令人信服(Schwartz 1965:291)。一些评论认为这本书写得令人十分费解,书中的核心观点让人难以理解(Wagner 1964;Wasserstrom 1964)。理查德·瓦瑟斯特罗姆(Richard Wasserstrom)认为霍尔书中的内容反映了一个根本的困惑。对霍尔而言,自然科学模型不宜用来研究法律制度,因为应当把人类意图、理想和原因纳入考量。但是,瓦瑟斯特罗姆指出,作出一般的、非规范性的科学声明是有可能的,例如人的理想(1964:109)。作为可记录的态度或是偏好,这些问题并不处于科学法律社会学(scientific legal sociology)的研究范围之外。

这些反应表明社会学和比较法在 20 世纪 60 年代之前已经分道扬镳。它们的议题是复杂的,而且人们很容易批评霍尔简化或是扭曲了两者的议题。相较于比较法学者和社会学者在早期对两大领域之间的紧密性或是互赖性所宣称的观点,现在揭出两者之间存在着任何一般意义上的联系似乎都是错误的。联系只存在于具体的目的和课题之中。但是,霍尔正确地批判了社会学的主导取向(功能主义、实证主义、科学主义)在他写作之时所具有的局限性。瓦瑟斯特罗姆的批判忽略了一点,即社会科学可以把价值和动机看作是资料。而霍尔在书中则提出了完全相反的要求,即社会科学应当理解法律"内部的"、解释性的一面,而非把这些方面概括为可测的资料。

〔134〕

霍尔呼吁从事一种非实证性的社会科学课题,这样比较法就可以处于一个公认的、稳固的和有利的位置。但是,在霍尔写作之时,法律理论和社会研究尚未发生解释性转向(interpretive turn),所以他缺乏足够的方法去阐明他的课题。实际上,关于比较法与社会学之间课题整合的目的是大有可谈的。鉴于法律理论和社会科学两大领域在当下所取得的进展,两者之间的课题整合比霍尔写作之时要可行得多。这里假定的是比较法学者与社会学学者之间不必有终极的视角对立,尽管两者在各自领域存在着大不相同的研究目的。法律职业者对于法律经验的比较视角可以渗透着更加广泛的社会学视角;同时,针对法律职业者作为法律参与者和观察者所具有的多样多变的视角,法律的社会学视角归根结底应当支持、解释、保护、联通并且语境化地理解法律职业者的视角。最后的结果不应当是恢复社会法理学(受到社会科学华丽辞藻影响的法律实践),而应当是人们开始更加关注实际参与法律的无数形式与实际观察法律的无数形式之间的各种联系。

如果社会学和法律社会学这些术语在这一语境中得以澄清,那么这些主张将具有更加明确的含义。霍尔吸收比较法并将之与社会科学整合在一起的课题之所以遭到了猛烈的批判,其中一个原因显然是这一课题暗示着比较法学者应当掌握法律研究以外的另一门学科,否则他们的研究就要屈从于法律研究。在更早的一段时期,法理学者怀疑涂尔干所提出的那种社会学,他们还怀疑涂尔干及其同事如此热情地倡导法理学者和社会学者之间的合作(Cotterrell 1999:37),其中一个主要原因是作为一门学科,社会学看起来具有令人发指的霸道色彩(shamelessly imperialistic)。涂尔干写道:"我的研究目的一直在于准确地把社会学的观念引入像是法律研究这样的缺乏社会学思考的学科,进而使这些学科成为社会学的分支"(1982:260)。

为了达到法律探究的目的,若人们不把社会学视为一门学科,而仅把它看作是一个以理论为导向的、以经验为基础的、系统地理解社会生活的过程和愿望,那么这样一个观点对比较法学者或是其他具有社会学思维的学者而言才是可以接受的。这一过程和愿望不被任何一个特定学术科目垄断。法律的社会学视角利用社会科学(以及其他学科)的理论、方法、资料和研究传统。因此,正如第三章所述,法律社会学必须被看作是一个学科际课题(interdisciplinary project),它和比较法一样关注的是经验地、系统地研究我们所选择出来的社会生活的法律面相。这一关注点牢牢地投向了法律,即法律不仅关涉的是法律职业者在他们各自不同法域的职业认知,从更加一般的意义上讲,法律是社会经验的某一方面或是领域。当下,社会分析的任务就是对这一方面或是领域加以概念化。[8]〔135〕

不同于比较法的是,法律社会学所寻求的是一种直接运用并得益于社会理论的视角。正如第二章所论,法律社会学的关注点在于明确且系统地探讨社会的本质,以及法律教义和法律制度所处的更加广泛的环境。比较法并不那么重视这一点。但是,这样的探讨对于回答比较法学者所提出的如下问题而言是至关重要的,即法律的统一或协调在多大程度上是可欲的或是可行的。

事实上,如何看待社会对于当代法而言是一个复杂的问题。法律社会学的主要作用之一便是把各个方面或是领域的社会加以概念化。它的任务在于展示出社会在各个方面或是领域(作为法律规制的环境)的普遍意义,而法律从这些环境中获取意义。关于法律在这些环境中的本质,法律社会学能够提供理论和阐释。法律扎根于这些环境之中,且与这些环境不可分离。通过这种方式,法律社会学能够在认识论和本体论意义上阐明长期困扰比较法

---

[8] 这样做的一个问题是把具有重要社会意义的规制体系纳入考量,但其所反映的文化传统在本质上与西方的法律思想和经验是格格不入的。参见 Menski 2006。

(作为一个研究领域)的一些难题。这些问题涉及的是比较什么以及已作比较的有效性。相应的,比较法对法律实践、法律制度和法律观念的记述和阐述对于法律社会学而言是至关重要的。比较法针对法律提供了多种多样的法理视角,而这些视角应当与法律社会学所阐发的视角结合在一起。

在我看来,这些总体的设想应当决定着比较法与法律社会学之间的关系。比较法最有可能给法律社会学作出的贡献在于阐明社会的本质,以及法律及其制度通常在什么样的语境下可以进行比较。相较于比较法在当前的研究方向,它如何能够做到这一点?我将在本章余下的部分思考三个研究方向(艾伦·沃森的法律移植命题、自创生理论在比较法中的应用,以及一些比较法学者近期对法律文化概念的使用)。我将依据这三个方向来考察社会学者能够给当今的比较法学者提供哪些视角。

## 法律发展的"内部"过程

在当前的语境下,沃森作品中最吸引人的部分是他极力避免比较法对法律社会学的依赖。沃森意识到,如果不研究产生法律问题并且决定问题性质的社会语境,人们不能把法律问题(例如"租金限制"或是"离婚生活费")设定为比较的基础。因此,"研究的重心始终在于问题的可比性,其次才是法律的可比性;而任何建立在这一起点上的学科都将是社会学,而非法学"(Watson 1993: 5)。[9] 沃森的解决方案是完全排斥比较,相反,他通过类比和借用其他法系的法律观念来关注推理的过程。在他看来,这是解释法律发展的关键。所以,沃森认为,比较法"研究的是某一法系及其规则与其他法系之间的关系"(1993: 6)。它把法制史和法理学视为姐妹学科(sister disciplines),因为比较法关注的是法律及其发展的本质(1993: 7)。

在第七章,我讨论了沃森关于法律社会学的主张以及他的法

〔136〕

---

[9] 有学者较为详细地讨论了这一问题,尽管没有得出确定的结论。参见佩泰里(Péteri),特别是第 90—93 页。

律移植命题。正如我在那一章所指出的,沃森把法律变迁视为一种在本质上由法律职业者操控的"内部"过程[10],而社会学的影响对于法律发展而言基本上是无关紧要的。因此,比较法摆脱了那些依赖于社会学的概念(例如功能、演化、法律或社会问题或是利益)。但是,尽管沃森作了最大的努力,可是他的这些主张引发了两个根本的问题,这进而把法律社会学重新拉回到了比较法学者的视野里。第一个问题是,假设法律移植对于法律发展是至关重要的,那么移植的是什么,移植成功的标准是什么?第二个问题是,什么是决定法律移植或是法律适应是否发生的内部法律发展过程?

我先来回答第二个问题,沃森主张,法律职业者基于他们的职业需求、利益、特权以及对声誉的判断基本上控制了法律发展的内部过程。社会学视角被排除在外,即沃森仅仅假设法律社会学对于法律职业者和法律实践而言是毫无价值的。然而事实上,法律职业和法律实践是法律社会学中核心的、最为成熟的经验探究领域之一。一些学者的重要研究涉及的是法律职业者的职业实践对于法律变迁的作用(例如 Dezalay and Garth 1996)。如果法律变迁所受到的"外部"社会影响(即并非出自法律职业者的影响)没有被纳入认真的考量(极富争议问题)[11],"内部"影响仍然需要社会学探究。确实,关于沃森自己的观点,我们似乎不可能理解法律发展是为何且何时发生的,除非我们对法律精英的实践、利益、策略和政治进行社会学研究。沃森认为,法律精英在法律发展的过程中发挥着至关重要且往往是决定性的作用。[12]

---

[10] 例如,他曾写道"内部的法律逻辑"或是"法律传统的内部逻辑"支配着法律发展。参见 Watson 1985b:21,22。

[11] 法律社会学者对沃森进路的早期批判,可参见 Seidman(1975:683),"因为他已经明确把对社会因素的研究看作是社会学而非法学,所以当他被迫考虑这些因素的时候,他相应的处理缺乏任何审慎的分析或是对假设的验证。"

[12] 沃森时常把人们对某一外国法系的欣赏说成是决定是否从中采用法律教义的一个重要的独立因素(例如参见 1985b:109,118)。然而,"欣赏"和"声誉"同样仍然是一个用来解释目的的模糊概念,除非人们能够识别构成概念的要素并且解释各个要素之间的关系。法律职业者关于外国法源的相对声誉的观点就是从法理意义上简略表达了大量社会学意义上的利益、价值承诺、情感纽带和历史经验。后者通过各种组合影响着法律改革模式的选择。

〔137〕　与此同时,如果把内部力量与法律精英的实践或是利益联系在一起,那么沃森所谓的法律发展中内部力量和外部力量之间的区分在逻辑上并不一致。内部力量显然包括律师所服务的客户群体的利益,而律师所关注的问题至少在一定程度上要根据他们的社会地位来理解。因此,律师的职业利益不能与更加广泛的社会条件相分离,后者为律师提供了法律实践的环境。同理,为了质疑内部—外部划分,我们不需要只从利益的角度去思考。例如,我们可以谈论法律的理解、解释或是经验。从最早期的发展开始,法律社会学针对这些问题有很多讨论。在这里,我要特别强调一点,即这些问题没有一个是专属于法律精英的(无论怎样定义)。而这些精英对待这些问题也没有一致或是不变的观点。在社会中的不同地区,人们理解、解释或是体验法律的方式是复杂的、多样的且多变的,而只有把法理分析与社会学探究结合在一起,我们才能够深入研究这些问题。

　　为了避免任何内部—外部划分(在解释法律发展的过程中把社会学排除出去)的解体,其中一个方法就是借助系统论。贡塔·托依布纳(1998)已经探讨了自创生理论有可能给比较法带来的影响。他提出,法律在特定的现代条件下可以被看作是一套与众不同的、自我更新的沟通系统。托依布纳批评了沃森太过重视法律职业者的职业实践活动。在托依布纳看来,这些实践活动在本质上并不是法律发展的引擎,而是法律现代特征的一个必然后果。这一独特的话语特别重视对合法/非法的判定。作为一个独立的话语,法律的重心在于合法/非法的代码(legal/illegal coding),而非对诸如道德、效率、科学或是历史真相的判断。它不应当被社会学所研究的社会发展所支配。相反,它可以回应这些发展,但始终都要按照自身的术语展开言说。相较于沃森把法律理解为由法律精英创制的自治法,自创生理论的拥护者则把法律看作是一套高度专业化的、功能独特的沟通系统(Teubner 1993;同时参见 Přibáň and Nelken (eds) 2001)。

　　作为社会沟通系统的法律与其他系统(例如经济系统)相联系,但并非通过直接的影响模式。自创生理论所指的结构耦合(structural coupling)指的是各个系统之间更加间接的和偶发性的关系。在不同的社会,"耦合"呈现出不同的形式。这给比较法所感兴趣的法律移植带来了重要的影响。法律规则(例如合同法中规定诚实信用的规则)可能出自某一法系,并被引进到了另一个法系,或是通过欧洲的法律协调被整体施加到了另一个法系。但是,鉴于沃森的命题表明这有可能是一个简单的过程,托依布纳的主张则是法律观念的意义在移植的过程中有可能发生巨大的改变。这是因为除了法律解释和法律的概念化过程在不同法系具有不同的风格和传统以外,法律系统与经济或是其他社会系统耦合的过程还有可能基于不同的国家语境以及法律在不同领域的"密集度"或是"松散度"而存在着差异。自创生理论假设存在着朝着全球法律话语的转向(Teubner 1997; King 1997),但是,至少按照托依布纳的解释,这一转向意识到了法系之间存在着严重的不兼容,而这是由于各个法系内部具体的社会环境造成的。因为这在理论上使得法律观念在不同法系之间的移转带有了不确定性。在托依布纳看来(1998),能够被看作是法律"刺激因素"(irritants)的法律移植并没有那么多,后者能够在受体法系(recipient legal system)中引起、造成难以预测的改变。

〔138〕

　　沃森致力于将社会学从法律移植的逻辑以及从比较法的核心中排除出去,而托依布纳的命题则完全否定了沃森的这一努力,尽管托依布纳本人没有直言这一点。在托依布纳看来,法律与其他社会系统的耦合给那些意图实现法律统一或是协调的比较法学者带来了重大的限制。为了理解法律观念在法系之间移转的可能性,我们毫无疑问需要法律语境的社会学科知识。但是,从另一个观点出发,关于经验法律社会学(empirical legal sociology)如何能够帮助比较法学者的问题,自创生理论很难提供指导。如同沃森的命题,法律对"外部"社会影响的抗拒并不被看作是由法律职业者行为引起的,后者可以成为社会科学的研究对象。相反,这要归因于法律具有自我满足、自我生产和自我再生产的话语特征,后者是自创生理论声称发现的。

　　自创生理论不仅被适用于法律,还被广泛适用于对社会沟通系统(例如,包括经济系统和行政系统)的研究中。作为应用自创生理论的先驱,尼克拉斯·卢曼认为这一理论是社会学分析所有社会系统及其相互关系的基础(Luhmann 1995)。但是，卢曼关于法律自治所提出的理论主张是非常强有力的假设，这些假设优先于(甚或是取代了)比较法学者和法律社会学者所更偏爱的那种对社会和法律变迁的具体经验研究。自创生理论的假设与其说是用来指导经验研究，不如说是令人信服地解释了如何理解经验研究所发现的种种结果。比较法学者和(大多数)法律社会学者或许想问，为什么自创生理论所强调的法律所具有的特定话语特征必须是分析的起点。例如，为什么要假设法律观念在法系之间不可能存在任何直接的影响，同时，为什么有必要认为现代法与经济或是社会生活的其他方面仅仅是相耦合(而不是基于相互的影响而联系在一起)。换言之，明智的做法是，比较法学者和法律社会学者联手共同关注更加开放的经验探究以及理论；同时，面对法律所具有大量且深厚的社会嵌入性(social embeddedness)，比较法学者和法律社会学者在研究之初应当抱以更少的怀疑。

[139] ## 法律文化与比较法

在法律移植中，移植的是什么，移植成功的标准是什么？这是之前提出的另一个问题。这一问题在沃森的移植命题中并无定论。如果移植的全部仅仅是移转特定的实证法规则，那么移植只需由受体法系正式通过这些规则即可。如果通过法律本身可以被看作是移植，且无需考虑到底谁使用这些规则、谁了解这些规则或是这些规则是否会影响任何社会或是经济生活的话，那么只要把规则通过就算是成功了。鉴于沃森的命题涉及的是法律职业者对外国规则的借用以及这些规则在法律实践中被正式地通过或是采纳，因此他认为成功移植能够轻松实现的主张几乎就等于同义反复。如果移植仅仅是指把外国规则加入成文法或是法院的实际采纳，那么成功的法律移植完全是由那些控制法院或是立法机构的法律精英掌握。一旦超越职业法律或是立法实践的世界，那么法律移植与规则有无可能产生社会影响无关。[13] 从定义上讲，社会

---

[13] 然而，沃森在没有提供证据的情况下，假设被移植的法律通常会有力地控制"较低级别官员"和受到影响的公民(1991:87)。

学(沃森把社会学看作是对任何社会因素的研究,除了法律职业者自身的实践以外)并不重要。正如沃森所言,移植只有可能"在社会上轻易地发生"(1993:95)。

然而,沃森有时用"法律文化"这一术语指涉决定成功移植的条件(例如参见 Watson 1991:100—2;1993:108,115,117—8)。这些条件指的是受体法系中法律精英的观点、实践、知识、价值和传统。事实上,他有时指的是"法律职业者"的文化(1985b:117—8)。沃森把这个意义上的法律文化视为法律内部发展过程中的主要决定因素。但是,提到"文化"就是要诉诸一个长期在社会科学领域(尤其是人类学)居于核心的概念。它涉及的是一系列关于社会经验、理解和实践的问题,这显然将招致社会科学的分析和阐释。再次,内部/外部二分的问题出现了。如果这些关于诸如观点和价值的问题对沃森所指的法律精英是重要的,那么这些问题为什么对其他社会群体不重要呢?后者是决定被移植的法律是否被援用、适用或是执行的关键。

这里,我们可以拿法律社会学的一些新进展作一个有趣的对比。在第五章,我们思考了法律文化的概念是如何被用于法律社会学的,尤其是劳伦斯·弗里德曼意义上的法律文化,即关于法律的态度、观念、信仰和期待。沃森对这一术语的使用符合弗里德曼所谓的内部(法律职业者的)法律文化。但是,弗里德曼(和许多法律社会学者一样)主要关注的是外部(非法律职业者的)法律文化。他拒绝接受比较法学者对法律风格或是法系所作出的典型分类,这正是因为这些分类没有充分考虑外部法律文化的差异性或是相似性,在他看来,这才是决定法律的社会意义和重要性的关键因素(Friedman 1997)。但是,比较法学者或许有极其充分的理由批评法律社会学者所关注的文化在概念上是模糊的,并且可能具有漫无边际的研究范围。正如我在第五章所指出的,如果没有说明各种社会分化被界定或是关联的方法,或是不去判断它们各自独立的意义,那么这种意义上的法律文化研究有可能涵盖所有类型的社会分化。社会分化与法律存在着联系,只要人们对法律的态度关注的是官方的法律制度或是其他被视为与法律相关的现象(例如异议、控诉或是其他官方行为)。在这一用法下的法律文化概念

〔140〕

完全是模糊的,比较法学者很好地避开了这一概念。[14]

在当代,一些比较法学者关注的法律文化问题显然不同于弗里德曼,或是其他不把法律文化看作是态度问题(相反,法律文化被理解为是和法律相关的、可测的行为模式)的法律社会学者(例如诉讼率显示;参见 Blankenberg 1997)。有趣的是,为了把不同法系的法律风格与一种把法律文化视为独特的共同价值观的更加广泛的视角作对比,皮埃尔·罗格朗把语境分析法运用到了传统比较法所关注的问题上。作为共同价值观的法律文化——"理解现实的模式"(Legrand 1999:11)——渗透到了特定文明的各个角落,而后者是法律在特定的时间和地点所根深蒂固的基础。

作为一名比较法学者,罗格朗使用这一意义上的法律文化概念主要是为了理解和强调法理学者的风格和观点之间的差异(Legrand 1999:第一章),而非像弗里德曼的法律社会学那样去提出因果主张(causal claims)。罗格朗对文化概念的使用不大容易遭到内涵模糊不清和外延难以识别的批评。我认为罗格朗的文化概念是一个临时的解释性概念,杰罗姆·霍尔在其作为人本法律社会学的比较法中有可能赞成这类概念。我并不把罗格朗的文化概念看作是一个解释性概念,这类概念源自理论构建的科学法律社会学(scientific, theory-building sociology),它寻求概括的是社会和法律的发展。在这一用法下的法律文化概念能够促使我们感知丰富且复杂的差异,而这一概念对于一般且初步地领会法律理解模式或是法律分析风格与解释之间的细微差异是至关重要的,即便构成差异的各个要素仍然是集中的、难解的、难辨的,且在本质上具有不确切的个体意义。

从社会学的观点来看,只要把任何像是法律文化的这类概念作为预测社会(包括法律)发展的充分依据,那么就会产生问题。按照罗格朗的描述,法律文化关注的是日积月累的职业传统、思维风格以及法律职业者的执业惯例。但是,这一概念(比沃森对这一概念的使用要巧妙得多)还进一步强调了这些因素在更广阔的社

---

[14] 关于法律文化概念在各种语境下的社会学潜质(sociological potential),审慎的评估参见 Nelken 1995。

会经验层面上的根源和共鸣。作为构成要素缺乏细致区分的变量集合,这个意义上的法律文化在被用于社会解释的时候,仍然会遇到和法律社会学者的法律文化概念一样的问题。罗格朗的法律文化概念覆盖面太广,关注点太小以至于无法被用来令人信服地解释社会现象。〔141〕

自创生理论鼓励我们把法律看作是不受外部直接影响的,因为作为一种规范自足的话语,法律具有不可渗透性(impenetrability)。所以,作为一个无所不包的共同价值观,法律文化相应地也不受类似的影响(参看 Legrand 1996;2001)。在这两种情况下,法律不受外部直接影响并不必然需要经验上的确证,这是因为自创生理论把各种各样取决于相关条件的现象(contingently related phenomena)描述为一个复杂的(而非牢固的)整体。在自创生理论中,各种形式的法律知识、推理和实践表现为单一的、独特的话语。同理,在一些法律文化的概念里,千差万别的经验要素被整个称作是文化,而文化集合被看作是一个统一的整体,并且有能力抵御作为对立集合的其他文化。

毫无疑问,"每个人的文化语境在某种程度上都是独一无二的"(Curran 1998:49),而跨文化语境的完美沟通是不可能实现的——语言翻译的实例很好地表明了这一点(Curran 1998:54—9;Legrand 1999:3—4)。从社会科学的视角观之,比较法学者最近针对法律文化问题的强调取得了一个有益的成果,即通过关注研究方法问题以促进比较法与社会科学之间的协调。人们对"不可化约的不可比项"(irreducible incomparables)以及深层的文化差异的重视——这些问题包括哪些内容尚无任何定论——意味着"需要承认其他人拥有不同于我们的真相"(Curran 1998:91)。[15]

---

[15] 民族中心主义(ethnocentrism)(承认这一点在某种程度上是错误的)对于法律社会学者和比较法学者一样至少都是极其危险的。例如,作为比较法研究领域获得大量资助的一个社会科学议题,"法律与发展运动"在 20 世纪 60 年代和 70 年代失败的原因之一便在于这场运动"基本上狭隘地表达的是美国的法律风格"(Merryman 1977:479)。关于民族中心主义的问题,另参见 Alford 1986。

但是,这并不意味着沟通或是比较是不可能的。相反,这意味着沟通和比较需要深描(Geertz 1973:第一章;1983:第三章),即通过对社会经验进行丰富的、多层的、细致的描述,以表达文化差异的复杂性,发现共鸣之处,进而提供一些有助于理解和领会不同文化的方法。维维安·科伦(Vivian Curran)把这种研究比较法的方法称作"浸入式比较"(immersion comparison)。这种方法不仅要研究法律规则,还要关注将法律规则联系在一起的价值、传统和信仰,以及集体的记忆、理解、愿望和情感。"它所思考的是把文化障碍朝着相互理解的理想缓慢地推进,在致力于达成理解的同时亦意识到一些差异仍然是存在的"(Curran 1998:91)。

[142] ## 结论

如果社会科学能够给比较法提供任何有价值的信息,那么我可以按照如下方式概括一下。和过去相比,比较在一些语境和目的下变得更加困难。同时,比较的对象应当以更加复杂和精妙的方式被概念化。规制环境的细节及其复杂之处应该被系统地、经验地、解释性地理解。

法律社会学能够帮助我们理解吗?我在本章早先提到了有必要将法律与不同方面或是领域的社会关系加以概念化和澄清。大多数法律研究仍然强调对民族国家法的关注,但是和最近相比,民族国家的政治社会显然比法律的社会要小得多——后者是关于意义和权威的环境(例如参见 Glenn 2003)。法律社会学长期关注的规制形式具有不同于国家法的管辖范围。法律社会学有大量的文献关注法律多元主义。有时,法律社会学(往往以论辩为目的)试图展示法律在不同的社会关系模式中是如何被创制和存续的,而这与国家的规制活动关系甚微(Ehrlich 1936)。同时,法律社会学一直试图理解各种以主观的社会经验形式存在的法律经验(Gurvitch 1935)。

在当代的语境下,这些社会—法律取向开始关注不同共同体类型的相互关系。[16] 工具型共同体——尤其表现在商业关系中——愈加频繁地超越国家的边界,正如在贸易和金融系统领域。信仰型共同体表现在诸如支持国际人权的一系列运动中。许多社会关系仍然强烈地关注地域性事项,这些关系与具体的地区相联系且为界。同样,这些地区的边界不一定与民族国家的管辖边界相一致。其他社会关系注重家庭或是友谊群体。由此可见,社会是复杂多变的。

对于比较法而言,无论是考察和比较这些反映着不同社会表现的规制制度,还是正竭力去做到这一点,所有这一切都是至关重要的。对共同体类型的关注必须要努力去理解人们在主观上是如何感受共同体及其法律表达的。这就是深描和浸入式比较的价值所在,而这也是为什么像是功能、演化以及社会问题等旧观念无法满足某些比较法研究作业的原因。然而,尽管情况复杂,但是法系之间的比较仍然是可能的、必要的,无论是为了社会—技术、教育(借用艾布拉姆斯的术语)或是其他目的。这并不是说要把法系比较从比较法学者的研究重心中剔除出去,因为法系比较往往隐含着复杂的联系且依赖着社会科学的理念。〔143〕

在解释的层级上,这些联系不要求或是暗示任何一门学科对另一门学科的屈从。基于很多(而非全部)重要的目的,法律社会学与比较法在经验法律研究中应当是互赖的合作者。比如说,鉴于社会生活和法律经验中不同要素之间存在着复杂且紧密的影响、互动和解释,那么法律被概念化的方式(例如,像是自创生系统或是独立自足的文化领域)应当有助于人们更好地理解这一点。和比较法学者一样,法律社会学者应当采纳这些原理并且依据这些原理来展开他们的研究。如果做到了这一点,在比较法研究的宏大课题下,比较法与法律社会学的自然整合(unselfconscious integration)——作为曾经的远大抱负——在一定程度上终将会实现。这一想法或许并非过于乐观。

---

[16] 正如第四章所讨论的,乔治·古尔维奇(1947:49))用"社会性"(sociality)这一术语表达了类似抽象共同体类型的概念,这一概念在现实的社会关系中具有多种表现形式。但是,在我看来,古尔维奇对"社会性形式"的特定分类太过复杂,且在经验层面对于社会—法律分析的用处往往过于晦涩。

# 第九章
# 比较法中的解释

　　比较法学者所使用的解释方法与法律职业者的解释方法大致相似，但是，比较法中的解释通常并不取决于终极的司法或是立法权威。本章认为比较法研究中的解释权威往往直接源自社会渊源，后者存在于由法律所规制的各种不同的共同体关系网之中。无论是促进法律统一还是颂扬法律差异，这一结论对于比较法学者的偏好将产生重要的影响。它有助于解释比较法学者何时和为何应当依靠这一或是其他偏好。

## 导论

　　当今的比较法研究涵盖了一系列主题和各种各样的研究目的。事实上，大量的文献讨论了这些目的以及实现这些研究目的的方法。当前，试图阐明应然意义上的比较法是意义甚微的，因为比较法已经呈现出了许多不同的面相。比较法的重要性是显而易见的、与日俱增的。人们在当今诸多实践语境下对比较法的运用就说明了这一点。

　　虽然很重要，但是两个理论问题长期困扰着比较法。第一个是认识论问题：为什么比较？比较所带来的知识本质是什么？它具有什么样的知识地位？比较所得到的是关于什么的知识并且受制于哪些条件？第二个是本体论问题：哪些是可以比较的？法律规则、法律原则、法律文化、法律制度、法系、法律功能、法律风格？或者，比较是否应当通过法律回应社会的需求、利益或是问题？换句话说,比较法有哪些必要的主题?

这些问题是紧密联系在一起的。总有人说相较于单一法系的法律分析,这些现存的问题使比较法成为一种不同的研究作业(Zweigert 1975:84;Legrand 1999:11—12)。在某些作者看来,这些问题相当严重,所以比较法应当彻底放弃比较,即比较法的研究目的应当是研究法律在特定法系中的适应和发展。与法制史或法理学所探究的内容相比,比较法所关注的基本内容是法系如何借用其他法系的规则或是制度(Watson 1993;Ewald 1995b)。

其他作者承认如果脱离更广阔的语境而纯粹在技术层面比较规则,这一做法的价值是有限的、不确定的。所以,比较通常应当包括不限于法律规则在内的社会—法律现象(sociolegal phenomena)。这些作者主张比较法与社会科学结盟,或是把比较法本身就视为社会科学(Hall 1963;Zweigert and Kötz 1998:45)。因此,康拉德·茨威格特(Konrad Zweigert)和海因·克茨(Hein Kötz)声称比较法和法律社会学"使用的是几乎相同的方法"(1998:10)。通常,这种方法显然与局限于某一单一法系的教义研究(doctrinal studies)是不同的。尽管社会—法律研究已经取得了巨大的进展,但是这些研究并没有影响法律教义学(doctrinal legal studies),以至于大多数法理学者还不能说比较法和法律教义学"使用的是几乎相同的方法"。关于比较法的方法,茨威格特和克茨认为"国际主义"(internationalism)的维度发挥着重要的作用(Zweigert and Kötz 1998:2)。毫无疑问,在某些比较法学者看来,比较法研究的吸引力在于它提供了一种方法,而人们借此可以"把法学建立在一个确凿的和现实的基础之上"(Zweigert and Kötz 1998:33),因为比较法要求法律研究在广阔的语境下进行。从某种观点来看,虽然比较法是社会科学,但是国家法研究(study of national law)却是"解释性的人文科学"(Zweigert 1975:84),或者根本就不算是科学,因为其主题被武断地限定在了领土之上(Zweigert and Kötz 1998:15)。

〔146〕

## 比较法与法律解释

但是,问题比这个要复杂得多。人们在主张法律社会学与比较法之间的密切联系的时候往往预先假定这两门学科均始终受到实证主义方法的支配(在我看来是错误的)[1]。实证主义的研究目的在于描述和解释作为某种社会事实的法律。如果把法律解释为在不同国家语境中以各种方式呈现出来的社会现象,那么这显然不同于市政律师(municipal lawyers)对当地法律制度所作出的解释。但是,如果比较法的任务不仅是作出实证意义上的描述,还包括通过比较去解释法律以寻求特定语境下最为适当的法律观念或是理解,那么比较法与法律教义学之间的密切联系将重新得到肯认。所有这些研究都包含比较(Curran 1998:45),即规则的联系和对比、规则用词和意义的创造性比较(creative comparison)以及把规则意义联系起来或是区分开来的尝试。在薇薇安·柯伦(Vivian Curran)看来,比较法律分析是"法律分析的一般范式,它与通常的法律分析之间的区别名义大于实质"(1998:45)。如同当代其他比较法学者,柯伦认为比较的主要目的在于理解差异(appreciation of difference)。[2] 但是,这显然是一个关于侧重点的问题。法律解释普遍存在着对相似性和差异性的识别,即法理学者通过区分去梳理和整合规则,而一般的范畴需要必要的区分。

然而,在所有的现代法律解释中,人们在寻求统一、整体或是连贯的意义的时候通常会优先采用某些特定的方法,而不是去识

---

[1] 参见上面的第八章,相应的观点是比较法与法律社会学可以作为解释性实践(interpretive practices)紧密地相互联系在一起。

[2] 柯伦写道:比较法"从定义上讲,是一个长期处理和分析'差异'和不同的领域"(1998:44)。皮埃尔·罗格朗(Pierre Legrand)认为比较法学者应当"珍视"差异并且"领会他异性(alterity)",而非"固执地追求相似性和共识,进而受到常规方法的束缚"(1999:11,13)。

别差异。[3] 例如,普通法的法律职业者往往极力调和先例,且只有在无法适用先例的情况下,他们才会接受相反的判决或是不同的解释。显然,频繁宣称某一过去的判决必须适用于某些独特的事实(承认某一过去的判决不适用于其他案件,并承认体现在该项判决中的不同观点是无法调和的)并不令人满意。当前的任务是决定如何能够最大程度地扩大过去判决的适用范围,从而让这些判决在更大的法律教义体系中发挥作用。如果法律规则能够在无须相互指涉或是彼此冲突的情况下联系在一起,那么我们往往可以试图通过解释去说明这些规则之间的相互关系——把规则作为一个教义整体去适用——是如何把新的细微差异赋予到意义之中的。通常,人们无法回避的任务是要承认规则之间的冲突或是认为某项规则违背了另一项规则。相较而言,我所说的这一解释是不同的(或许是更值得特别关注的)。

同样,在比较法中强调如下这一点是非常重要的,即通过比较研究去理解法律规则、法律方案、法律风格、法律文化和法律制度之间的差异,并且回答这些差异在什么情况下是重要的、必然的甚或是可取的。不过,之所以特别强调这一点的重要性,其部分原因在于比较法学者在历史上已经尽了极大的努力去实现法律的整合或是统一(Graveson 1977;Gutteridge 1949:第十一章和第十二章)。按照人们过去所强调的,比较法学者与其他现代法律职业者之间并无差别,尤其是他们都更喜欢寻求统一和连贯的意义,而不喜欢对比和区分(Legrand 1999:12—13)。在统一或是连贯无法实现的时候,比较法学者时常认为他们的任务是在跨国"统一法"的方案中努力寻求这一点,正如市政法领域的法律专家在当今往往认为他们的任务是通过详细解释制定法、判例法或是其他法源,

---

[3] 另一种表述则是在法律解释中寻求系统与经验之间的平衡(参见之前的第三章)。如果所有的法律解释都需要在教义的系统化和经验地解决特定案件之间求得平衡,那么现代法律解释的方法最终总是倾向于系统化(systematization)。人们不遗余力地依据法律原则去为特定的判决作辩护,或者至少是解释这些判决是如何与法律原则相联系的。然而,从事实来看,如果一项法律判决无法与法律职业者眼中的更加广泛的主导法律教义模式合理地联系在一起,那么该项判决似乎在法律层面并不令人满意。

以求在教义的细微之处构建法律秩序或是添加法律规则。此处，我所说的律师偏好并不意味着这一偏好可以独立于强大的客户压力（例如来自政府和商业的利益），也不意味着律师不需要论证自己的职业知识和实践（Cotterrell 2003：8—13）。毫无疑问，关于规制效率和合法化的一系列考量给予了比较法学者巨大的动力去努力研究统一法，正如法律职业者受到了强有力的鼓动并致力于在现代国家法的教义中建立体系和统一。

〔148〕

"寻求相似性"（seeking similarity）对应的是"理解差异性"（appreciating difference）；我们还可以说"实现整合"对应的是"划定边界"。在本章中，我想要论证的是，决定这些因素的平衡是比较法所面临的最困难和最重要的实践任务。同时，我们应当把这一任务置于更加普遍的法律解释活动中去理解。

在法律解释中，划定边界指的是确定意义的界限（例如对于某一规则的意义而言，其制约因素可以是其他规则、成文法中的用词或词组、影响法律的整个思维风格或是理解方式）。同样，划定边界指的是法律权威的效力范围（管辖的限度），无论是特定的规则、一系列程序（比如法院机构或是行政机构的那些程序）或是制度。同时，划定边界所处理的问题还可以是界定下放的或是联邦的规制权威在国家法内部的范围，或是标明制度之间的管辖关系。

法律的整合需要移除规则或是其他法律教义要素之间的冲突。这可以通过命令来实现（例如上级法院宣布下级法院制定的前后矛盾的规则无效）。在这种情况下，由政治保障的法律权威能够终局地决定这些问题。或者，这还可以通过说服来实现，即法律解释共同体（例如起草法典的律师、审理案件的法官小组、法律注释者）通过协商为某个特定的法律教义要素赋予最佳的意义，或是为特定的语境提供最合适的规则。整合还可以包括建立统一的法律权威，其途径是管辖合并或是在各种法律制度之上创设统一的法律制度（正如创建超国家的欧盟法律秩序或是各种关于贸易规制或人权方面的跨国法）。因此，法律的整合和区分需要连续地比较，而这在本质上是比较法学者和市政律师所共同关注的。

如果这些比较不能使比较法从根本上区别于其他法律研究，那么什么可以呢？规则或是司法判决的法律解释通常假设的是一个单一的法律权威结构,从而让所有的法律材料能够与之相联系,即人们理解这一结构需要使用一些代表着法律权威顶点或是中心的理论概念,例如主权、承认规则或是基础规范这些概念。相较而言,比较法所进行的比较并不局限于任一已经确立的法律权威(例如民族国家法的权威)。

如果共同的法律权威结构无法涵盖各种可比要素,这将导致比较法发生上述认识论和本体论问题。在涉及单一法系的法律解释中,关于"为什么比较"的问题,答案通常就是:在这一法系中,解释和说明在特定的时间里什么是有效的法律(或许这是评价之前要做的工作)。关于"要比较什么"的问题,答案是:根据相关法律职业共同体已经建立的理解,解释和说明都有哪些可以被看作是法律规则、法律原则或是法律概念,而这些要素共存于单一的法系之中。比较的任务在于整合和区分各种法律材料,进而针对特定的规制领域或是规制问题确立终局的法律立场。当然,这绝不意味着比较是轻而易举的。尽管如此,比较往往受制于并受控于固定的法律标准和法律实践,而同样的情况并不适用于比较法。 〔149〕

在大多数法律解释中,由政治保障的法律权威或是"意志"(例如主权立法机关或上级法院高于下级机构)限制人们争论法律教义的合理意义(理性),并且始终控制着这些法律教义的价值体系(参见 Neumann 1996)。人们关于"理性"的争论依据的是这样一个假设,即人们关于法律教义所达成的各种意义就是有效的法律。但是,在比较法中,没有共同的法律权威能够起到这样的作用。所以,比较法学者依据跨国法对法律的理性所作出的阐述——就像他们努力建立统一法那样——往往说服性大于权威性(Bonell 1995:73—4),尽管他们的阐述有可能被国际协议采用(Gutteridge 1949:第十三章)。

## 比较法学者的权威

那么,在比较法中,什么可以促使人们对法律教义作出好的解释?例如,在寻求相似性的时候,是什么使得相似性是值得寻求的?在理解差异性的时候,是什么使得差异性是值得理解的?在什么时间和什么条件下是值得的？什么可以用来比较？为什么要去比较？

之所以把这些问题置于一般法律解释的背景下去讨论，其目的在于强调决定性的"权威"是如何确定问题的答案的。比较法学者为什么要寻求统一法或是法律的协调，或是说他们拥抱法律的"趋同"为什么是妥适的呢？答案有可能是为了更高的规制效率（例如经济效用），正如人们在统一商法的方案中经常这样说。或者，答案有可能是为了体现、象征或践行共有的价值或是信仰，正如人们声称统一人权法表达了与尊重自治或人类尊严相关的普遍文明价值。还有，答案有可能在于统一法的简约性、可测性或安全性，因为相同的规则（无论是什么规则）始终适用于特定的地理区域（或是某个区域具有共同的语言、传统或历史经验）。最后，统一的法律方案有可能是合理的，因为这一方案看起来符合并且公开表达着普遍认同的情感。关于统一法的最著名的命题就是萨维尼把民族精神作为法源（1981），这一令人费解且神秘的概念在有些情况下具有很强的说服力（例如在萨维尼时代政治分裂的德国）。在近段时期，人们畏惧极端民族主义情绪，寄期望于排斥这些情绪并避免战争。这促使人们努力在跨国法层面实现法律的协调或是统一，尤其是在欧洲。

〔150〕 这些妥适性（appropriateness）标准实际上可以影响国际协议或是特定国家的决策。不管怎样，这些标准在比较法中都有可能替代固定的（法律）权威（意志），后者能够终结人们对法律"理性"的争论，即符合原则的正当理由（principled justification）和妥适意义。

反言之，是什么使得多元的法律方案（理解差异性）是妥适的呢？比较法学者近期往往采取这些方法来回答这个问题，即通过援用法律文化的概念或是竭力主张人们广泛认可不同的法律风格或是制度背后的文化差异。法律文化以及文化差异主要是通过法律职业者的视角、实践和传统去识别的，但是，它们往往被看作是"与我们的文明和思维方式是紧密联系的"（David and Brierley 1985：19）。在这里，文化差异的构成要素通常是难以理解的，有人认为"法律的特征……只能按照规律缓慢地变化，因为它是随着国家文明、公民的正义感、经济结构、语言和社会礼仪的变化而变化的"(David and Brierley 1985:19)。

被用来证成法律差异的文化权威往往是模糊的和未作区分的,正如我们在上一章已经看到的,文化的要素可以包括终极的价值和信仰(例如那些支撑宗教法独特性的价值或信仰)或是传统(例如共同的语言和历史经验)。传统——一些比较法学者视其为决定法律制度、法律文化或法律风格之间差异的最有力的要素——是指法律精英的传统(例如参见 Watson 1985b),而非更广泛的社会传统。此外,人们还可以依靠特有的集体利益(例如国家的经济利益)来证成法律差异,后者需要的是专门的法律保护。最后,人们还仍然有可能使用集体情感(collective sentiments)这一棘手的概念去在文化上证成法律差异,例如人们关于"民族"或"人民"及其性格或命运的态度——爱国主义感、民族主义感或是集体认同感是一些难以分析的,但往往又有影响力的集体情感(Gutteridge 1949:158)。因此,文化权威——作为比较法的一个指导——是一个由各种要素(信仰、传统、利益和情感)构成的精炼集合,其中一些要素是无法被终局地界定的。

这些概念只不过说明了比较法学者为了证成、巩固或是阐明他们的法律解释所援用的各种权威。这并不是一个关于意志的法律权威问题,而是一个关于"说服性"权威的问题,即关于工具效用以及对共有的信仰或终极的价值、传统或共有的情感的吁求。这些类型的权威预示着一种社会—法律分析的逻辑,即我要指出的是这一逻辑使比较法的方法和视角更有利于应对当代法不断变化的环境。

关于这一不断变化的环境,什么是最重要的?当前引发这些变化的最重要的力量是通过"全球化"和"地方化"这些术语表现出来的,这些术语具有多种多样的、往往自相矛盾的意义。我在这里所说的全球化指的是一股股趋势,即朝着经济或社会安排、制度和价值方面的跨国统一。而地方化在这里指的是一股股反趋势(counter-tendencies),即朝着保护、维护或是促进多样性、差异性、独立性、群体的分离或自治、民族或领土的方向,其中最常见的是政府问题或是共同的价值或传统问题。即便我们不谈论关于这些

〔151〕

趋势的广泛争论，我们至少应该说：在超出特定法律领域以外的社会生活中，寻求相似性和理解差异性之间的冲突显然是存在的，尤其是在那些尚无法被人们透彻理解的重要社会运动中。全球化似乎特别注重通过统一社会、经济以及法律安排去寻求相似性，地方化似乎特别注重通过创造、保护、重新发现差异性得以成长和受到尊重的条件去理解差异性（例如政治或文化差异）。

由于比较法的关注点并不局限于特定民族国家的法律，所以相较于法律教义学，比较法能够更加全面地考量那些在全球化和地方化的冲突中表现出来的动态社会变迁。虽然比较法与法律社会学之间存在着一种公认的但又不成熟的关系，但是人们可以利用和发展这一关系，进而能够观察和解释规制中不断变化的经济和社会语境。当然，比较法的认识论和本体论问题在寻求解决这些问题的时候，必须要把人们在追求许多（并非全部）目的时的语境纳入考量。人们在比较法中通常关注的是法律和社会层面的"功能""问题"或"利益"（例如参见 Zweigert and Kötz 1998：10），而这些关注点——作为比较的基础——必定意味着人们特别注重分析不同的社会环境，而后者对于人们建立法律教义的意义是必需的。例如，比较法学者长期认为民族国家之间的权力关系强烈影响着法律变迁（Gutteridge 1949：160），同时，法律社会学者已经开始向人们论证这一影响所具有的某些机制（例如参见 Dezalay and Garth 1996）。实际上，被规制群体和共同体内部以及相互之间的权力关系应当是一个重要的关注点。

另外，可以理解的是，比较法学者并不希望成为法律社会学者，或是看到他们所关注的问题转而变成社会学所考察的对象（Péteri 1970：90—3）。所以，比较法学者不情愿探讨比较法在法律解释中对社会标准（前面讨论过的工具效率、共有的价值或信仰、传统和情感因素）的依赖以及由此可能产生的影响。为了更加严密地探讨这些标准并且理解这些标准在比较法任务中的相互作用，比较法学者和法律社会学者需要更多的合作。

还有一个更加严重的问题，因为解决这一问题涉及的不仅仅是有益的学术结盟。重要的是，当代比较法的首要议题显然不是由比较法学者设定的。相反，特别是这样一群人决定了比较法的议题,即他们投身于并试图从一系列方案中获益,包括欧洲整合、不断扩张的跨国贸易开放、国际银行和金融制度的发展、知识产权的全球控制和利用、互联网的发展以及对各种跨国犯罪的控制。从效率追求上讲,所有这些方案都需要国家法的协调或是新跨国规制制度的创建(Wiener 1999)。从这些语境来看,人们最近重新燃起了对比较法的兴趣和投入,但新的关注点在理解差异性和寻求相似性之间绝非中立。现在,随着人们极力推动法律的统一或是协调,比较法因此受到了强烈的驱动。而这与比较法在历史上的大多数情况都相类似。在这些语境下,承认差异性并不意味着颂扬差异性,而是要想办法解决差异性问题。〔152〕

比较法总在不断追求通过统一或是协调来实现法律的整合(Gutteridge 1949:第十一章),从这个意义上讲,这在现在已经成为一些重要利益集团的当务之急。问题不是"是否或是何时",而是"如何并建立在哪种模式之上"。全球化的主导经济过程就像是一股把比较法吸走的旋风。"是……市场机制扮演了法官、观点制造者和价值确认者的角色"(Bauman 1987:124)。显然,比较法的任务是促进这一无法阻挡的变化过程,识别冲突的法源(或许在某种程度上根植于我们所谓的文化之中),并找到解决或是回避问题的有效方法。

或许,比较法能够缓解法律转型过程中的阵痛,即创新性地消除法律差异,创造性地向那些必须接受法律变迁的人作出解释,或是在努力让这些法律效果符合跨国要求的同时,保护那些为人们所熟悉的法律实践和思维形式、概念和风格。

随着经济活动在诸多领域的跨国组织不断增多,有人认为这是"国家的撤退"(Strange 1996),因此法律的意志在许多规制领域正逐渐脱离其对国家政治保障的依赖。尽管如此,当前大多数的法律协调仍然发生在对民族国家的私法和公法进行调整的过程中(Wiener 1999)。由此,比较法的研究范围大幅扩张了。但是,严格来讲,比较法在这些语境中的任务是在民族国家的法律制度、风格和文化之间促进全球化,这既不意味着理解法律差异,也不意味着寻求相似性。相反,比较法的研究目的在于作出必要的法律调整,以避免治理体系的冲突和摩擦。由此,人们能够试图尽可能地摆脱对任何特定民族国家法的显著依靠和依赖。

至少在人权这一领域,人们认为在寻求法律统一的同时去理解法律差异始终都是一件必不可少的事情。相较于经济全球化(以及由其所推动的其他一些方面)的旋风,将人权普遍化的需求在诸多方面同样是强有力的。但尽管如此,法律发展的动态过程显然是不同的。经济全球化主要满足的是工具目的。按照我在之前所描述的那些术语,法律协调或是统一的说服性权威关涉的是贸易或是其他相关活动的更高效率(即便这有可能对更加广阔的领域产生重要的影响)。相较而言,人权的普遍化意味着输出、继受或是移植法律形式意义上的基本价值或是信仰(例如关于人性的本质)。这些价值可以按照各种方式去解释,或是在特定的背景下与对立的价值相冲突。因此,普遍化的需求——在不同的人权法域中寻求相似性——遭到了文化相对主义的挑战,后者要求的是理解差异性(Steiner and Alston 2000:366—402)。然而,鉴于人权法所体现的价值普遍性受到了强有力的拥护,人们对法律统一的需求是极其强劲的。所以,尊重人权被视为是"唯一一条能够把全世界每一个国家、种族、信仰联合在一起的国家机构的规制原则……以及意识形态的'历史终结'"(Douzinas 1996:115)。

〔153〕

## 社会的范围

如果比较法把自己的议题设定为寻找法律现象中的妥适平衡(在寻求相似性和理解差异性之间),那么这需要诉诸强有力的理论方法。否则,此处的剩余假设(residual assumption)有可能是:当代所有比较法学的研究目的应当是在尽可能广泛的范围内促进法律统一。其原因在于其他类型的说服性权威(即支持或是反对不同领域的法律协调或是统一)尚未得到充分的分析,虽然人们现在普遍认为国民经济的生存和发展依赖于跨国规制的协调,在这样的情况下,人们很有可能消极地去评价大多数的法律差异,即认为法律差异造成了法律协调的失败或是对法律协调构成了挑战,或认为法律差异会导致排序(某一法律方案必定比另一个方案更差或是更好),抑或认为法律差异完全让人难以理解。

但举例来说,法律可以被用来以各种方式保护或是象征集体身份。法律不仅要满足经济共同体的需要,还有其他各种共同体的需求。法律在某些方面还可以规范性地表达这些共同体的本质。法律可以通过规定"寻根权"奠定身份和团结的基础,法律还可以通过规定"选择权"来最大限度地激发自由的个人自主性和个人选择(Santos 2002:177)。因此,人们既要关注法律的协调或是统一,也需要关注法律对差异性的表达或是保护。

在一些当代环境中,围绕人权领域的文化相对主义争论表明人们已经意识到了法律统一和法律差异之间的冲突。在这些争论中,最为显著的就是人们把文化看作是差异性的有力代表(powerful marker)。在一个与人权争论完全不同的语境中,人们还用文化的概念去关注比较法对差异的一般性理解。人们近期致力于把"共同的价值观"(共同体关于法律的全部观点)阐发为一个法律文化概念,他们试图通过这一做法创造一个关于差异性的理论概念,以有力地质疑那些关于趋同、协调或是统一的重要假设(Legrand 1996;1999;2001;Curran 1998)。

我在前文(特别是第六章和第七章)已经指出人们应当把比较法学中的文化概念分解为不同的组成部分。我们很难用文化或是法律文化的概念去理解(而非谴责或无视)差异性,因为这些术语指涉了许多模糊的、(大多数)未加区分的变量,这导致人们无法在具体的规制语境中评价这些术语的相对价值。相反,我们需要区分法律所规制的各种共同体,并基于规制的目的识别社会的不同面相或是范围。通过这种方式,我们能够系统地考察文化的各个组成部分。

〔154〕

在当今的法学研究中,我们再也不能把社会看作是某种不加区分的实体。当论及法律的"社会"功能的时候,我们再也不能把"法律"和"社会"看作是大而统的对立体。如之前各章所指出的,如果法律的不同种类或是领域与各种共同体类型相联系,那么通过理解法律对工具型共同体的规制作用,人们显然对法律协调的要求愈发地强烈。但是,工具型共同体仅仅是一种类型的共同体,且如果法律要以其他种类的社会纽带和共同体的保护和促进为代价来排他地满足工具型共同体,那么法律未能满足一些人们的重要需求。工具型共同体的法律（例如最明显的是关于合同、商业、金融和公司领域的规制）是强有力的，因为它符合满足工具性目的的要求。但是，工具型共同体的法律所调整的社会群体（尤其是商事企业、贸易网络和经济利益群体）是随着国内外市场的飞速变化而转变的。工具型共同体是脆弱的共同体模式。法律主要是通过规定选择权来调整工具型共同体，即工具型共同体的法律所采用的规制模式符合灵活性、增长和变化的要求，并且有利于促成无数的交易。人们在工具型共同体中结合在一起的关系是相对短暂的，或者主要关注的是共同或一致的有限目标。

如果法律所调整的共同体关系仅存在于有限且松散的社会群体中，那么历史上统一法律的宏大理想——现在最有可能的就是追求对趋同的表达或是采用协调策略——则是不合理的和有倾向性的。所以，比较法连同法律社会学需要特别关注法律对其他类型共同体的促进作用，而后者在全球化的旋风中被边缘化了。为了通过比较法去寻求相似性和理解差异性，法律的这些促进作用对应的是前述其他类型的论证。正如我们所指出的，传统型、信仰本位的或是情感型的共同体生活并不必然要求法律的保护和促进不断地全球化或是坚决地地方化。这些共同体也并不意味着调整它们的法律应当通过跨法域的统一或是协调寻求相似性，或是应当理解法律的差异性并且支持法律的特殊性和独特性。但是，许多比较法的课题注重通过统一法或是法律协调来满足工具型共同体的需求，相较而言，这些共同体通过完全不同的方式提出了（并且往往解决了）这些问题。

## 规制非工具性的共同体关系

### 规制信仰型或价值型共同体

例如，让我们谈谈法律对于表达共有的终极价值或是信仰所起到的作用。更确切地说，信仰本位的共同体生活通常是稳固的。人们固守着自己的终极价值。放弃这些价值或是看到这些价值遭到挑战是令人痛苦的。但是，由于价值在转换到具体的规制要求时往往具有模糊的含意,所以表达基本价值或是信仰的法律通常是脆弱的和难以捉摸的。因此,作为法律概念的人权——借用杰里米·边沁的说法——是站在高跷上的胡言乱语(nonsense upon stilts),但是这些概念在不同的语境中具有不同的实践意义并且受制于各种有争议的解释。对于这些概念而言,服从或是适应工具型共同体的规制要求并不难。这些要求意味着通过更加明确和具体的法律去界定经济相关领域的行动自由。同时,由于信仰型共同体往往是集体生活中的一种非常稳固的关系,所以在声称具有各异的基本价值或是信仰的群体之间表达法律的统一或是协调往往是困难的或者是不可能的。这就是为什么比较法学者和法律社会学者长期认为表达价值或是信仰的法律在许多情况下都难以被移植过来的法律替代,因为后者所处的环境具有完全不同的价值或是信仰(Levy 1950;Massell 1968;Starr and Pool 1974)。

有些社会坚定地支持通过法律去保障个人人类生活的尊严和自治(至少是从官方声明上看)。即便是在这些社会中,人们对这些价值的法律形态的解释仍然存在着分歧。例如,许多美国人都在一个特别珍视个人自治价值的信仰体系框架内坚定地拥护死刑的存续。但是,这一态度在欧洲国家遭到了公众的"反感",人们认为这损害了"美国作为自由堡垒的形象"(Kettle 2000)。这不仅是一个需要理解不同国家法之间差异的跨国问题,还同样是一个国内问题,因为许多独特的欧洲国家以及美国的一些州都存在着价值冲突。在解释人类尊严和自治价值的时候,其他许多问题也会出现相同的情况。例如,关于堕胎、安乐死和基因研究的问题。

这些因素所强调的要点在于,在寻求相似性和理解差异性之间作出选择并不仅仅取决于被视为统一体的各国国情。若要关注法律与共同体(而非政治社会)之间的关系,我们需要充分考虑国家法管辖范围内各种不同的共同体生活的复杂关系。人们所忠于的不同群体和社会关系包含着各种共同体生活(工具型、传统型、信仰本位和情感型)的复杂重叠,其中,各种关系的短暂性或持久性程度不一,时间和方式各不相同,且往往是同时存在的。在遭遇难以理解的复杂局面的时候(或许,特别是在价值和信仰相互作用的场合),法律有时回避这一难题并且尽可能地以最为有限、中立

〔156〕

和具有地方实用性的方法来进行规制，或是不进行任何规制。对于比较法学者而言，他们在这些法律领域中的任务既不是寻求相似性也不是理解差异性，而是承认不作干预（leaving well alone）的妥适性。

**规制传统型共同体**

以传统型共同体为基础的关系是那些源发于亲近（proximity）的有限关系；这些关系并不必然是身体亲近（譬如在特定领土内的共存现象），还包括基于共同的语言或是经验的亲近。这些关系往往是（但并不总是）在全球化时代变得愈加脆弱的脆弱纽带。[4] 最重要的是，桑托斯所说的选择权指的是自由地从一个地方移动到另一个地方的权利，以及在任何地方抓住机会的权利。因此，人们对跨国经济发展的巨大需求动摇了许多人（这些人所追寻的仅仅是那些位置最合适的工作、计划或是事业）的领土根基（territorial roots）。虽然是一种有限且短暂的群体生活基础，但是工具型共同削弱了传统型共同体。

从这一观点出发，语言成为了需要克服的障碍，而非群体忠诚的基础。英语在很多时候都被看作是跨国语言，而选择权通过英语得以实现。但是，工具型的共同体生活并不总是或是说主要不是在跨国性的群体和关系中实现的，而传统型共同体——虽然遭到了削弱并且被某些人当作工具去使用——仍然对于其他许多人具有极其重要的意义。最为明显的是，这些人包括那些不频繁换工作或是搬家的人（即便这种情况并不常见），以及那些没有第二语言以至于无法摆脱其母语群体束缚的人。这些人还包括那些有意地把传统确认为共同体基础的人，例如唤醒并扶植过去被忽视的独特的群体语言或是习俗。

法律与传统型共同体之间的关系注重的是为共存提供基本的条件（而不是促进人们去实现计划或是表达共有的终极价值或是

---

[4] 但是，这一动态过程是复杂的。当地方的领土环境变成次要的社会关系基础的时候，全球的、至少是跨国的社会关系基础（例如人们在国际环境法中所看到的问题）得到了更多的重视。人们意识到了全球共存面临着威胁，而这为传统型共同体提供了新的关注点。

信仰)。我们认为侵权法和大多数刑事基本法对于这些规制目的的实现是至关重要的,虽然法律的分类无法与共同体生活的类型准确地联系在一起。犯罪显然对个人和群体的共存构成了威胁。犯罪控制是任何稳定的共同体生活的先决条件。因此,虽然传统型共同体的许多条件都变得越来越脆弱,但是为传统型共同体提供根本保障的法律则是稳固的并且应当如此。这种法律主要关涉的是最基本的社会限度(bare social minimum)——和平共处的基本要求。在大致具有相似复杂程度的社会中,这一标准有可能是相似的。基于这些原因,传统型共同体的规制在不同法系往往是相似的。所以,在这一法律规制领域,比较法学者倾向于寻求相似性,而非理解差异性。而这是可以理解的,也是合乎道理的。〔157〕

工具型的共同体生活在跨国性的关系和群体中愈加突出,从这个意义上讲,共存的基本要求同样增添了愈加强烈的跨国内容。因此,人们在当前特别重视和迫切地发展跨国刑法。现代法律对共存的规制逐渐涉及健康和安全、卫生和环境,至少人们对现代法提出了强烈的要求。但是,正是在这些领域,一些工具性的经济关系往往与传统型共同体的规制要求发生的冲突最为明显——当关于跨国贸易法或是协议的解释阻碍了国内对食物产品的健康控制,或是通过其他方式阻挠或是阻止了地方的环境规制,或是人们对环境或健康规制的跨国需求限制了地方产业甚或是国民经济。

众所周知,在不同法系工作的律师群体本身展现出了许多传统型共同体的特征。这一传统表现为对独特的执业和思维风格的执着,这完全是因为律师之间是熟悉的和亲近的。比较法学的趋势就是特别重视这一意义上的传统,而该传统成为了人们思考法律移植时要考虑的一个条件(Watson 1985b),或是被看作是法律文化的一个关键要素,而这一要素导致了许多具体的法律趋同或是协调问题(Legrand 1996;2001)。

从法律社会学的视角观之,我们很难笼统地谈论传统在这一语境下的重要性。但是,变迁的动态过程类似于更加一般意义上的传统型共同体。换句话说,传统往往是一种相对脆弱的共同体基础。工具性的共同体关系是极其短暂和不稳定的,这些关系往往改变或是削弱了传统性的共同体关系。因此,工具性需求能够显著地改变传统的忠诚和实践,特别是当跨国性的群体和关系超越了地方传统的所有边界(例如参见 Dezalay and Garth 1996)。因此,律师跨国出行和执业,而执业传统很有可能会被彻底地改变。

**规制情感型共同体**

正如前面第七章所指出的,以情感为基础的共同体生活很难从法律意义上去解释,其中的原因有很多。在马克斯·韦伯看来,情感行动显然是非理性的,他所指的情感行动并不受制于任何为人们有意承认的信念(consciously recognized principles)(Weber 1968:24—6)。同理,人们总是指责萨维尼的"民族精神"(Volksgeist)的理念是非理性的。很明显,情感性纽带是不可预测的和难以分析的,这使得人们很难真正准确地通过法律去表达或是承认这些关系。但是,这些关系往往是稳固的:人们可以为了家庭、朋友或是民族而献身,只要爱把他们和这些群体或是关系联结在一起。我认为比较法学者在考虑统一法律的前景的时候,总能够清楚地认识到情感型共同体的重要性。通常,民族感受被人们消极地评价为法律统一的危险或是遗憾的障碍,因为它往往并不促进跨国合作,相反,它总是造成矛盾、冲突和战争。

在当代环境中,个人所寻求的既有选择权,也有寻根权。然而,如果我们认真对待这一点,那么我们很容易理解根的概念可以具有强烈的情感意涵。某个地方或是群体可以只是一个共存的场所(正如传统型共同体)、当前计划的背景(就像工具型共同体),或者就是一个"人们思我所思、信我所信"的环境(像是信仰型共同体)。但是,它还可以是一种情感依恋的背景,进而给安全、身份或是有意义的存在带来强有力的、有可能是无形的、本质上是神秘的基础。我们可以认为民族认同结合了传统依恋(例如对于地区、语言、文学或是共有的历史经验)、经济福利的集体追求(例如通过国民生产总值评估)以及对价值或信仰的坚守(我们认为这些真理是不证自明的……)。

可以肯定的是,民族主义依然是十分重要的。虽然民族主义在过去的有些时候激发了法律统一,但是民族主义现在通常是一股促进地方化(相对于全球化而言)的强有力的力量(在这一背景下,人们认为民族主义是对具体民族利益或是特权的促进)。由于民族主义在历史上曾经导致战争,并且总是纳入显然纯粹的情感要素,所以民族主义在道德上和智识上都不是全球化的有力对手,即便民族主义是一个强有力的情感关注点。实际上,鉴于人们认为跨国的经济目的或是特定基本价值的传播是用来支持民族利益的,由此民族主义往往务实地与全球化结盟。

## 结论

如果比较法能够——就像本章所阐述的那样——系统地阐发各种共同体之间的互动关系,那么人们可以建立关于全球—地方动态(global-local dynamic)的新观点。比较法的核心焦点应当在于平衡,即一方面是促进法系之间相似的法律安排,另一方面是维护各异的法律安排、风格、观点和概念。但是,只有系统地理解社会的本质,比较法才能够做到这一点。

正如一些比较法学者所长期肯认的(Gutteridge 1949:156—7),颂扬法律差异至少在某些情况下和法律统一或是协调是一样重要的。但是,用概括抽象的术语来辩护人们对法律统一的促进或是对法律差异的保护是没有意义的。只有聚焦于具体的、类别各有区分的社会关系和规制目的,寻求相似性和理解差异性才有意义。而只有通过诉之于妥适的理论方法来正视社会,比较法才能够解决其自身的认识论和本体论问题。

〔159〕

在一个正处于全球化的世界里,我们有必要仔细区分法律的社会环境是由哪些要素构成的。识别共同体生活的不同基础是一种区分的方法。它使我们开始能够把法律对复杂社会关系和群体的规制加以概念化,并且对工具性关系以外的其他社会关系给予适当的理论关注。这在当今是尤其必要的,因为人们过于在政治层面上强调工具性经济关系的重要性,同时法律分析似乎也不得不关注这一点。

我在此处强调的是比较法所关注的问题,这些问题可以把比较法学者和法律社会学者的研究目的结合起来。通过阐述法律的共同体概念,法律社会学也能够有助于比较法。而比较法进而能够处理规制共同体生活的各种实际问题。相较于法律解释者,比较法学者有可能更适合在这方面取得成功,因为他们谙熟的法律分析并不局限于国家法的权威。他们应当能够理解人们是通过哪些方式表达各种共同体类型的,而这些类型往往位于国家法的边界内,并在不断扩张自己的范围。所以,针对在这些语境下的共同体,比较法学者长期关注的统一或协调法律的技巧可以被用来解决跨国规制问题。

然而,虽然我们的法律分析逐渐摆脱了民族国家管辖范围的禁锢[5],但这一由比较法学者所拥护和推动的解脱还会导致人们极端地反思各种潜在的法律地方化。在可以预见的未来,民族国家必定仍然是大多数法律规制的唯一焦点。但是,比较法学者和法律社会学者应当联手去探讨国家内部或是超越国家(在一些不受国家限制的特定法域)的规制地方化需求。同时,我认为这一理论作业的指导概念(guiding concept)应当是共同体。共同体的四重分类有助于我们基于不同的规制目的去理解当代易变且多样的社会关系模式。

是时候摆脱常见的但又特别空洞的"法律与社会"甚或"社会中的法律"这些修辞了,因为作为法律规制环境的社会具有相当的复杂性和频繁的不确定性,而这些修辞掩盖了社会在当今的意义。

---

[5] 参看 Lawson 1977:73。作者指出在法律职业者看来,比较法学"就像是从监狱到户外的逃脱"。

# 结　论
## 共同体的前沿

"法律似乎并不反映共同体,随着共同体的不断解体,法律正变得愈加凸显。"(1971:1108)就这句话而言,法律社会学家唐纳德·布莱克(Donald Black)所表达的观点得到了广泛的认可。但是,我认为这一把法律与共同体对立起来的观点完全是错误的。本书所致力于研究的是证明这一观点为什么是错误的。首先,本书所阐发的第一个观点是:法律(以及法律理论)的本质需要对共同体展开社会—法律研究。其次,本书所探讨的共同体概念是独特的、灵活的、富含社会学思考的,这一概念将有助于法律研究。

法律的存在(existence)远非意味着共同体的不存在(absence),相反,法律根植于并且表达着各种类型的共同体。法律的日益凸显远非伴随着共同体的解体,愈加复杂且大量的法律反映了共同体中各种各样的关系网正变得越来越复杂、错综和丰富。把法律和共同体对立起来(例如参见 Horne 2000),这一观点对共同体的理解太过狭隘,即认为共同体立基于亲属和邻里关系之上,且在本质上以前现代的、紧密团结的、相对静止的社会关系为根基。这一意义上的共同体性(communality)体现了类似于"共同体"的温暖(Tönnies 1955),而与之形成鲜明对比的是,社会学者(参见 Baumgartner 1988)在城市和郊区的当代私有化生活方式中识别出了冷漠的非人格性(impersonality)以及"道德的最低限度主义"(moral minimalism)。但是,正如前几章所试图表明的,一种有益的共同体概念应当涵盖类型各异的各种道德纽带和法律挑战,后者源自工具的、传统的、情感的、信仰本位的多种社会关系。随着法律的壮大,不存在"共同体的绝对削弱",但存在着的是"共同体模式的分化和变化"以及"各种冲突、些许重叠、交叉的共同体"。

(Norrie 2005:96)然而,只有彻底地反思共同体的概念并且识别各种类型的共同体(正如本书所做的那样),我们才能够理解共同体的复杂性。

认为法律与共同体必然是对立的观点往往不仅以狭隘的共同体观为前提,还暗含着一种狭隘的法律观。后者几乎把法律完全和民族国家法(作为一种相对集权的规制形式)联系在了一起。但是,一种多元主义的法律观——正如本书所界定的那样——并不把民族国家视为所有法律或是法律权威的渊源。法律的渊源是多种多样的、随处可见的,像是宗教团体或是组织(例如教会法和伊斯兰法)、民族国家内的地区(地方权威的规制;自治区法;联邦制下的省法或州法)、少数族群(传统法和习俗)、共有或是集体的方案(公司的内部规制;职业自制;合同)、国家间互动(国际法和欧盟法)等。一旦我们能够识别各种类型的法律、各种流变的法律观念以及法律渊源或是拥护群体(constituencies)的范围,那么将这些与各种类型和关系网中的共同体联系在一起的好处将显现出来。

## 共同体与责任

法律对共同体的理论关注不能假设任何特定共同体的存在都是好事。但是,共同体的社会现象——建立在相互人际信任之上的社会关系——本身是有价值的,因为任何稳定且有益的社会生活都离不开它。一般而言,促进共同体的社会关系需要丰富各种形式的社会生活。因此,共同体的经验研究能够帮助我们决定应该如何通过法律去组织和规制社会。社会学探究能够指出法律策略在多大程度上是可行的(参见第三章以及Cotterrell 1999:15—17),或是道德或法律争论被赋予意义的条件。共同体所赖以存在的信任也是一个对社会生活而言至关重要的资源,尽管信任在不同的共同体中存在着差异。所以,法律学者和社会学者显然都有兴趣增进社会生活中的信任。

但是,问题要比这个复杂得多。共同体中的参与有哪些利弊?如果法律规制的是共同体的关系网(而非直接针对个体),那么这将对个体责任(individual responsibility)的概念产生什么样的影响?后者是现代西方法律的核心。两个截然不同的问题情境可以说明其中的一些问题。

让我们先来思考一下公司责任的问题。例如,如果一家公司没有尽到妥善维修铁轨的义务,那么该公司对列车事故造成的伤亡有可能承担什么责任?谁应当承担责任?对于被法律视为法人(corporate person)的公司,其责任立基于构成公司的内部关系网吗?后者(主要)表现为共同体中的工具性社会关系。这一责任由有权决策或是决策失败的特定个体承担吗?还是由负责铁轨修缮或是修缮失职的人承担?虽然法律可以要求法人实体(在法律与共同体的视角下被视为一种社会关系网)承担责任,但是向公司课以法律责任(legal responsibility)似乎理由并不充分,除非这一责任直接承认和解决了个体的道德错误。为了躲避个人责任(personal liability),个人能被允许隐藏在共同体内部吗?如果不能,谁应当被课以责任?为了说明他或她要对共同体中某一特定关系网所产生的一系列后果负责,我们还要在个体身上证明些什么?

现在,让我们再来考虑另一个不同的问题。关于阿道夫·艾希曼(Adolf Eichmann)所参与的纳粹大屠杀,汉娜·阿伦特(Hannah Arendt)讨论了"恶之平庸"(banality of evil)。[1] 我们如何看待像是艾希曼这样的人的责任呢?后者认为自己只是在执行公务,进而对其参与的(主要是)工具性社会关系网所造成的道德灾难不承担个人罪责。阿伦特以其曾经参与的艾希曼审判为题这样写道:

〔163〕

> 我们听到辩护方的抗议,说艾希曼毕竟只是"最终解决"这部机器上的一个"小齿轮"而已;我们也听到公诉方的抗议,说他们相信在艾希曼身上找到了那部机器的马达。我本人同耶路撒冷法院一样并不看重这两种理论;因为,既然整个齿轮理论在法律上毫无意义,那么这个叫作艾希曼的"齿轮"究竟有多大的作用则无关紧要。法院固然在判决书中承认,只有一个动用政府资源的庞大官僚机构才能够实施这一罪行。不

---

[1] 我要感谢艾伦·诺里让我关注到了阿伦特的作品对这一语境下的责任的重要意义。

过,只要是犯罪——当然,这是审判的前提——那么这部机器上的所有齿轮,无论多么微小,都在法庭上被转化成了行凶者,也就是说,被转嫁到了人的身上。(Arendt 1965：289)

显然,责任由个人承担是正确的。他们不应该隐藏在"庞大的官僚机构"之中。然而,问题依然在于"艾希曼参与的罪行与他有意识从事的行为之间、滔天的罪行与微不足道的罪犯之间完全是失衡的"(Canovan 1974：46)。用我的术语表达,艾希曼加入的屠杀组织是主要由工具型共同体构成的庞大关系网。因此,共同体的关系网显然并不必然是善的。按照其他类型关系网的标准评判,一些关系网有可能是凶恶的、残暴的。即便是对于那些参与到其中的人,共同体的关系网或许并不是最理想的。共同体的社会关系往往是不平等的。相互的人际信任存在于将军和他的军队之间、雇主和雇员之间、甚至主人和奴隶之间。人们发现他们被困在了他们所依赖的社会关系之中,但有些情况下这并不是他们自主选择的。其他人或许看不到他们行为的更大语境,即他们参与的共同体关系网的整体结构和意义。总而言之,个体在共同体的社会关系中承担着什么样的责任？

在当代的法律与道德中,责任通常附加在个体身上。向国家(例如,因为大规模屠杀而赔款)或是公司(例如,因维修故障造成的伤害而担责)课以责任的优点在于这两种情况均体现了法人责任(corporate responsibility),而非集体责任(collective responsibility)。法人责任所创设的责任并不将罪过或是过错附加到任何有可能担责的个体身上。但是,按照通常的道德理解,只有人才有目的、动机和意识,抽象的国家或是公司则没有。因此,只有人才可能有罪责、遭谴责或是有过错。

共同体的社会关系属于相关个体之间的道德关系(各种类型的共同体中存在着差异)。因此,道德责任及建立在其上的法律责任都是个体责任,但这些责任总处于个人在共同体身份的语境之中。艾伦·诺里(Alan Norrie)最近提出了关于责任的"关系性"概念('relational' concept of responsibility)。这一概念充分体现了我在这里所讲的大部分内容。共同体在本质上并不创设责任,因为共同体并不是一种道德行为体(moral agent),而是一种社会关系。同时，个体本身不承担责任，因为个体只有在与共同体中的其他个体联系在一起的时候才会形成责任。所以，正如诺里（2005：109）所指出的，责任是在个体和共同体之间被辩证地创设出来的。

这引发了很多复杂的后果。如果个体只对其参与的某个共同体承担责任，那么个人责任不可能受到这一共同体之外的评判。但是，正如在整本书中所看到的，个体通常同时参与到了许多不同的共同体关系网中。因此，人们的行为在某一共同体关系网的语境中得到评判。然而，在人们发现自己参与的另一个共同体关系网的不同语境中，相同的行为有可能得到不同的评判。所以，对于纳粹的共同体关系网而言，其道德和法律依据在战后国际共同体关系网的不同语境中被认为是不道德的、犯罪的。回到我们所说的另一个例子，对于受到公司（作为共同体关系网）文化影响的商业主管而言，他的责任标准（或许是无责任）有可能与在更广阔的共同体关系网中形成的标准相冲突。这些更广阔的关系网将公司的成员和高管与更大的社会联系在一起，后者正是公司的运营环境。

从法律与共同体的视角观之，责任意味着个体有义务保持相互的人际信任，对于个体参与到共同体中的特定社会关系而言，这一义务形式是必要的。信任的背叛将引发责任，或是对共同体中的个体施加某种制裁。不同类型的共同纽带存在着不同的信任。为了确保商业安全，商业共同体的成员之间无疑需要一定程度的诚信、公平交易和善意；地方共同体基于对邻居的礼让和互谅成长起来；宗教共同体依靠的是其成员的正直、真挚的信仰以及相互的认同；家庭群体和友谊群体在共鸣以及彼此的关心和爱护中成长起来。显然，责任通常应当取决于两点（在现代法中往往是这样）：其一，实际知晓或是推定知晓（actual or constructive knowledge），即对个人参与的共同体关系网的本质的理解。其二，作为一名理性的成员，个人所应当预见的事项。是否合乎理性应当通过社会学视角去评判，因为它是随着相关共同体的具体类型和关系网性质的改变而改变的。

显然，考虑到各种共同体的社会关系存在着语境，因此人们对责任的评判基于不同的语境有可能是矛盾的。如果责任的多元性看起来让我们感到困惑,这也的确符合我们的日常经验。实际上,在没有其他办法达成和解的情况下,最有力的规制——往往是国家法——终结了当事人关于责任主体和构成的争论(参见 Cover 1983:40)。国家法在不同共同体的主张和视角之间作出裁定,并声称对责任作出终局性的评判。就像西方老片里的骑兵,国家往往出现在"关键时刻"(在局部冲突转变为严重的民众骚乱之前),以恢复秩序并且终结道德混乱,这些道德混乱源自多种共存的共同体生活,各种生活存在着矛盾的道德规范、信任的理念、责任的分配以及对责任的判定。

[165]

即使在现在,问题还远未说清。在法律多元主义的视角中,"骑兵"并不一定制胜。至少,战役有可能尚未终结。关于责任以及作为判断标准的终极权威问题仍然尚无定论。至少,这些问题或许仍然尚存争议。或是说,骑兵可能没有注意到有一些掉队的士兵,而这群士兵再次逃避了战斗。我的意思是,共同体的关系网要么设法摆脱民族国家法的注视,并继续不受民族国家法的规制;要么通过各种方式与国家法相联系,且这些联系方式符合各种共同体的要求,但又与国家权威的法律视角相抵触。因此,尽管从最完整的意义上讲,所有责任都是个人责任,但是个人责任是在共同体的语境中形成的,并受到各种相矛盾的共同体语境的评判。在判定责任归属和课以责任的场合,国家试图大力施行统一的标准,但是,从法律多元主义的视角观之,人们不应当假设国家总是能够成功地做到这一点。

## 民族共同体?

在法律与共同体的视角中,国家法——民族国家法——在不同共同体的关系网中何以有权判定不同的责任归属?如果所有的法律都是共同体的法律,民族国家法也应当如此。但是,国家法与共同体是什么关系?答案取决于民族与共同体之间的关系。我在第四章和第九章简要地讨论了这一问题。

作为一个政治学说,民族主义"坚称人可以被分为分离的、互不相联的单位(民族),每一个民族都应当组成分离的政治单元(国家)"(Spencer 1996:391)。民族的概念将不同的人口与不同的政治代议,或是对政治代议的理想抑或是回忆联系起来。如前所指出的,民族按照本尼迪克特·安德森(Benedict Anderson)的术语(1991)常常是一个"想象的共同体"(imagined community)。人们通过各种方式展开想象,并把民族描述成一种或是多种纯粹的共同体类型,包括工具型共同体(典型例子有:集体经济绩效;国民生产总值);信仰或价值型共同体(宪法或是权利法案所奉为神圣的理念;公民宗教的信条);情感型共同体(常常表现在国旗、国徽和国歌中,或是通过爱国神话或民族精神的理念得以表达);传统型共同体(注重领土;共同的历史、传统或是语言)。〔166〕

这些共同体类型没有一个完全涵盖民族,但是对民族身份的追寻往往以各种方式吸引着它们。民族是共同体的社会关系网,而不是某种类型的共同体。民族仅仅是许多不同共同体关系的条件性混合。但是,对统一和身份的民族需求时常会导致人们努力地把共同体的一种、多种或是所有理想类型与整个民族联系起来。这归根结底是意识形态在起作用,即把民族想象成共同体。共同体的每种纯粹类型在其自身的存在理由(raison d'être)中寻求完整(例如:共同或是趋同的方案;共有的价值或是信仰;共享的环境或传统;或是相互的情感),而民族——作为一个巨大的、复杂的关系网——并不具有天然的完整性和统一性。任何单元都是由民族想象(national imagination)构建出来的。

因此,总体来讲,民族国家法声称对多样的、庞大的、延伸的民族共同体关系网进行全面的、协调的规制。当代法的复杂性反映了这一关系网的复杂性。如果说共同体实现了某种统一性,那么这里有两种实现方式:其一,对理性和道德准则的追求;其二,对政治权威(意志)和强制力的依赖(Cotterrell 1995:317—25)。

按照法律与共同体的视角,理解理性的方法之一就是努力用民族国家法表达作为共同体的民族概念(这注定是失败的)。例如,在处理工具型共同体的社会关系(例如合同法、公司法或是商事法)时,法律的合理化意味着统一、整合和协调以工具性关系为内容的民族共同体。相比之下,努力探寻法律中的广泛价值(例如人权)或是宣告法律形式中的自由或是义务意味着以价值为内容的民族共同体,或是旨在力助建立这样一个共同体。而其他法律的合理化则意味着民族的概念被看作是一个共享的环境,即这种情况下的法律涉及的领域有安全、保护、健康、风险、和平共处、民族遗产的享有、环境保护和自然资源。这样一种法律视野所展现的图景(按照法律与共同体的术语来表达)是民族的传统型共同体,是人们在传承下来的共享环境中共处。或许,一些类似的法律合理化与情感型共同体相联系。此处所展现的图景是这样一部法律,它被用来满足以相互支持和集体关爱为内容的民族共同体,其中的典型可能就是福利国家中的法律。

〔167〕 是什么导致了国家法的特殊强制力及其权威(意志)要素,前者能够终结关于理性的争论,并且迫使人们接受解决法律纠纷的裁定?我们发现共同体关系时常是不平等的关系,一些参与者的权力更大。在民族共同体的复杂关系网中,精英必将在共同体的社会关系(关系网的构成要素)中崭露头角。共同体中的权力结构足以解释权力为何在民族国家中变得如此集中,并最终能够确保国家法的强制力。支配和控制社会的精英利益足以解释为什么国家一开始就介入到了共同体关系的规制中。最终,正式的民主结构显然在下列问题上起到了关键的作用,包括提供合法性,以及将社会权力转化为赋予法律以权力(force)的权威(authority)。进一步探讨这些问题将让我们远离本书所关注的法律问题。但是,西方大多数民族国家的建立或是发展是通过占领、领土取得、殖民主义以及既有人口的征用或是征服实现的。强调这一点是非常重要的,换句话说,这些情形与相互的人际信任和共同体关系甚微,此处更多涉及的是战争和恐怖。权力通过这些方式得以实现或是强化,而权力的过度集中问题——国家对权力的垄断——显然仍然存在于军事权力和警察权力的结构中,后者至少支撑着法律在当代国家的正式支配(formal dominance)。

## 全球共同体?

当法律表达的规制要求针对的是超越民族国家的共同体关系网,即这些关系网不再属于特定民族法律制度的权限,那么法律能够主张什么样的权威？虽然第一章最后提到了这一问题的紧迫性，但是这一问题仍然悬而未决。当前的观点可能认为法律的权威和民族国家法的权威具有大致相同的判断标准。第一，由于许多不同的跨国共同体关系网具有各自特有的规制需求和理想，因此这些共同体激发新的法律形式以满足这些需求。法律被用来表达跨国共同体的社会关系。第二，许多无序的规制反映了大量不断演变的跨国共同体关系网，这要求人们努力作出理性的解释，并试图阐明各种跨国法在更广阔的领域里所具有的理性。例如，类似于国际人权、新商人法、国际刑事司法、欧洲宪政和公民身份、欧洲普通法以及遍及世界的一般国际法律秩序这样的修辞起到了作用。称之为修辞并不意在贬低或是轻视，而只是指出实际的经验往往无法充分解释人们对这些法律制度的各种法理描述。在这一形势下，法律观念形态——建立绝对的法律世界观，而实际反映的是局部、有限的法律经验——得以不断发展。第三，军事权力、经济权力以及威胁动用或是动用国际暴力和战争是一切的后盾。从根本上说，跨国规制的理性可以通过跨国共同体的集体经验以及建立连贯的法律世界观的愿望得到发展，而权力政治（power-politics）以及民族国家间不平等的军事和经济关系为跨国的法律权威（即最后终结法律争论的意志）提供着保障。

如果跨国法的终极本质是意志，这说明了整合的跨国法律秩序何以具有如此脆弱的早期结构（emerging structure）。虽然当今大多数跨国规制存在于诸多领域，但是将其统合或是整合为一个稳定的跨国法律秩序取决于国际权力的平衡。然而从本质上讲，这一平衡是不稳定的、多变的。各民族国家的相对权力不会保持稳定。这个时代的超级大国会把地位让渡给另一个或是多个国家。经济和军事权力的重心将在全球移动。跨国规制如何在至关重要的早期结构中取得某种稳定性？而这一稳定性何以与成功国家对其本国领土逐渐巩固的权力（后者保证了国家法的稳定性）相提并论？

〔168〕

如果对于当今民族国家的法律权威而言，唯一可靠的合法根据是代议民主，那么完全缺乏这一基础的国际或是跨国法律制度似乎难以获得合法性（无条件接受的权威）。相反，一些国家的政府最终控制了跨国法的意志要素,并进而在没有任何民主授权的情况下把它们的意志施加在其他国家的公民身上。往往,跨国立法者与受规制民众之间的道德差距是很大的,虽然诸如"辅助性原则"(subsidiarity)、"区域主义"(regionalism)、"权力下放"(delegation of authority)这些概念能够有所帮助。然而,可以说,当代最稳定的民族国家取得令人羡慕的局面不仅靠民主,还在于成功地把自己当作是信仰型或是价值型民族共同体,并专注于埃米尔·涂尔干式特定意义上(1975a)的个人主义。这意味着每一个个体的自治和尊严都具有内在的价值,并且值得受到法律的绝对保护。正如涂尔干所暗指的,这一价值体系——强调人类在社会日益多样和复杂的条件下所具有的根本平等——或许是唯一形式的价值型共同体,这对于现代民族国家的统一和整合是至关重要的(Cotterrell 1999:195—6,201—3)。

　　对于跨国的共同体关系网以及将这些关系网整合在一起的跨国法律秩序而言,道德个人主义的价值体系有任何价值吗?我表示怀疑,但是当涉及国际人权的时候,我们(不可避免地)马上又会遇到熟悉的文化相对主义问题(例如参见 Steiner and Alston 2000:366—402)。在涂尔干看来,个人主义与利己或是自私毫无关系,因为它归根结底强烈要求对他人自治和尊严的尊重(Cotterrell 1999:112—5)。但是,涂尔干的社会学特别指出道德个人主义不可能是一个被普遍接受的价值体系,至少按照西方传统的理解是这样。在复杂的、极其多样的、具有高度发达的劳动分工(高度的专业分工以及社会或是经济职能划分)的社会中,采用个人主义在社会学意义上是恰当的。在这些社会中,个人主义能够通过确保陌生人(以及互不相识的社会群体)在相互交易中得到稳定的尊重,促进快速的、广泛的、多样的且时常是短期的社会和经济互动。所以,这一价值体系鼓励(在涂尔干看来的确是有可能的)高度的、不断发展的社会互动,而这是复杂的当代社会所赖以存在的基础。但是,重要的问题依然是个人自治和尊严的本质以及由谁来界定。

　　若把当代国家看作是大型的、复杂的、多样的信仰型或是价值型共同体(就某一方面而言),我认为涂尔干式的个人主义是唯一现实可行的依据。但是，这一道德个人主义并不被公众意见全盘接受，并且有时受到一国法律和政治发展的严重削弱，尽管这些国家鼓吹道德个人主义。因此，当国家宣称道德个人主义是一个统一的价值体系的时候，它具有意识形态的全部特征。尽管存在着局限和实际的矛盾，但道德个人主义仍然是有意义的。同样，道德个人主义是我们设想全球价值型共同体的唯一依据。相较而言，全球传统型共同体的理念把世界看作是唯一共享的共处环境。而作为理想的全球工具型共同体则会强调诸如世界范围内的经济和技术合作以及相互的利益。

然而，跨国共同体关系网若立志实现一个安全的、无处不在的法律统一体，这在当前几乎就是乌托邦。它需要的无外乎是停止战争，并且建立服务世界所有人的跨国法治（transnational rule of law）。只有当最强大的民族国家意识到这一理想的价值（以及国家行动轻视这一点将带来巨大的长期风险）的时候，一步步的进展才有可能真正发生。

# 参考文献

Abel, R.L. (1978), 'Comparative Law and Social Theory', **26** *American Journal of Comparative Law* 219–26.
Abel, R.L. (1982a), 'The Contradictions of Informal Justice', in R.L. Abel (ed.) *The Politics of Informal Justice* vol. 1 pp. 267–320 (New York: Academic Press).
Abel, R.L. (1982b), 'Law as Lag: Inertia as a Social Theory of Law', **80** *Michigan Law Review* 785–809.
Abrams, P. (1985), 'The Uses of British Sociology 1831–1981', in M. Bulmer (ed.) *Essays on the History of British Sociological Research* pp. 181–205 (Cambridge: Cambridge University Press).
Ajani, G. (1995), 'By Chance and Prestige: Legal Transplants in Russia and Eastern Europe', **43** *American Journal of Comparative Law* 93–117.
Alford, W.P. (1986), 'On the Limits of "Grand Theory" in Comparative Law', **61** *Washington Law Review* 945–56.
Amin, S.H. (1985), *Islamic Law in the Contemporary World* (Glasgow: Royston).
Anderson, B. (1991), *Imagined Communities: Reflections on the Origin and Spread of Nationalism* revised edn (London: Verso).
Anderson, P. (1994), *The Invention of the Region 1945-1990*, EUI Working Paper EUF 94/2 (Florence: European University Institute).
Arendt, H. (1965), *Eichmann in Jerusalem: A Report on the Banality of Evil*, revised edn (London: Penguin reprint, 1994).
Arnaud, A.-J. (1995), 'Legal Pluralism and the Building of Europe', in H. Petersen and H. Zahle (eds) *Legal Polycentricity: Consequences of Pluralism in Law* pp. 149–69 (Aldershot: Dartmouth).
Arnold, T.W. (1935), *The Symbols of Government* (New York: Harcourt, Brace & World edn, 1962).
Arthurs, H.W. (1985), *'Without the Law': Administrative Justice and Legal Pluralism in Nineteenth-Century England* (Toronto: University of Toronto Press).
Aubert, V. (1963), 'The Structure of Legal Thinking', in J. Andenaes et al., *Legal Essays: A Tribute to Frede Castberg* pp. 41–63 (Oslo: Universitetsforlaget).
Austin, J. (1832), *The Province of Jurisprudence Determined* (Cambridge: Cambridge University Press edn, 1995).
Axford, B. (1995), *The Global System: Economics, Politics and Culture* (Cambridge: Polity).
Bainham, A. (1995), 'Family Law in a Pluralistic Society', **22** *Journal of Law and Society* 234–47.
Baldwin, R. (1995), *Rules and Government* (Oxford: Clarendon Press).

Balkin, J.M. (1996), 'Interdisciplinarity as Colonization', 53 *Washington and Lee Law Review* 949–70.
Barber, B. (1983), *The Logic and Limits of Trust* (New Brunswick: Rutgers University Press).
Barrett, S. and Fudge, C. (eds) (1981), *Policy and Action: Essays on the Implementation of Public Policy* (London: Methuen).
Baudrillard, J. (1983), *In the Shadow of the Silent Majorities Or, The End of the Social and Other Essays*, transl. by P. Foss, J. Johnston and P. Patton (New York: Semiotext(e)).
Bauman, Z. (1987), *Legislators and Interpreters: On Modernity, Post-modernity and Intellectuals* (Cambridge: Polity).
Bauman, Z. (1989), *Modernity and the Holocaust* (Cambridge: Polity).
Bauman, Z. (1992), *Intimations of Postmodernity* (London: Routledge).
Bauman, Z. (1993), *Postmodern Ethics* (Oxford: Blackwell).
Baumgartner, M.P. (1988), *The Moral Order of a Suburb* (New York: Oxford University Press).
Beck, U. (1992), *Risk Society: Towards a New Modernity* (London: Sage).
Beck, U. (2000), *What is Globalization?*, transl. by P. Camiller (Cambridge: Polity).
Beck, U. and Beck-Gernsheim, E. (2002), *Individualization: Institutionalized Individualism and its Social and Political Consequences*, transl. by P. Camiller (London: Sage).
Beck, U., Giddens, A. and Lash, S. (1994), *Reflexive Modernization: Politics, Tradition and Aesthetics in the Modern Social Order* (Stanford CA: Stanford University Press).
Belgesay, M.R. (1957), 'Social, Economic and Technical Difficulties Experienced as a Result of the Reception of Foreign Law', 9 *International Social Science Bulletin* 49–51.
Belley, J.-G. (1986), 'Georges Gurvitch et les professionels de la pensée juridique', 4 *Droit et Société* 353–71.
Belley, J.-G. (1988), 'Deux journées dans la vie du droit: Georges Gurvitch et Ian R. Macneil', 3 *Canadian Journal of Law and Society* 27–52.
Bentham, J. (1970), *Of Laws in General* (London: University of London Athlone Press).
Black, D.J. (1971), 'The Social Organisation of Arrest', 23 *Stanford Law Review* 1087–111.
Black, D.J. (1976), *The Behavior of Law* (New York: Academic Press).
Black, D.J. (1989), *Sociological Justice* (New York: Oxford University Press).
Blankenberg, E. (1997), 'Civil Litigation Rates as Indicators for Legal Cultures', in D. Nelken (ed.) *Comparing Legal Cultures* pp. 41–68 (Aldershot: Dartmouth).
Bohannon, P. (1967), 'The Differing Realms of the Law', in P. Bohannan (ed.) *Law and Warfare: Studies in the Anthropology of Conflict* pp. 43–56 (Garden City NY: Natural History Press).

Bonell, M.J. (1995), 'The UNIDROIT Principles of International Commercial Contracts', in R. Cotterrell (ed.) *Process and Substance: Butterworth Lectures in Comparative Law 1994* pp. 45–107 (London: Butterworths).

Boyum, K.O. and Mather, L. (eds) (1983), *Empirical Theories About Courts* (New York: Longman).

Bradney, A. (1993), *Religions, Rights and Laws* (Leicester: Leicester University Press).

Brigham, J. (1996), *The Constitution of Interests: Beyond the Politics of Rights* (New York: New York University Press).

Broekman, J.M. (1989), 'Revolution and Moral Commitment to a Legal System', in N. MacCormick and Z. Bankowski (eds) *Enlightenment, Rights and Revolution: Essays in Legal and Social Philosophy* pp. 315–36 (Aberdeen: Aberdeen University Press).

Cain, M. and Hunt, A. (eds) (1979), *Marx and Engels on Law* (New York: Academic Press).

Campbell, C. M. (1974), 'Legal Thought and Juristic Values', **1** *British Journal of Law and Society* 13–30.

Canovan, M. (1974), *The Political Thought of Hannah Arendt* (London: Methuen).

Carbonnier, J. (1969), 'L'apport du droit comparé à la sociologie juridique' in *Livre du centenaire de la Société de Législation Comparé* pp. 75–87 (Paris: Librairie Générale de Droit et de Jurisprudence).

Carbonnier, J. (1994), *Sociologie juridique*, 2nd edn (Paris: Presses Universitaires de France).

Carter, J. (1907), *Law: Its Origin, Growth and Function* (New York: Da Capo reprint, 1974).

Cassirer, E. (1944), *An Essay on Man: An Introduction to a Philosophy of Human Culture* (New Haven CT: Yale University Press reprint, 1992).

Cohen, A.P. (1985), *The Symbolic Construction of Community* (London: Routledge).

Colvin, E. (1978), 'The Sociology of Secondary Rules', **28** *University of Toronto Law Journal* 195–214.

Cooper, D. (1996), 'Talmudic Territory? Space, Law and Modernist Discourse', **23** *Journal of Law and Society* 529–48.

Cooper, D. (1998), *Governing Out of Order: Space, Law and the Politics of Belonging* (London: Rivers Oram Press).

Cornell, D. (1992), *The Philosophy of the Limit* (New York: Routledge).

Cotterrell, R. (1992), 'Some Sociological Aspects of the Controversy Around the Legal Validity of Private Purpose Trusts', in S. Goldstein (ed.) *Equity and Contemporary Legal Developments* pp. 302–34 (Jerusalem: Hebrew University).

Cotterrell, R. (1993), 'Trusting in Law: Legal and Moral Concepts of Trust', **46** *Current Legal Problems* 75–95.

Cotterrell, R. (1995), *Law's Community: Legal Theory in Sociological Perspective* (Oxford: Clarendon Press).

Cotterrell, R. (1999), *Emile Durkheim: Law in a Moral Domain* (Stanford CA: Stanford University Press / Edinburgh: Edinburgh University Press).
Cotterrell, R. (2003), *The Politics of Jurisprudence: A Critical Introduction to Legal Philosophy*, 2nd edn (London: LexisNexis / Oxford University Press).
Cotterrell, R. (2005), 'Durkheim's Loyal Jurist? The Sociolegal Theory of Paul Huvelin', **18** *Ratio Juris* 504–18.
Cover, R. (1983), 'The Supreme Court 1982, Foreword: *Nomos* and Narrative', 97 *Harvard Law Review* 4–68.
Curran, V.G. (1998), 'Cultural Immersion, Difference and Categories in US Comparative Law', **46** *American Journal of Comparative Law* 43–92.
Damaska, M.R. (1986), *The Faces of Justice and State Authority: A Comparative Approach to the Legal Process* (New Haven CT: Yale University Press).
David, R. and Brierley, J.E.C. (1985), *Major Legal Systems in the World Today* 3rd edn (London: Stevens).
Davies, N. (1996), *Europe: A History* (London: Pimlico reprint, 1997).
Dezalay, Y. and Garth, B.G. (1996), *Dealing in Virtue: International Commercial Arbitration and the Construction of a Transnational Legal Order* (Chicago IL: University of Chicago Press).
Donzelot, J. (1980), *The Policing of Families: Welfare Versus the State*, transl. by R. Hurley (London: Hutchinson).
Douzinas, C. (1996), 'Justice and Human Rights in Postmodernity', in C. Gearty and A. Tomkins (eds) *Understanding Human Rights* pp. 115–37 (London: Pinter).
Douzinas, C. and Warrington, R. (1991), *Postmodern Jurisprudence: The Law of Texts in the Texts of Law* (London: Routledge).
Durkheim, E. (1961), *Moral Education*, transl. by E.K. Wilson and H. Schnurer (New York: Free Press).
Durkheim, E. (1975a), 'Individualism and the Intellectuals', in W.S.F. Pickering (ed.) *Durkheim on Religion: A Selection of Readings with Bibliographies* pp. 59–73 (London: Routledge & Kegan Paul).
Durkheim, E. (1975b), *Textes 1: Eléments d'une théorie sociale* (Paris: Les Editions de Minuit).
Durkheim, E. (1975c), *Textes 2: Religion, morale, anomie* (Paris: Les Editions de Minuit).
Durkheim, E. (1975d), *Textes 3: Fonctions sociales et institutions* (Paris: Les Editions de Minuit).
Durkheim, E. (1982), *The Rules of Sociological Method and Selected Texts on Sociology and Its Method*, transl. by W.D. Halls (London: Macmillan).
Durkheim, E. (1984), *The Division of Labour in Society*, transl. by W.D. Halls (London: Macmillan).
Dworkin, R. (1977), *Taking Rights Seriously*, revised edn (London: Duckworth).
Dworkin, R. (1985), *A Matter of Principle* (Cambridge MA: Harvard University Press).
Dworkin, R. (1986), *Law's Empire* (Oxford: Hart reprint, 1998).

Edwards, S.S.M. (1996), *Sex and Gender in the Legal Process* (London: Blackstone).
Ehrlich, E. (1936), *Fundamental Principles of the Sociology of Law*, transl. by W.L. Moll (New Brunswick: Transaction reprint, 2002).
Ellen, R., Gellner, E., Kubicka, G. and Mucha, J. (eds) (1988), *Malinowski Between Two Worlds: The Polish Roots of an Anthropological Tradition* (Cambridge: Cambridge University Press).
Ericson, R. and Haggerty, K. (1997), *Policing the Risk Society* (Toronto: University of Toronto Press).
Ewald, F. (1990), 'Norms, Discipline, and the Law', **30** *Representations* 138–61.
Ewald, W. (1995a), 'Comparative Jurisprudence (I): What Was It Like To Try a Rat?', **143** *University of Pennsylvania Law Review* 1889–2149.
Ewald, W. (1995b), 'Comparative Jurisprudence (II): The Logic of Legal Transplants', **43** *American Journal of Comparative Law* 489–510.
Ewick, P. and Silbey, S.S. (1998), *The Common Place of Law: Stories from Everyday Life* (Chicago IL: University of Chicago Press).
Figgis, J.N. (1914), *Churches in the Modern State* 2nd edn (Bristol: Thoemmes Press reprint, 1997).
Findikoglu, L.F. (1957), 'A Turkish Sociologist's View', **9** *International Social Science Bulletin* 13–20.
Finn, P.D. (1989), 'The Fiduciary Principle', in T.G. Youdan (ed.) *Equity, Fiduciaries and Trusts* pp. 1–56 (Toronto: Carswell).
Finnis, J. (1980), *Natural Law and Natural Rights* (Oxford: Clarendon Press).
Firth, R. (1988), 'Malinowski in the History of Social Anthropology', in R. Ellen, E. Gellner, G. Kubicka and J. Mucha (eds) *Malinowski Between Two Worlds: The Polish Roots of an Anthropological Tradition* pp. 12–42 (Cambridge: Cambridge University Press).
Fitzpatrick, P. (1984), 'Law and Societies', **22** *Osgoode Hall Law Journal* 115–38.
Fitzpatrick, P. (1992), *The Mythology of Modern Law* (London: Routledge).
Fitzpatrick, P. (1995), 'Being Social in Socio-Legal Studies', **22** *Journal of Law and Society* 105–12.
Fitzpatrick, P. (2001), *Modernism and the Grounds of Law* (Cambridge: Cambridge University Press).
Foucault, M. (1977), *Discipline and Punish: The Birth of the Prison*, transl. by A. Sheridan (London: Allen Lane).
Foucault, M. (1979), *The History of Sexuality, Volume 1: An Introduction*, transl. by R. Hurley (London: Allen Lane).
Foucault, M. (1991), 'Governmentality', in G. Burchell, C. Gordon and P. Miller (eds) *The Foucault Effect: Studies in Governmentality with Two Lectures by and an Interview with Michel Foucault* pp. 87–104 (London: Harvester Wheatsheaf).
Franklin, J. (1998), *The Politics of Risk Society* (Cambridge: Polity).
Freeman, M.D.A. (1995), 'The Morality of Cultural Pluralism', **3** *International Journal of Children's Rights* 1–17.

Friedman, L.M. (1975), *The Legal System: A Social Science Perspective* (New York: Russell Sage Foundation).
Friedman, L.M. (1977), *Law and Society: An Introduction* (Englewood Cliffs NJ: Prentice-Hall).
Friedman, L.M. (1979), 'Book Review', **6** *British Journal of Law and Society* 127–9.
Friedman, L.M. (1985a), *Total Justice* (Boston: Beacon Press).
Friedman, L.M. (1985b), *A History of American Law* 2nd edn (New York: Simon and Schuster).
Friedman, L.M. (1986), 'Legal Culture and the Welfare State', in G. Teubner (ed.) *Dilemmas of Law in the Welfare State* pp. 13–27 (Berlin: de Gruyter).
Friedman, L.M. (1990), *The Republic of Choice: Law, Authority, and Culture* (Cambridge MA: Harvard University Press).
Friedman, L.M. (1994), 'Is There a Modern Legal Culture?', **7** *Ratio Juris* 117–31.
Friedman, L.M. (1997), 'The Concept of Legal Culture: A Reply', in D. Nelken (ed.) *Comparing Legal Cultures* pp. 33–9 (Aldershot: Dartmouth).
Friedmann, W. (1967), *Legal Theory*, 5th edn (New York: Columbia University Press).
Frug, M.J. (1992), *Postmodern Legal Feminism* (New York: Routledge).
Fuller, L.L. (1946), 'Reason and Fiat in Case Law', **59** *Harvard Law Review* 376–95.
Fuller, L.L. (1969), 'Human Interaction and the Law', reprinted in L.L. Fuller, *The Principles of Social Order: Selected Essays* revised edn pp. 231–66 (Oxford: Hart, 2001).
Galanter, M. (1981), 'Justice in Many Rooms: Courts, Private Ordering and Indigenous Law', **19** *Journal of Legal Pluralism and Unofficial Law* 1–47.
Garapon, A. (1995), 'French Legal Culture and the Shock of "Globalization"', **4** *Social and Legal Studies* 493–506.
Geertz, C. (1973), *The Interpretation of Cultures: Selected Essays* (New York: Basic Books).
Geertz, C. (1983), *Local Knowledge: Further Essays in Interpretive Anthropology* (New York: Basic Books).
Gerth, H.H. and Mills, C.W. (eds) (1948), *From Max Weber: Essays in Sociology* (London: Routledge & Kegan Paul).
Gierke, O. (1900), *Political Theories of the Middle Age*, transl. by F.W. Maitland (Cambridge: Cambridge University Press).
Glenn, H.P. (2003), 'The Nationalist Heritage', in P. Legrand and R. Munday (eds) *Comparative Law: Traditions and Transitions* pp. 76–99 (Cambridge: Cambridge University Press).
Glenn, H.P. (2004), *Legal Traditions of the World: Sustainable Diversity in Law*, 2nd edn (Oxford: Oxford University Press).
Golding, M.P. (2002), 'The Cultural Defense', **4** *Ratio Juris* 146–58.
Goldstein, S. (1995), 'On Comparing and Unifying Civil Procedural Systems', in R. Cotterrell (ed.) *Process and Substance: Butterworth Lectures in Comparative Law 1994* pp. 1–43 (London: Butterworths).

Goodrich, P. (1990), *Languages of Law: From Logics of Memory to Nomadic Masks* (London: Weidenfeld & Nicolson).
Graveson, R.H. (1977), *One Law: On Jurisprudence and the Unification of Law: Selected Essays Volume II* (Amsterdam: North-Holland).
Greenhouse, C.J. (1986), *Praying for Justice: Faith, Order and Community in an American Town* (Ithaca NY: Cornell University Press).
Griffith, J.A.G. (1993), *Judicial Politics Since 1920: A Chronicle* (Oxford: Blackwell).
Griffiths, J. (1986), 'What is Legal Pluralism?', **24** *Journal of Legal Pluralism and Unofficial Law* 1–55.
Gurvitch, G. (1935), *L'expérience juridique et la philosophie pluraliste du droit* (Paris: Pedone).
Gurvitch, G. (1947), *Sociology of Law* (London: Routledge & Kegan Paul).
Gutteridge, H. (1949), *Comparative Law* 2nd edn (London: Wildy reprint, 1971).
Habermas, J. (1975), *Legitimation Crisis*, transl. by T. McCarthy (Boston MA: Beacon Press).
Habermas, J. (1987), *The Philosophical Discourse of Modernity: Twelve Lectures*, transl. by F.G. Lawrence (Cambridge: Polity).
Habermas, J. (1996), *Between Facts and Norms: Contributions to a Discourse Theory of Law and Democracy*, transl. by W. Rehg (Cambridge: Polity).
Hall, J. (1963), *Comparative Law and Social Theory* (Baton Rouge LA: Louisiana State University Press).
Hallis, F. (1930), *Corporate Personality* (Aalen: Scientia Verlag reprint, 1978).
Hamilton, P. (1985), 'Editor's Foreword', in A.P. Cohen *The Symbolic Construction of Community* pp. 7–9 (London: Routledge).
Harding, A. and Örücü, E. (eds) (2002), *Comparative Law in the 21st Century* (The Hague: Kluwer).
Harrington, C.B. (1985), *Shadow Justice: The Ideology and Institutionalization of Alternatives to Courts* (Westport CT: Greenwood).
Harris, P. (1997), *Black Rage Confronts the Law* (New York: New York University Press).
Hart, H.L.A. (1968), 'Kelsen's Doctrine of the Unity of Law', reprinted in H.L.A. Hart *Essays in Jurisprudence and Philosophy* pp. 309–42 (Oxford: Clarendon Press, 1983).
Hart, H.L.A. (1994), *The Concept of Law* 2nd edn (Oxford: Clarendon Press).
Hartney, M. (1995), 'Some Confusions Concerning Collective Rights', in W. Kymlicka (ed.) *The Rights of Minority Cultures* pp. 202–27 (Oxford: Oxford University Press).
Hazard, J.N. (1964), 'Book review', **39** *Indiana Law Journal* 411–16.
Henry, S. (1983), *Private Justice: Towards Integrated Theorising in the Sociology of Law* (London: Routledge & Kegan Paul).
Hirst, P.Q. (ed.) (1989), *The Pluralist Theory of the State: Selected Writings of G.D.H. Cole, J.N. Figgis and H.J. Laski* (London: Routledge).

Hobbes, T. (1971), *A Dialogue Between a Philosopher and a Student of the Common Laws of England* J. Cropsey edn (Chicago IL: University of Chicago Press).
Hogg, M.A. and Abrams, D. (1988), *Social Identifications: A Social Psychology of Intergroup Relations and Group Processes* (London: Routledge).
Honoré, T. (1987), *Making Law Bind: Essays Legal and Philosophical* (Oxford: Clarendon Press).
Horne, C. (2000), 'Community and the State: The Relationship between Normative and Legal Controls', **16** *European Sociological Review* 225–43.
Hunt, A. (1987), 'The Critique of Law: What is "Critical" about Critical Legal Theory', in P. Fitzpatrick and A. Hunt (eds) *Critical Legal Studies* pp. 5–19 (Oxford: Blackwell).
Hunt, A. (1993), *Explorations in Law and Society: Toward a Constitutive Theory of Law* (New York: Routledge).
Hunt, A. (1996), 'Law, Community, and Everyday Life: Yngvesson's Virtuous Citizens and Disruptive Subjects', **21** *Law and Social Inquiry* 173–84.
Hyde, A. (1983), 'The Concept of Legitimation in the Sociology of Law', [1983] *Wisconsin Law Review* 379–426.
Jamin, C. (2000), 'Le vieux rêve de Saleilles et Lambert revisité: A propos du centenaire du Congrès internationale de droit comparé de Paris', **52** *Revue internationale de droit comparé* 733–51.
Jessop, B. (1980), 'On Recent Marxist Theories of Law, the State, and Juridico-Political Ideology', **8** *International Journal of the Sociology of Law* 339–68.
Kahn-Freund, O. (1974), 'On Uses and Misuses of Comparative Law', **37** *Modern Law Review* 1–27.
Kantorowicz, E.H. (1957), *The King's Two Bodies: A Study in Medieval Political Theology* (Princeton NJ: Princeton University Press).
Keedy, E.R. (1951), 'A Remarkable Murder Trial: Rex v. Sinnisiak', **100** *University of Pennsylvania Law Review* 48–67.
Kelley, D.R. (1990), *The Human Measure: Social Thought in the Western Legal Tradition* (Cambridge MA: Harvard University Press).
Kelsen, H. (1941), 'The Pure Theory of Law and Analytical Jurisprudence', reprinted in H. Kelsen, *What is Justice? Justice, Law and Politics in the Mirror of Science* pp. 266–87 (Berkeley CA: University of California Press, 1957).
Kelsen, H. (1945), *General Theory of Law and State*, transl. by A. Wedberg (New York: Russell & Russell edn, 1961).
Kelsen, H. (1991), *General Theory of Norms*, transl. by M. Hartney (Oxford: Clarendon Press).
Kelsen, H. (1992), *Introduction to the Problems of Legal Theory*, transl. by B.L. Paulson and S.L. Paulson (Oxford: Clarendon Press).
Kettle, M. (2000), 'Dead Certainties', *The Guardian* (London), 29 May, p. 18.
King, M. (1997), 'Comparing Legal Cultures in the Quest for Law's Identity', in D. Nelken (ed.) *Comparing Legal Cultures* pp. 119–34 (Aldershot: Dartmouth).
King, M. and Piper, C. (1995), *How the Law Thinks About Children* 2nd edn (Aldershot: Gower).

Kronman, A.T. (1983), *Max Weber* (London: Edward Arnold).
Kubali, H.N. (1957), 'Modernization and Secularization as Determining Factors in Reception in Turkey', **9** *International Social Science Bulletin* 65–9.
Kymlicka, W. (1989), *Liberalism, Community and Culture* (Oxford: Clarendon Press).
Kymlicka, W. (1995), *Multicultural Citizenship: A Liberal Theory of Minority Rights* (Oxford: Clarendon Press).
Kymlicka, W. (ed.) (1995), *The Rights of Minority Cultures* (Oxford: Oxford University Press).
Lacey, N. (1998), *Unspeakable Subjects: Feminist Essays in Legal and Social Theory* (Oxford: Hart).
Lambert, E. (1903), *La fonction du droit civil comparé. I. Les conceptions étroites ou unilatérales* (Paris: Giard & Brière).
Lambert, E. (1926), 'Préface', in E. Lévy, *La vision socialiste du droit* pp. v–xvi (Paris: Giard).
Lambert, E. (1931), 'Comparative Law', **4** *Encyclopedia of the Social Sciences* 126–9 (New York: Macmillan).
Laski, H.J. (1921), 'The Problem of Administrative Areas', reprinted in P.Q. Hirst (ed.) *The Pluralist Theory of the State: Selected Writings of G.D.H. Cole, J.N. Figgis and H.J. Laski* pp. 131–63 (London: Routledge, 1989).
Lasswell, H.D. and McDougal, M.S. (1943), 'Legal Education and Public Policy: Professional Training in the Public Interest', **52** *Yale Law Journal* 203–95.
Lawson, F.H. (1977), *The Comparison: Selected Essays, Volume II* (Amsterdam: North-Holland).
Legrand, P. (1996), 'European Legal Systems are not Converging', **45** *International and Comparative Law Quarterly* 52–81.
Legrand, P. (1997), 'Against a European Civil Code', **60** *Modern Law Review* 44–63.
Legrand, P. (1999), *Fragments on Law-as-Culture* (Deventer: W. E. J. Tjeenk Willink).
Legrand, P. (2001), 'What "Legal Transplants"?', in D. Nelken and J. Feest (eds) *Adapting Legal Cultures* pp. 55–70 (Oxford: Hart).
Legrand, P. and Munday, R. (eds) (2003), *Comparative Law: Traditions and Transitions* (Cambridge: Cambridge University Press).
Lepaulle, P. (1922), 'The Function of Comparative Law, with a Critique of Sociological Jurisprudence', **35** *Harvard Law Review* 838–58.
Levy, E. (1950), 'The Reception of Highly Developed Legal Systems by Peoples of Different Cultures', **25** *Washington Law Review* 233–45.
Lewis, P. (1988), 'Notes for a Socio-Legal Jurisprudence', in A. Febbrajo, B.-M. Blegvad and D. Kalogeropoulos (eds) *European Yearbook in the Sociology of Law 1988* pp. 209–26 (Milano: Giuffrè).
Lipstein, K. (1957), 'Conclusions', **9** *International Social Science Bulletin* 70–81.
Llewellyn, K.N. (1940), 'The Normative, the Legal, and the Law-Jobs: The Problem of Juristic Method', **49** *Yale Law Journal* 1355–400.

López, I.F.H. (1996), *White by Law: The Legal Construction of Race* (New York: New York University Press).
Luhmann, N. (1979), 'Trust: A Mechanism for the Reduction of Social Complexity', in N. Luhmann, *Trust and Power: Two Works*, transl. by H. Davis, J. Raffan and K. Rooney pp. 4–103 (Chichester: John Wiley).
Luhmann, N. (1981), 'Communication about Law in Action Systems', in K. Knorr-Cetina and A. Cicourel (eds) *Advances in Social Theory and Methodology* pp. 234–56 (London: Routledge & Kegan Paul).
Luhmann, N. (1988), 'Closure and Openness: On Reality in the World of Law', in G. Teubner (ed.) *Autopoietic Law: A New Approach to Law and Society* pp. 335–48 (Berlin: de Gruyter).
Luhmann, N. (1989), *Ecological Communication*, transl. by J. Bednarz (Cambridge: Polity).
Luhmann, N. (1992a), 'Operational Closure and Structural Coupling: The Differentiation of the Legal System', **13** *Cardozo Law Review* 1419–41.
Luhmann, N. (1992b), 'The Coding of the Legal System', in G. Teubner and A. Febbrajo (eds) *State, Law and Economy as Autopoietic Systems: Regulation and Autonomy in a New Perspective* pp. 145–85 (Milano: Giuffrè).
Luhmann, N. (1995), *Social Systems*, transl. by J. Bednarz with D. Baecker (Stanford CA: Stanford University Press).
Luhmann, N. (1997), 'Globalisation ou société du monde: comment concevoir la société moderne?', in D. Kalogeropoulos (ed.) *Regards sur la complexité sociale et l'ordre légal à la fin du XXe siècle* pp. 7–31 (Brussels: Bruylant).
Lyotard, J.-F. (1984), *The Postmodern Condition: A Report on Knowledge*, transl. by G. Bennington and B. Massumi (Manchester: Manchester University Press).
MacCormick, D.N. (1981), *H.L.A. Hart* (London: Edward Arnold).
MacCormick, D.N. (1993), 'Beyond the Sovereign State', **56** *Modern Law Review* 1–18.
McEwan, C.A. and Maiman, R.J. (1986), 'In Search of Legitimacy: Toward an Empirical Analysis', **8** *Law and Policy* 257–73.
MacKinnon, C.A. (1989), *Toward a Feminist Theory of the State* (Cambridge MA: Harvard University Press).
McLennan, G. (1995), *Pluralism* (Buckingham: Open University Press).
Malinowski, B. (1926), *Crime and Custom in Savage Society* (London: Routledge & Kegan Paul).
Malinowski, B. (1944), *A Scientific Theory of Culture and Other Essays* (Chapel Hill NC: University of North Carolina Press).
Markesinis, B. (1990), 'Comparative Law – A Subject in Search of an Audience', **53** *Modern Law Review* 1–21.
Massell, G.J. (1968), 'Law as an Instrument of Revolutionary Change in a Traditional Milieu: The Case of Soviet Central Asia', **2** *Law and Society Review* 179–228.
Mathiesen, T. (1980), *Law, Society and Political Action: Towards a Strategy under Late Capitalism* (London: Academic Press).

Mauss, M. (1990), *The Gift: The Form and Reason for Exchange in Archaic Societies*, transl. by W.D. Halls (London: Routledge).

Menski, W.F. (2006), *Comparative Law in a Global Context: The Legal Systems of Asia and Africa*, 2nd edn (Cambridge: Cambridge University Press).

Merry, S.E. (1988), 'Legal Pluralism', **22** *Law and Society Review* 869–96.

Merry, S.E. (1990), *Getting Justice and Getting Even: Legal Consciousness Among Working-Class Americans* (Chicago IL: University of Chicago Press).

Merryman, J.H. (1977), 'Comparative Law and Social Change: On the Origins, Style, Decline and Revival of the Law and Development Movement', **25** *American Journal of Comparative Law* 457–91.

Misztal, B.A. (1996), *Trust in Modern Societies: The Search for the Bases of Social Order* (Cambridge: Polity).

Munro, V. (2001), 'Legal Feminism and Foucault: A Critique of the Expulsion of Law', **28** *Journal of Law and Society* 546–67.

Murphy, W.T. (1991), 'The Oldest Social Science? The Epistemic Properties of the Common Law Tradition', **54** *Modern Law Review* 182–215.

Neill, S. and Wright, T. (1988), *The Interpretation of the New Testament 1861–1986* (Oxford: Oxford University Press).

Nelken, D. (1986), 'Beyond the Study of "Law and Society"? Henry's *Private Justice* and O'Hagan's *The End of Law*', [1986] *American Bar Foundation Research Journal* 323–38.

Nelken, D. (1994), 'The Truth about Law's Truth', in A. Febbrajo and D. Nelken (eds) *European Yearbook in the Sociology of Law 1993* pp. 87–160 (Milano: Giuffrè).

Nelken, D. (1995), 'Disclosing/Invoking Legal Culture: An Introduction', **4** *Social and Legal Studies* 435–52.

Nelken, D. (1996), 'Can there be a Sociology of Legal Meaning?', in D. Nelken (ed.) *Law as Communication* pp. 107–28 (Aldershot: Dartmouth).

Nelken, D. (1998), 'Blinding Insights? The Limits of a Reflexive Sociology of Law', **25** *Journal of Law and Society* 407–26.

Nelken, D. (ed.) (1997), *Comparing Legal Cultures* (Aldershot: Dartmouth).

Nelken, D. and Feest, J. (eds) (2001), *Adapting Legal Cultures* (Oxford: Hart).

Neumann, F.L. (1949), 'Editor's Introduction: Montesquieu', in C. de Montesquieu, *The Spirit of the Laws* pp. ix–lxiv (New York: Hafner Press).

Neumann, F.L. (1986), *The Rule of Law: Political Theory and the Legal System in Modern Society* (Leamington Spa: Berg).

Neumann, F.L. (1996), 'The Change in the Function of Law in Modern Society', in W.E. Scheuerman (ed.) *The Rule of Law under Siege: Selected Essays of Franz L. Neumann and Otto Kirchheimer* pp. 101–41 (Berkeley CA: University of California Press).

Neumann, I.B. (1995), *Collective Identity Formation: Self and Other in International Relations*, EUI Working Paper RSC 95/36 (Florence: European University Institute).

Nicholls, D. (1994), *The Pluralist State: The Political Ideas of J.N. Figgis and his Contemporaries*, 2nd edn (Basingstoke: Macmillan).
Norrie, A. (2005), *Law and the Beautiful Soul* (London: GlassHouse Press).
Ogus, A.I. (2002), 'The Economic Basis of Legal Culture: Networks and Monopolization', **22** *Oxford Journal of Legal Studies* 419–34.
Paluch, A.K. (1988), 'Malinowski's Theory of Culture', in R. Ellen et al. (eds) *Malinowski Between Two Worlds: The Polish Roots of an Anthropological Tradition* pp. 65–87 (Cambridge: Cambridge University Press).
Parsons, T. (1964), 'Evolutionary Universals in Society', **29** *American Sociological Review* 339–57.
Parsons, T. (1977), *The Evolution of Societies* (Englewood Cliffs NJ: Prentice-Hall).
Pearl, D. (1997), 'The Application of Islamic Law in the English Courts', **12** *Arab Law Quarterly* 211–19.
Pennisi, C. (1997), 'Sociological Uses of the Concept of Legal Culture', in D. Nelken (ed.) *Comparing Legal Cultures* pp. 105–18 (Aldershot: Dartmouth).
Péteri, Z. (1970), 'Some Aspects of the Sociological Approach in Comparative Law', in Z. Péteri (ed.) *Hungarian Law – Comparative Law: Essays for the 8th International Congress of Comparative Law* pp. 75–94 (Budapest: Académiai Kiadó).
Petersen, H. and Zahle, H. (eds) (1995), *Legal Polycentricity: Consequences of Pluralism in Law* (Aldershot: Dartmouth).
Petrazycki, L. (1955), *Law and Morality*, transl. by H.W. Babb (Cambridge MA: Harvard University Press).
Posner, R.A. (1987), 'The Decline of Law as an Autonomous Discipline 1962–1987', **100** *Harvard Law Review* 761–80.
Postema, G.J. (1986), *Bentham and the Common Law Tradition* (Oxford: Clarendon Press).
Poulantzas, N. (1978), *State, Power, Socialism* (London: New Left Books).
Poulter, S.M. (1986), *English Law and Ethnic Minority Customs* (London: Butterworths).
Poulter, S.M. (1987), 'African Customs in an English Setting: Legal and Policy Aspects of Recognition', **31** *Journal of African Law* 207–25.
Poulter, S.M. (1989), 'Divorce Reform in a Multicultural Society', **19** *Family Law* 99–101.
Poulter, S.M. (1991), 'Towards Legislative Reform of the Blasphemy and Racial Hatred Laws', [1991] *Public Law* 371–85.
Poulter, S.M. (1997), 'Muslim Headscarves in School: Contrasting Legal Approaches in England and France', **17** *Oxford Journal of Legal Studies* 43–74.
Přibáň, J. and Nelken, D. (eds) (2001), *Law's New Boundaries: The Consequences of Legal Autopoiesis* (Aldershot: Ashgate).
Rawls, J. (1999), *A Theory of Justice* revised edn (Oxford: Oxford University Press).

Raz, J. (1979), *The Authority of Law: Essays on Law and Morality* (Oxford: Clarendon Press).
Raz, J. (1980), *The Concept of a Legal System: An Introduction to the Theory of Legal System* 2nd edn (Oxford: Clarendon Press).
Raz, J. (1994), *Ethics in the Public Domain: Essays in the Morality of Law and Politics* (Oxford: Clarendon Press).
Raz, J. (1998), 'Multiculturalism', **11** *Ratio Juris* 193–205.
Renner, K. (1949), *The Institutions of Private Law and Their Social Functions*, transl. by A. Schwarzschild (London: Routledge & Kegan Paul).
Rheinstein, M. (1938), 'Teaching Comparative Law', reprinted in M. Rheinstein *Collected Works Volume 1: Jurisprudence and Sociology, Comparative Law and Common Law (USA)* pp. 294–303 (Tübingen: J.C.B. Mohr, 1979).
Rheinstein, M. (1979), *Collected Works Volume 1: Jurisprudence and Sociology, Comparative Law and Common Law (USA)* (Tübingen: J.C.B. Mohr).
Richardson, G. with Ogus, A. and Burrows, P. (1983), *Policing Pollution: A Study of Regulation and Enforcement* (Oxford: Clarendon Press).
Riles, A. (ed.) (2001), *Rethinking the Masters of Comparative Law* (Oxford: Hart).
Rose, N. (1996), 'The Death of the Social? Re-figuring the Territory of Government', **25** *Economy and Society* 327–56.
Rose, N. and Valverde, M. (1998), 'Governed by Law?', **7** *Social and Legal Studies* 541–51.
Rosenberg, A. (1979), 'Can Economic Theory Explain Everything?', **9** *Philosophy of the Social Sciences* 509–29.
Rosenberg, G.N. (1991), *The Hollow Hope: Can Courts Bring About Social Change?* (Chicago IL: University of Chicago Press).
Rottleuthner, H. (1989), 'Sociology of Law and Legal Practice', in A.-J. Arnaud (ed.) *Legal Culture and Everyday Life* pp. 77–84 (Oñati: International Institute for the Sociology of Law).
Sacco, R. (1991), 'Legal Formants: A Dynamic Approach to Comparative Law', **39** *American Journal of Comparative Law* 1–34, 343–401.
Samek, R.A. (1974), *The Legal Point of View* (New York: Philosophical Library).
Santos, B. de S. (2002), *Toward a New Legal Common Sense: Law, Globalization and Emancipation* 2nd edn (London: Butterworths / Cambridge University Press).
Sarat, A. (1990a), '"The Law is All Over": Power, Resistance and the Legal Consciousness of the Welfare Poor', **2** *Yale Journal of Law and the Humanities* 343–79.
Sarat, A. (1990b), 'Off to Meet the Wizard: Beyond Validity and Reliability in the Search for a Post-empiricist Sociology of Law', **15** *Law and Social Inquiry* 155–70.
Sarat, A. and Felstiner, W.L.F. (1995), *Divorce Lawyers and Their Clients: Power and Meaning in the Legal Process* (New York: Oxford University Press).
Savigny, F.C. von (1831), *Of the Vocation of Our Age for Legislation and Jurisprudence*, transl. by A. Hayward (New York: Arno reprint, 1975).
Schlesinger, R.B. (1965), 'Book review', **50** *Cornell Law Quarterly* 570–1.

Schmitt, C. (1976), *The Concept of the Political*, transl. by G. Schwab (New Brunswick: Rutgers University Press).
Schutz, A. (1957), 'Equality and the Meaning Structure of the Social World', reprinted in A. Schutz (1964), *Collected Papers Vol. 2: Studies in Social Theory* pp. 226–73 (The Hague: Martinus Nijhoff).
Schwartz, R.D. (1965), 'Book review', **30** *American Sociological Review* 290–1.
Seidman, R.B. (1965), 'Witch Murder and *Mens Rea*: A Problem of Society under Radical Social Change', **28** *Modern Law Review* 46–61.
Seidman, R.B. (1975), 'Book review', **55** *Boston University Law Review* 682–7.
Selznick, P. (1992), *The Moral Commonwealth: Social Theory and the Promise of Community* (Berkeley CA: University of California Press).
Shah, P. (2005), *Legal Pluralism in Conflict: Coping with Cultural Diversity in Law* (London: GlassHouse Press).
Shapiro, M. (1981), *Courts: A Comparative and Political Analysis* (Chicago IL: University of Chicago Press).
Sheffield, G.K. (1997), *The Arbitrary Indian: The Indian Arts and Crafts Act of 1990* (Norman OK: University of Oklahoma Press).
Silbey, J.M. (2002), 'What We Do When We Do Law and Popular Culture', **27** *Law and Social Inquiry* 139–68.
Simmel, G. (1971), *On Individuality and Social Forms: Selected Writings* (Chicago IL: University of Chicago Press).
Simon, J. (1999), 'Law after Society', **24** *Law and Social Inquiry* 143–94.
Smart, B. (1993), *Postmodernity* (London: Routledge).
Smart, C. (1989), *Feminism and the Power of Law* (London: Routledge).
Snyder, F.G. (1981), 'Anthropology, Dispute Processes and Law: A Critical Introduction', **8** *British Journal of Law and Society* 141–80.
Sommerville, J.P. (1999), *Royalists and Patriots: Politics and Ideology in England 1603–1640* 2nd edn (London: Longman).
Spencer, J. (1996), 'Nationalism', in A. Barnard and J. Spencer (eds) *Encyclopedia of Social and Cultural Anthropology* pp. 391–3 (London: Routledge).
Spink, P. (1997), 'Direct Effect: The Boundaries of the State', **113** *Law Quarterly Review* 524–9.
Starr, J. (1992), *Law as Metaphor: From Islamic Courts to the Palace of Justice* (Albany NY: State University of New York Press).
Starr, J. and Pool, J. (1974), 'The Impact of a Legal Revolution in Rural Turkey', **8** *Law and Society Review* 533–60.
Steiner, H.J. and Alston, P. (2000), *International Human Rights in Context: Law, Politics, Morals* 2nd edn (Oxford: Oxford University Press).
Stoljar, S.J. (1973), *Groups and Entities: An Inquiry into Corporate Theory* (Canberra: Australian National University Press).
Strange, S. (1996), *The Retreat of the State: The Diffusion of Power in the World Economy* (Cambridge: Cambridge University Press).
Tamanaha, B.Z. (1993), 'The Folly of the "Social Scientific" Concept of Legal Pluralism', **20** *Journal of Law and Society* 192–217.

Tamanaha, B.Z. (1997), *Realistic Socio-Legal Theory: Pragmatism and a Social Theory of Law* (Oxford: Clarendon Press).

Teubner, G. (1989), 'How the Law Thinks: Toward a Constructivist Epistemology of Law', **22** *Law and Society Review* 727–57.

Teubner, G. (1992), 'The Two Faces of Janus: Rethinking Legal Pluralism', **5** *Cardozo Law Review* 1443–62.

Teubner, G. (1993), *Law as an Autopoietic System*, transl. by A. Bankowska and R. Adler (Oxford: Blackwell).

Teubner, G. (1997), '"Global Bukowina": Legal Pluralism in the World Society', in G. Teubner (ed.) *Global Law Without a State* pp. 3–28 (Aldershot: Dartmouth).

Teubner, G. (1998), 'Legal Irritants: Good Faith in British Law or How Unifying Law Ends Up in New Divergences', **61** *Modern Law Review* 11–32.

Teubner, G. (ed.) (1987), *Juridification of Social Spheres: A Comparative Analysis in the Areas of Labour, Corporate, Antitrust and Social Welfare Law* (Berlin: de Gruyter).

Teubner, G. (ed.) (1997), *Global Law Without a State* (Aldershot: Dartmouth).

Timasheff, N.S. (1939), *An Introduction to the Sociology of Law* (Westport CT: Greenwood Press reprint, 1974).

Timur, H. (1957), 'Civil Marriage in Turkey: Difficulties, Causes and Remedies', **9** *International Social Science Bulletin* 34–6.

Tönnies, F. (1955), *Community and Association*, transl. by C.P. Loomis (London: Routledge & Kegan Paul).

Torres, G. and Milun, K. (1995), 'Stories and Standing: The Legal Meaning of Identity', in D. Danielsen and K. Engle (eds) *After Identity* pp. 129–42 (New York: Routledge).

Travers, M. (1993), 'Putting Sociology Back into the Sociology of Law', **20** *Journal of Law and Society* 438–51.

Tribe, L.H. (1992), *Abortion: The Clash of Absolutes* 2nd edn (New York: W.W. Norton).

Turner, S.P. and Factor, R.A. (1994), *Max Weber: The Lawyer as Social Thinker* (London: Routledge).

Twining, W. (1974), 'Law and Social Science: the Method of Detail', *New Society*, 27 June, pp. 758–61.

Twining, W. (1997), 'Other People's Power: The Bad Man and English Positivism, 1897–1997', **63** *Brooklyn Law Review* 189–223.

Tyler, T.R. (1990), *Why People Obey the Law: Procedural Justice, Legitimacy, and Compliance* (New Haven CT: Yale University Press).

Tyler, T.R., Boeckmann, J., Smith, H.J. and Huo, Y.J. (1997), *Social Justice in a Diverse Society* (Boulder CO: Westview Press).

Van Gerven, W. (1996), 'Bridging the Unbridgeable: Community and National Tort Laws after *Francovich* and *Brasserie*', **45** *International and Comparative Law Quarterly* 507–44.

Van Hoecke, M. and Ost, F. (1997), 'Legal Doctrine in Crisis: Towards a European Legal Science', in A. Aarnio, R. Alexy and G. Bergholtz (eds) *Justice, Morality and Society: A Tribute to Aleksander Peczenik* pp. 189–209 (Lund: Juristförlaget).
Von Mehren, A.T. (1965), 'Book review', **16** *University of Toronto Law Journal* 187–8.
Waelde, T.W. and Gunderson, J.L. (1994), 'Legislative Reform in Transitional Economies: Western Transplants – A Short-cut to Social Market Economy Status?', **43** *International and Comparative Law Quarterly* 347–78.
Wagner, W.J. (1964), 'Book review', **64** *Columbia Law Review* 985–93.
Walzer, M. (1995), 'Pluralism: A Political Perspective', in W. Kymlicka (ed.) *The Rights of Minority Cultures* pp. 139–54 (Oxford: Oxford University Press).
Ward, I. (1996), '(Pre)conceptions in European Law', **23** *Journal of Law and Society* 198–212.
Wasserstrom, R. (1964), 'Book review', **17** *Journal of Legal Education* 105–9.
Watson, A. (1977), *Society and Legal Change* (Edinburgh: Scottish Academic Press).
Watson, A. (1981), *The Making of the Civil Law* (Cambridge MA: Harvard University Press).
Watson, A. (1985a), *Sources of Law, Legal Change and Ambiguity* (Edinburgh: T. & T. Clark).
Watson, A. (1985b), *The Evolution of Law* (Oxford: Blackwell).
Watson, A. (1988), *Failures of the Legal Imagination* (Edinburgh: Scottish Academic Press).
Watson, A. (1991), *Legal Origins and Legal Change* (London: Hambledon Press).
Watson, A. (1993), *Legal Transplants* 2nd edn (Athens GA: University of Georgia Press).
Watson, A. (1995), 'From Legal Transplants to Legal Formants', **43** *American Journal of Comparative Law* 469–76.
Watson, A. (1996), 'Aspects of Reception of Law', **44** *American Journal of Comparative Law* 335–51.
Webb, L.C. (ed.) (1958), *Legal Personality and Political Pluralism* (Melbourne: Melbourne University Press).
Weber, M. (1968), *Economy and Society: An Outline of Interpretive Sociology*, transl. by E. Fischoff et al. (Berkeley CA: University of California Press reprint, 1978).
Welsh, J.M. (1993), *A Peoples' Europe? European Citizenship and European Identity*, EUI Working Paper ECS 93/2 (Florence: European University Institute).
Wiener, J. (1999), *Globalization and the Harmonization of Law* (London: Pinter).
Wise, E.M. (1990), 'The Transplant of Legal Patterns', **38** *American Journal of Comparative Law*, supplement 1–22.
Woolf, S. (1991), *Europe and the Nation-State*, EUI Working Paper HEC 91/11 (Florence: European University Institute).
Yngvesson, B. (1993), *Virtuous Citizens, Disruptive Subjects: Order and Complaint in a New England Town* (New York: Routledge).

Young, I.M. (1995), 'Together in Difference: Transforming the Logic of Group Political Conflict', in W. Kymlicka (ed.) *The Rights of Minority Cultures* pp. 155–76 (Oxford: Oxford University Press).

Zekoll, J. (1996), 'Kant and Comparative Law – Some Reflections on a Reform Effort', **70** *Tulane Law Review* 2719–49.

Ziegert, K.A. (1979), 'The Sociology behind Eugen Ehrlich's Sociology of Law', 7 *International Journal of the Sociology of Law* 225–73.

Zweigert, K. (1975), 'Quelques réflexions sur les relations entre la sociologie juridique et le droit comparé', in R. Cassin et al., *Aspects nouveau de la pensée juridique: Recueil d'études en hommage à Marc Ancel* pp. 81–93 (Paris: Pedone).

Zweigert, K. and Kötz, H. (1998), *An Introduction to Comparative Law* 3rd edn, transl. by T. Weir (Oxford: Clarendon Press).

# 关于作者

英国人文和社会科学院院士罗杰·科特雷尔（Roger Cotterrell）是伦敦大学玛丽皇后和威斯特菲尔德学院的法律理论周年教授（Anniversary Professor）。他在伦敦大学研究法律与社会学。在加入玛丽皇后学院以前，他在莱斯特大学执教。作为法律与社会协会的前任理事，科特雷尔曾在比利时、意大利、西班牙、瑞典、中国香港地区和美国的多所大学担任访问学者。他的其他著作包括：《法律社会学导论》(*The Sociology of Law：An Introduction*) 1992 年第 2 版、《法律的共同体：社会学视角下的法律理论》(*Law's Community：Legal Theory in Sociological Perspective*) 1995 年版、《埃米尔·涂尔干：道德领域中的法律》(*Emile Durkheim：Law in a Moral Domain*) 1999 年版、《法理学的政治分析：法律哲学批判导论》(*The Politics of Jurisprudence：A Critical Introduction to Legal Philosophy*) 2003 年第 2 版。同时，他还在英国阿什盖特出版公司出版了三部编著，包括《法律与社会》(*Law and Society*) 1994 年版、《法律的社会视角》(*Sociological Perspectives on Law*) 2001 年版两卷本、《社会理论中的法律》(*Law in Social Theory*) 2006 年版。在 2003 年，科特雷尔荣获了文学、科学和艺术学会所颁发的社会—法律共同体（socio-legal community）年度贡献奖。

# 索  引

（条目后数字为英文原版页码，检索时请查本书边码）

## A

Abel, Richard, 理查德·埃贝尔
  Sociolegal theory, on, 关于社会—法律理论, 113
Abrams, Philip, 菲利普·艾布拉姆斯
  Sociology's aims, on, 关于社会学的目的, 130—1, 132, 142
Affect, 情感
  Collective sentiments, 集体情感, 150
  Culture and, 文化与情感, see Culture
  Definition of, 情感的定义, 2
  Irrationality of, 情感的非理性, 157
  Law as expression of, 作为情感表达的法律, 149
  Sociology of emotions, 情感社会学, 2
  See also Affective Community
Affective Community, 情感型共同体
  Comparative law and, 比较法和情感型共同体, 158
  Culture, as part of, 作为文化一部分的情感型共同体, 104
  Family and, 家庭和情感型共同体, 77, 106
  Fiduciary relations, 信托关系, 119, 124
  Legal transplants and, 法律移植和情感型共同体, 124—5
  Nation seen as, 作为情感型共同体的民族, 77, 158, 165—6
  Nature of, 69, 情感型共同体的本质, 119, 157—8
  Regulation of, 情感型共同体的规制, 106—7, 124—5, 157—8
  Strong bond, as, 作为稳固纽带的情感型共同体, 124, 158
Ajani, Gianmaria, 简玛利亚·阿雅尼
  Law in post-Communist states, on, 关于后共产主义国家的法律, 120—1, 122
Anderson, Benedict, 本尼迪克特·安德森
  Nation as community, on, 关于作为共同体的民族, 165
Arendt, Hannah, 汉娜·阿伦特

索 引　291

Responsibility, on, 关于责任, 163
Arthurs, Harry, 哈利·阿瑟斯
　　State and unofficial law, on, 关于国家法和非官方法, 38—9, 42
Aubert, Vilhelm, 威廉·奥伯特
　　Sociology of law, 法律社会学, 45
Austin, John, 约翰·奥斯丁
　　Independent political societies, on, 关于独立的政治社会, 34
　　Legal philosophy of, 法律哲学, 33
　　Political pluralist critique of, 政治多元主义批判, 39
　　Social, view of the, 社会观, 40
Autopoiesis Theory, 自创生理论
　　Law, of, 法律的自创生理论, 22—3, 24, 137, 141
　　Comparative legal studies, and, 比较法研究与自创生理论, 135, 137—8, 143

**B**

Bainham, Andrew, 安德鲁·贝恩汉姆
　　Cultural diversity and law, on, 关于文化多样性和法律, 41—2
Balkin, Jack, 杰克·巴尔金
　　Law as discipline, on, 作为学科的法律, 50—1, 52, 53, 60
Baudrillard, Jean, 让·鲍德里亚
　　Demise of the social, on, 关于社会的消亡, 20

Beck, Ulrich, 乌尔里希·贝克
　　Individualization and risk, on, 关于个人主义和风险, 27
Bentham, Jeremy, 杰里米·边沁
　　Human rights, and, 人权和边沁, 155
　　Property, on, 关于财产, 99
Black, Donald, 唐纳德·布莱克
　　Law and community, on, 关于法律与共同体, 161
Broekman, Jan, 简·布勒克曼
　　Legal discourse, on, 关于法律话语, 48

**C**

Capitalism, 资本主义
　　Law and, 法律和资本主义, 17
Carter, James, 詹姆斯·卡特
　　Law embedded in culture, on, 关于嵌入文化的法律, 101
Codification, 法典编纂
　　European, 欧洲的法典编纂, 120, 121
Cohen, Anthony, 安东尼·科恩
　　Community, on, 关于共同体, 43, 67, 73, 74
Coke, Edward, 爱德华·柯克
　　Common law, on, 关于普通法, 101, 103
　　Nation as community, on, 关于作为共同体的国家, 40
Common law, 普通法
　　Artificial reason, as, 作为人为理性的普通法, 103
　　Community experience, as, 作为共同体经验的普通法, 103
　　Culture and, 文化和普通法,

101
 Reasonable man of，普通法的理性人，123
Communitarianism，社群主义
 Morality, view of，社群主义的道德观，28
 Value pluralism，社群主义的价值多元主义，41
Community，共同体
 Affective，情感型共同体 *see* Affective Community
 Belief, of，信仰型共同体 *see* Community of Belief
 Business，商业共同体，76, 164
 Complexity of，共同体的复杂性，43, 161
 Concept，共同体的概念，7, 43, 67, 68, 73, 161
 Culture and，文化与共同体，*see* Culture
 Diversity of，共同体的多样性，67, 161
 *Gemeinschaft*，共同体，43, 67, 161
 Global，全球共同体，167—9
 Groups and，群体与共同体，73
 Ideal types of，共同体的理想类型，7—8, 9, 28, 68—70, 104—5, 118, 119, 126, 142
 Inequality in，共同体中的不平等，163, 166
 Identity, as source of，作为共同体来源的身份，43, 67, 118, 153
 Instrumental，工具型共同体，*see* Instrumental Community
 Law and types of，法律与共同体类型，105—8, 119—21
 Law as dimension of，作为共同体一部分的法律，4, 117
 Law expressing，表达共同体的法律，28, 43, 67, 161
 Law regulating，规制共同体的法律，5, 8, 28, 74—5, 165
 Legal concept of，法律的共同体概念，74, 77, 159
 Legal change in，共同体中的法律变迁，*see* Legal Development
 Legal images of，法律的共同体图景，41
 Legal pluralism，法律多元主义，*see* Legal Pluralism
 Local，地方共同体，164
 Loss of，共同体的缺失，7
 Membership in，共同体资格，72
 Nation as，作为共同体的民族，*see* Nation
 Networks of，共同体关系网，5, 7, 105, 161—5, 167
 Outsiders, attitudes to，外部人对共同体的态度，71—2
 Power in，共同体中的权力，166
 Regulation of，共同体的规制，28
 Religious，宗教共同体，164
 Responsibility and，责任与共同体，*see* Responsibility
 Sense of attachment in，共同体中的依恋感，70, 73
 Social relations of，共同体的社

会关系, 5, 43, 67, 104, 105, 162

Society and, 社会与共同体, 7

Solidarity in, 共同体中的团结, 28, 118, 153

State and, 国家与共同体, see State

Subjective and objective understandings of, 共同体的主观和客观理解, 67, 68, 70, 142

Sustained interaction in, 共同体中持久的互动, 70—1

Symbols of, 共同体的符号, 67

Temporal aspect of, 共同体的时间特征, 73

Traditional, 传统型共同体, see Traditional Community

Trust as basis of, 作为共同体基础的信任, see Trust

Understandings, as web of, 对共同体的错综理解, 43, 67, 73, 74

Valuations of, 对共同体的评价, 7, 162, 163

Values, of, 共同体的价值, see Community of Belief

Voluntary and involuntary groups, 自愿和非自愿群体, 72

See also Law-and-Community Approach

Community of Belief (or Values), 信仰型(或价值型)共同体

Conflicts based on, 建立在信仰型共同体之上的冲突, 107, 155

Culture, as part of, 作为文化组成部分的信仰型共同体, 104, 105

Dignity and autonomy, and, 尊严、自治和信仰型共同体, 107, 119—20, 155, 168

Human rights and, 人权和信仰型共同体, 119, 142, 155, 166

Law's relation to, 法律与信仰型共同体的联系 77, 107, 123—5, 155—6

Legal transplants and, 法律移植与信仰型共同体, 123—4

Moral individualism and, 道德个人主义与信仰型共同体, 168—9

Nation seen as, 作为信仰型共同体的民族, 77, 165, 166, 168

Nature of, 信仰型共同体的本质, 69, 70

Solidarity in, 信仰型共同体中的团结, 71

Strength of, 信仰型共同体的强烈程度, 123, 155

Transnational, 跨国的信仰型共同体, 168—9

Comparative Law, 比较法

Aims of, 比较法的目的, 114, 127—8, 130—1, 142—3, 145, 148

Authority in, 比较法中的权威, 8, 148—50

Autopoiesis theory in, 自创生理论, see Autopoiesis Theory

Community, and types of, 共同体类型, 154, 155—9

Concepts in, 比较法中的概念,

129, 142, 151

Contemporary agenda of，比较法的当代议题，151—2

Culture and，文化与比较法，see Culture

Difference, appreciating，理解差异，141，146—7，148，149，150，152，158—9

Functional analysis in，比较法中的功能分析，128—9

Globalization and，全球化与比较法，see Globalization

Harmonization of law，法律协调，8，98，149，152，153，154，157，158—9

Immersion comparison，浸入式比较，141，142

Interpretation in，比较法中的解释，145—50

Law-and-community approach to，法律与共同体进路，8

Legal culture and，法律文化与比较法，see Legal Culture

Legal families, idea of，法系的概念，81，85，91，128

Legal styles, idea of，法律风格的概念，85，128

Method, as，作为方法的比较法，132

Methods of，比较法的方法，141，146

Nature of，比较法的本质，9—10，128—9，132—3，134—5，145，159

Paris International Congress (1900)，1990年巴黎国际比较法大会，127，131

Power and，权力与比较法，151

Problems of，比较法的问题，81—2，128，135，145，151

Social science, as，作为社会科学的比较法，128，129，146

Sociology of law, and，社会学与比较法，9—10，81，82，114，126，127—43，146，151，159

Unification of law，法律的统一，147，148，149，152，158—9

Cover, Robert，罗伯特·柯维尔

Suppression of law, on，关于对法律的抑制，53

Critical Race Theory，批判种族理论

Constitutive power of law and，法律的建构，99

Cultural Defences，文化辩护

Criminal law, in，刑法领域的文化辩护，105—7

Legal interpretation and，法律解释与文化辩护，99—100

Culture，文化

Affective aspects，文化的情感方面，104，106—7，150

Aggregate, as，作为集合体的文化，8，83，85，92—5

Anthropological approaches，人类学进路，93—4

Beliefs or values, as，作为信仰或是价值的文化，103，104

Common law, of，普通法文化，see Common Law

Community and，共同体与文化，97，104，118，153—4

Comparative law and，比较法与文化，8，143

Components of，文化的成分，102—3

Conflicting with itself，自我矛盾，105

Convenience of concept，概念的便宜性，88，95

Disaggregating，分解，9，105，153—4

Diversity of，文化的多样性，104

Heritage, cultural，文化遗产，102

Importance of，文化的价值，9

Instrumental aspects，文化的工具特征，105

Juristic concern with，法理关注，97

Law as part of，作为文化组成部分的法律，92，93，103—4

Law's relations to，法律与文化的关系，105，108

Law resisted by，受到文化抵制的法律，117

Legal，法律，see Legal Culture

Legal definitions of，文化的法律定义，99

Legal interpretation and，法律解释与文化，100

Legal studies, in，法律文化研究，97—108

Legal theory and，法律理论与法律文化，97，105

Mentalité, as，作为共同价值观的文化，103

Multiculturalism，多元文化主义，98

Paradoxes of，文化的自相矛盾，104

Popular，大众文化，101

Tradition, as，作为传统的文化，103，104，107，150

Usefulness of concept，概念的效用，92—5

Vagueness of concept，概念的模糊性，8，95，97，102，105，118

See also Cultural Defences

Curran, Vivian，薇薇安·柯伦

Comparative law, on，关于比较法，141，146

## D

Damaska, Mirjan，米尔伊安·达马斯卡

Comparative study of legal procedure，法律程序的比较研究，90—1

Disciplines，学科

Identifying marks of，识别学科的标准，51

Law as discipline，作为学科的法律，6，51—2

Law and other，法律与其他学科，50—1

Rejection of disciplinarity，对学科性的排斥，5—6，50，54—5

Durkheim, Emile，埃米尔·涂尔干

Comparative legal history, and，比较法制史，131—2

Democracy, on，关于民主，27，28

Functional analysis, and, 功能分析与民主, 129
Individualism, on, 关于个人主义, 2, 16—17, 119—20, 168—9
Juristic attitudes to, 对民主的法理态度, 134
Law, on, 关于法律, 16, 24, 27, 46, 57, 65
Positivism of, 民主的实证主义, 33
Sociology of, 民主的社会学, 131, 132, 134
Solidarity, on, 关于民主的团结, 2, 16
Dworkin, Ronald, 罗纳德·德沃金
Legal interpretation, on, 关于法律解释, 68

### E

Economics, 经济学
Law, analysis of, 法律的经济分析, 3, 51
Rational choice theory, 理性选择理论, 2—3
Sociology and, 社会学与经济学, 56
Ehrlich, Eugen, 欧根·埃利希
Associations, on, 关于社团, 4, 35
English common law, on, 关于英国普通法, 40—1
Human rights, on, 关于人权, 43
Internal-external distinctions, on, 关于内部—外部划分, 35
Lawyers' understandings, and, 律师的理解, 46
Legal development, on, 关于法律发展, 29
Legal experience, on, 关于法律经验, 33
Legal pluralism of, 法律多元主义, 93
Legal theory of, 法律理论, 34—6, 38
Eichmann, Adolf, 阿道夫·艾希曼
Responsibility of, 责任, 163
Emotion, 情感, see Affect
Europe, 欧洲
Central and Eastern, law in, 中东欧的法律, 120—1, 122, 124
Community of cultures, as, 作为文化共同体的欧洲, 41
Convergence of legal systems, 法律制度的趋同, 120
Legal order of, 欧洲的法律秩序, 42, 65
Social field, as, 作为社会领域的欧洲, 42
Ewald, William, 威廉·伊瓦尔德
Comparative law, on, 关于比较法, 109, 113
Mirror theories, on, 关于镜像论, 109, 111—12
Sociology of law, on, 关于法律社会学, 109, 112, 114

### F

Family, 家庭
Communal group, as, 作为共同体群体的家庭, 119
Marriage, forms of, 婚姻的形

式，100，106，125
Regulation of，家庭的规制，77，124—5
Trust in，家庭中的信任，164
See also Affective community

Feminism，女权主义
Constitutive power of law and，法律的建构力，99
Law as gendered, on，关于性别化的法律，100

Fiduciary relations，信托关系，see Affective Community

Figgis, John，约翰·菲吉斯
Co-existence of groups, on，关于群体共存，41
Political pluralist, as，政治多元主义，39

Finnis, John，约翰·菲尼斯
Community, on，关于共同体，41，69，73

Fitzpatrick, Peter，彼得·菲特兹帕特里克
Law constituting society, on，关于构成社会的法律，49

Foucault, Michel，米歇尔·福柯
Governmentality, on，关于治理术，21
Habermas critique of，哈贝马斯的批判，26
Law, on，关于法律，20—2，28
Power, on，关于权力，27
Regulation, on，关于规制，27
State, on，关于国家，21

Friedman, Lawrence，劳伦斯·弗里德曼
Critique of Watson，对沃森的批判，114
Law as mirror, on，关于作为镜像的法律，111
Legal culture, on，关于法律文化，82—9，90—5，139—40
Legal ideology, on，关于法律观念形态，49

Fuller, Lon，朗·富勒
Fiat and reason, on，关于命令和理性，33
Pluralistic view of law，多元主义法律观，37

## G

Geertz, Clifford，克利福德·吉尔兹
Culture, on study of，关于文化的研究，93

Gierke, Otto，奥托·基尔克
Law, view of，法律观，39，40

Globalization，全球化
Comparative law and，比较法与全球化，151—2
Culture of，全球化的文化，105
Instrumental community, and，工具型共同体，105
International commercial arbitration，国际商事仲裁，115
International criminal justice，国际刑事司法，167
Law and，法律与全球化，23，26—8，167
Lex mercatoria，商人法，167
Localization，地方化，42—3，65—6，151，158
Nationalism and，民族主义与全球化，158

Nature of, 全球化的本质, 150—1

Protection of cultures and, 文化保护与全球化, 105

State and, 国家与全球化, 152

Transnational law, growth of, 跨国法的激增, 42, 65, 152, 168

Transnational legal practice, 跨国法律实践, 42. 115

Transnational networks of community, 跨国的共同体关系网, 167—9

See also Human Rights

Golding, Martin, 马丁·戈尔丁

Cultural defences, on, 关于文化辩护, 105—6

Gurvitch, Georges, 乔治·古尔维奇

Legal experience, on, 关于法律经验, 33

Legal pluralism, on, 关于法律多元主义, 18, 68

Sociality, on, 关于社会性, 16, 68, 142

Gutteridge, Harold, 哈罗德·格特里奇

Comparative law, on, 关于比较法, 129

## H

Habermas, Jürgen, 尤尔根·哈贝马斯

Law, on, 关于法律, 25—6, 28, 31—2, 35

Legal philosophy, on, 关于法律哲学, 32, 33

Lifeworld, on, 关于生活世界, 25

Philosophy of justice, on, 关于正义哲学, 29, 31

Society, view of, 关于社会观, 25

Sociology of law, on, 关于法律社会学, 29, 31, 32—3

Hale, Matthew, 马修·黑尔

Common law, on, 关于普通法, 103

Nation as community, on, 关于作为共同体的民族, 40

Hall, Jerome, 杰罗姆·霍尔

Comparative law, on, 关于比较法, 132—4, 140

Hart, H. L. A., H.L.A.哈特

Internal and external views of law, 法律的内部观点和外部观点, 35

Legal philosophy of, 法律哲学, 33, 133

Legal pluralism, and, 法律多元主义, 37—8

Legal system, on, 关于法律制度, 37

Hobbes, Thomas, 托马斯·霍布斯

Legal authority, on, 关于法律权威, 53

Human Rights, 人权

Cultural relativism and, 文化相对主义与人权, 153, 168

Globalization and, 全球化与人权, 152—3

International law of, 国际人权法, 43, 167, 168

Values expressed in, 表达在人

权中的价值，107，149，152—3，168

*See also* Community of Belief

Huvelin, Paul，保罗·于弗林

Comparative legal history, on，关于比较法制史，132

## I

Ideal types，理想类型

Method of，理想类型的方法，7

Nature of，理想类型的本质，69，91—2

Usefulness of，理想类型的效用，91—2

Ideology，观念形态

Concept of，观念形态的概念，89—90

National myth and，166，民族神话和观念形态

*See also* Legal Ideology

Instrumental Community，工具型共同体

Business communities，商业共同体，76，164

Business corporation as，作为工具型共同体的商业公司，162

Culture, as part of，作为文化组成部分的工具型共同体，104—5

Globalization and，全球化和工具型共同体，105，142，156，169

Harmonization of law, and，法律协调和工具型共同体，154

Law of，工具型共同体的法律，122—3，154，166

Legal regulation of，工具型共同体的法律规制，119

Legal transplants and，法律移植和工具型共同体，118，122—3

Nation seen as，被视为工具型共同体的民族，76，165，166

Nature of，工具型共同体的本质，69

Tradition, and，传统和工具型共同体，156，157

Weak social ties of，工具型共同体中脆弱的社会关系，123，154

## J

Justice，正义

Practice of，正义的实践，2

Sense of，正义感，60

Sociology and，社会学与正义，60

## K

Kahn-Freund, Otto，奥托·卡恩—弗洛因德

Legal transplants, on，关于法律移植，126

Kelsen, Hans，汉斯·凯尔森

Legal philosophy of，法律哲学，33

Sociological study of law, on，关于法律的社会学研究，45，47

Kötz, Hein，海因·克茨

Methods of comparative law, on，关于比较法的方法，146

Kymlicka, Will, 威尔·金里卡
　　Multiculturalism, on, 关于多元文化主义, 98

**L**

Lambert, Edouard, 爱杜尔·朗贝尔
　　Comparative legal history, on, 关于比较法制史, 131
　　Durkheimian scholars and, 涂尔干式的学者, 131—2
Language, 语言
　　Law and, 法律与语言, 103
　　Translation, 翻译, 141
　　See also Traditional Community
Laski, Harold, 哈罗德·拉斯基
　　Administrative decentralization, on, 关于行政放权, 40
　　Political pluralist, as, 作为政治多元主义者, 39
Lasswell, Harold, 哈罗德·拉斯韦尔
　　Law schools, on, 关于法学院, 51
Law, 法律
　　Authority of, 法律的权威, see Legal Authority
　　Autonomy of, 法律自治, 4, 22—3, 30, 110
　　Boundaries of, 法律边界, 148
　　Cognitive openness, 认知开放, 53
　　Commercial, 商事法, 119, 166
　　Common, 普通法, see Common Law
　　Community and, 法律与共同体, see Community
　　Comparative, 比较法, see Comparative Law
　　Constitutive power of, 法律的建构力, 24—5, 49, 54, 60, 99
　　Contract, 合同法, 119, 166
　　Corporate, 公司法, 119, 166
　　Criminal, 刑法, 105—6, 119, 156
　　Culture and, 法律与文化, see Culture
　　Development of, 法律的发展, see Legal Development
　　Discipline, as, 作为学科的法律, see Disciplines
　　Discourse, as, 作为话语的法律, 3, 4, 23, 48, 52—3, 137
　　Doctrine, as, 作为教义的法律 see Legal Doctrine
　　Economic analysis of, 法律的经济分析, see Economics
　　European, 欧洲法, see Europe
　　Experience of, 法律经验, 142
　　Governance, as, 作为治理的法律, 22
　　Harmonization of, 法律的协调, see Comparative Law
　　Human rights, 人权法, see Human Rights
　　Industrial, 产业法, 119
　　Interim, 过渡法, 121, 122
　　Internal and external views of, 法律的内部和外部观点, 30—1, 35, 38, 45, 59—60
　　Interpretation of, 法律的解释, 58, 68, 99—101, 147—9

Knowledge, as, 作为知识的法律, 4
Legitimacy of, 法律的正当性, 23—4, 28, 31—2, 35
Medium, as, 作为媒介的法律, 25
Methods of, 法律的方法, see Legal Method
Modern, 现代法, 16—17, 25—6
Morality, 道德与法律, see Morality
Participants in, 法律参与者, 3, 30—1, 53, 57, 61—2
Perspectives on, 法律视角, 5, 31, 60—3, 134
Pluralist views of, 法律的多元主义观点, see Legal Pluralism
Porosity of, 法律的渗透性, 4, 53
Postmodern, 后现代法, see Postmodernity
Property, 财产法, 119
Ratio, 理性法, 53, 149, 150, 166, 167
Reason and, 理性与法律, 4, 17, 25—6, 106
Rule of, 法治, see Rule of Law
Scots, 苏格兰法, 67
Social, 社会法, see Social
Social science, and, 社会科学与法律, 3
Social experience, as field of, 作为社会经验领域的法律, 4, 25, 55, 135
Social fact, as, 作为社会事实的法律, 57
Social relationships, as aspect of, 作为一种社会关系的法律, 55
Social theory and, 社会理论与法律, see Social Theory
Sociology and, 社会学与法律, see Sociology
State and, 国家与法律, see State
System, as, 作为系统的法律, 3, 4, 22—3, 25, 30, 52, 58, 137—8
Tort, 侵权法, 119, 156
Transnational, 跨国法, see Globalization
Trusts, 信托法, 61—2
'Truth' of, 法律的真相, 3, 4, 45, 50, 52—3, 61
Unity of, 法律的效力, 147
Validity of, 法律的效用, 31—2, 35
Voluntas, 意志, see Legal Authority
Law-and-Community Approach, 法律与共同体进路
   Aim, 法律与共同体进路的目的, 8
   Conceptual framework, as, 作为概念框架的法律与共同体进路, 6—7, 9, 125—6
   Cultural defences, and, 文化辩护与法律与共同体进路, 106—7
   Law, view of, 法律与共同体进路的法律观, 107, 166
   Responsibility, to, 责任的法律

与共同体进路,164
*See also* Community

Lawyers,法律职业者
 Culture, as guardians of,作为文化捍卫者的法律职业者,103
 Culture of,法律职业者的文化,*see* Legal Culture
 Legal change and,法律变迁与法律职业者,见法律发展,*see* Legal Development
 Legal understandings of,法律职业者的法律理解,4,52—3
 Order, focus on,对秩序的关注,147
 Professional communities of,法律职业者的职业共同体,100,121—2
 Social theory, and,社会理论和法律职业者,3,19
 Sociology and,社会学与法律职业者,5,6,46—7,136—7
 Tradition, and,传统和法律职业者,121—2,157
 Transnational practice,传统实践,115
 *See also* Legal Method,又见法律方法

Leff, Arthur,阿瑟·莱夫
 Law as practice, on,关于作为实践的法律,52

Legal Authority,法律权威
 Coercive (*voluntas*),强制性权威(意志),53,68,149,150,152,166—8
 Conflicting sources of,法律权威的冲突渊源,36,38
 Cultural bases of,法律权威的文化基础,150,153
 Democracy and,民主与法律权威,27,168
 Jurisdictional,管辖的法律权威,148
 Moral bases of,法律权威的道德基础,27—8,32
 Moral distance and,道德差距与法律权威,168
 Structure of,法律权威的结构,148
 Transnational regulation and,跨国规制与法律权威,27,167—9

Legal Consciousness,法律意识
 Amherst studies of,法律意识的阿默斯特研讨会,94—5
 Popular,大众法律意识,36,94—5,101—2

Legal Culture,法律文化
 Aggregate, as,作为集合的法律文化,83,91,94—5,140
 Attractions of concept,概念的吸引力,81,82
 Causal factor, as,作为因果要素的法律文化,82,83,86—7,114
 Changes in,法律文化的改变,87—8,150
 Comparative law and,比较法与法律文化,8—9,98,135,139—40,150
 Components of,法律文化的组成部门,150

Definition of,法律文化的定义,83

Explanatory weakness of,法律文化的弱解释力,8,87,140—1

External (popular),外部(大众的)法律文化,85,139

Ideology and,法律文化与观念形态,*see* Legal Ideology

Impressionistic concept, as,作为印象派概念的法律文化,87—8

Internal (lawyers'),内部(律师的)法律文化,85,91,94,114—6,126,139

Legal formants,法律共振峰,114

Legal pluralism and,法律多元主义与法律文化,84

Litigation rates indicating,诉讼率显示,140

*Mentalité*, as,作为共同价值观的法律文化,98,103,140—1,153

Modern,现代法律文化,84

Residual category, as,作为剩余范畴的法律文化,83

Unity, seen as,被视为整体的法律文化,85—6,141

Utility of concept,概念的效用,88,95—6,140

Vagueness of concept,概念的模糊性,82—4,87—8,95,115,140

Varieties of,概念的种类,84

*See also* Culture

Legal Development,法律发展

'Internal'(professional) processes of,法律发展的"内部"(职业)过程 110—16,117,136—7

Types of community and,共同体类型与法律发展,116—26

*See also* Legal Transplants

Legal Doctrine,法律教义

Definition of,法律教义的定义,1

Ideology and,观念形态,*see* Legal Ideology

Institutionalized,制度化的法律教义,1,5

Social knowledge, as,作为法律教义的社会知识,49

Sociological study of,法律教义的社会学研究,4—5,45—63

Legal Ideology,法律观念形态

Amherst studies of,法律观念形态的阿默斯特研究,94—5

Legal culture and,法律文化和法律观念形态,88—90

Legal doctrine and,法律教义和法律观念形态,89

Nature of,法律观念形态的本质,49,88—9,167

Legal Method,法律方法

Constituting the social,构成社会,49

Distinctiveness, lack of,缺乏独特性,4,51—2

Diversity of,法律方法的多样性,60—1

Particularity of,法律方法的特殊性,5,17—18,28,58

Rationality and，理性和法律方法，2—3
Social theory and，社会理论与法律方法，2
Systematic，系统的法律方法，58

Legal Philosophy，法律哲学
Analytical jurisprudence，分析法理学，33
Habermas' critique of，哈贝马斯的批判，32，33
Internal-external distinction, and，内部—外部区分，59
Sociology of law and，法律社会学与法律哲学，29，32，33—4

Legal Pluralism，法律多元主义
Community and，共同体与法律多元主义，65，75，77—8，161—2，165
Critiques of，法律多元主义的批判，37，38
Cultural variation and，文化差异与法律多元主义，93
England, in，英国的法律多元主义，38—9
Europe, in，欧洲的法律多元主义，42
Importance of，法律多元主义的重要性，65
Law, concept of，法律的概念，37，161—2
Legal authority, and，法律权威与法律多元主义，38
Nature of，法律多元主义的本质，1，5
Participant perspectives, in，法律多元主义中的参与者视角，63
Social scientific，社会科学，18，36，84
Sociology of law and，法律社会学与法律多元主义，34，142
State and，国家与法律多元主义，36—7，75，165
*See also* Pluralism

Legal Transplants，法律移植
Affective community and，情感型共同体与法律移植，124—5
Community of belief and，信仰型共同体与法律移植，123—4
Concept of law, and，法律概念与法律移植，114—16，139
Conditions of success in，法律移植的成功条件，116，120—6
Economic interests and，经济利益与法律移植，118
Good faith principle, of，诚实信用原则，120
Instrumental community and，工具型共同体与法律移植，122—3
Law-and-community approach to，法律移植的共同体进路，8，109
Legal culture and，法律文化与法律移植，98，103，115
Post-Communist states, in，后共产主义国家的法律移植，120—1
Power and，权力与法律移

植，126

Prestige and，声誉与法律移植，137

Soviet Central Asia, in，苏联中亚地区的法律移植，117，125

Traditional community and，传统型共同体与法律移植，120，121—2，157

Turkish law, in，土耳其法中的法律移植，117，118，122，125

Types of community and，共同体类型与法律移植，116—26

Types of law and，法律类型与法律移植，116—18

Western Europe, in，西欧的法律移植，120

Legrand, Pierre，皮埃尔·罗格朗

Culture, view of，文化观，104，140

Difference, appreciating，理解差异，146

Law, on，关于法律，103—4，140

Legal transplants, on，关于法律移植，103

Lepaulle, Pierre，皮埃尔·勒波勒

Sociological jurisprudence, on，关于社会法理学，129

Lévy, Emmanuel，伊曼纽尔·勒维

Radical jurist, as，作为激进的法理学者，132

Levy, Ernst，恩斯特·列维

Legal transplants, on，关于法律移植，116，118

Lewis, Philip，菲利普·刘易斯

Representations in law, on，关于对法律的描绘，60

Lipstein, Kurt，科特·利普斯坦

Legal transplants, on，关于法律移植，117

Llewellyn, Karl，卡尔·卢埃林

Pluralistic view of law，法律的多元主义观点，37

Localization，地方化，see Globalization

Luhmann, Niklas，尼克拉斯·卢曼

Autopoiesis theory，自创生理论，22—3，138

Internal-external distinctions, on，关于内部—外部区分，31

Law, on，关于法律，24，28，30，32，52

Trust and confidence, on，关于信任和信赖，74

Lyotard, Jean-François，让-弗朗索瓦·利奥塔

Postmodern thought, on，关于后现代思维，19

## M

MacCormick, Neil，尼尔·麦考密克

Hart, on，关于哈特，38

McDougal, Myres，麦尔斯·麦克杜格尔

Law schools, on，关于法学院，51

Maitland, F. W.，F. W. 梅特兰

Law and community, on，关于法律与共同体，39，40

Malinowski, Bronislaw，布罗尼斯

拉夫·马林诺夫斯基
　　Culture, study of, 关于文化研究, 92—3
Marx, Karl, 卡尔·马克思
　　Capitalism, on, 关于资本主义, 2
　　Law, on, 关于法律, 16, 17, 28, 111, 112
*Mashpee Tribe v Town of Mashpee* (1978), 马什皮部落诉马什皮镇案, 99
Massell, Gregory, 格里高利·马塞尔
　　Law in Central Asia, on, 关于中亚的法律, 117—18, 125
Mauss, Marcel, 马塞尔·毛斯
　　Gift relationships, on, 关于赠礼关系, 16
Modernity, 现代性
　　Law and, 法律与现代性, 17
Montesquieu, 孟德斯鸠
　　Law, on, 关于法律, 112
Morality, 道德
　　Communitarian views of, 社群主义的道德观, 28
　　Ethics of alterity, 他性伦理, 28
　　Law and, 法律与道德, 24, 25
　　Moral individualism, 道德个人主义, *see* Durkheim
　　Moral minimalism, 道德的最低限度主义, 161

## N

Nation, 民族
　　Collective sentiment about, 关于民族的集体情感, 150, 158
　　Community, seen as, 被视为共同体的民族, 40, 67, 70, 71
　　Identity of, 民族身份, 71
　　Imagined community, as, 民族作为想象的共同体, 76, 165—6
　　Nationalism, 民族主义, 165
　　Types of community, and, 共同体类型与民族主义, 76—7, 165—6
　　*See also* State
Nelken, David, 大卫·奈尔肯
　　Comparative sociology of law, and, 比较法律社会学, 8
　　Disciplinarity, on, 关于学科性, 6
　　Law as discourse, on, 关于作为话语的法律, 48, 52
　　Legal perspectives, on, 关于法律视角, 3, 5
　　Sociology, on, 关于社会学, 50, 54
Neumann, Franz, 弗朗茨·诺伊曼
　　Legal authority, on, 关于法律权威, 36
　　*Voluntas* and *ratio*, on, 关于意志和理性, 33
Norrie, Alan, 艾伦·诺里
　　Responsibility, on, 关于责任, 164

## P

Parsons, Talcott, 塔尔科特·帕森斯
　　Law, on, 关于法律, 17
　　Social differentiation, on, 关于社会分化, 23

*People* v *Chen* (1988)，1988年美国政府诉陈氏案，106

*People* v *Moua* (1985)，1985年美国政府诉穆阿案，106

Petrazycki, Leon，莱翁·彼得拉日茨基
 Legal experience, on，关于法律经验，33
 Legal studies, on，关于法律研究，46

Pluralism，多元主义
 Legal，法律多元主义，see Legal Pluralism
 National and ethnic，国家多元主义和民族多元主义，41
 Participant perspectives, of，多元主义的参与者视角，63
 Political, English，政治多元主义和英国的多元主义，39—40
 Value，价值多元主义，41

Postmodernity，后现代性
 Knowledge in，后现代性中的知识，19—20
 Law in，后现代性中的法律，24，26
 Nature of，后现代性的本质，19
 Politics in，后现代性的政治，20
 Social change and，社会变迁与后现代性，20
 Social theory and，社会理论与后现代性，19
 Society in，后现代性中的社会，66

Pound, Roscoe，罗斯科·庞德
 Law and society, on，关于法律与社会，111
 Sociological jurisprudence of，社会法理学，129

### R

Rawls, John，约翰·罗尔斯
 Justice, on，关于正义，33

Raz, Joseph，约瑟夫·拉兹
 Value pluralism, on，关于价值多元主义，41

Religion，宗教
 Law and，法律与宗教，77
 Religious communities，宗教共同体，164
 See also Community of Belief

Responsibility，责任
 Community, in，共同体中的责任，163，164
 Corporate，公司责任，162—3
 Genocide, for，种族灭绝的责任，163
 Individual，个人责任，162，163—4
 Judgments of，责任的判断，164—5
 Meaning of，责任的意义，164
 Relational concept, as，关系性概念，164
 State, of，国家的关系性概念，163

Rheinstein, Max，马克斯·莱因斯坦
 Comparative law, on，关于比较法，129
 Sociology of law, and，法律社会学，129

Risk，风险
    Control of，风险控制，22
Rottleuthner, Hubert，休伯特·洛特路斯纳
    Sociology and legal practice, on，关于社会学和法律实践，59
Rule of Law，法治
    Group rights and，集体权利，98
    Political authority of，法治的政治权威，24
    Transnational，跨国法治，169

## S

Sacco, Rodolfo，鲁道夫·萨科
    Aim of comparative law, on，关于比较法的目的，114
    Legal formants, on，关于法律共振峰，114
    Rules, on，关于规则，122
Samek, Robert，罗伯特·萨梅克
    Legal point of view, on，法律观点，48
Santos, Boaventura De Sousa，博温托·迪·苏萨·桑托斯
    Rights to options, on，关于选择权，43，156
    Rights to roots, on，关于寻根权，43
Savigny, Friedrich Carl von，弗里德里希·卡尔·冯·萨维尼
    Law embedded in culture, on，关于嵌入于文化的法律，103，104
    Lawyers, on，关于律师，103
    Sociolegal theory of，社会—法律理论，111
    Spirit of the people (Volksgeist), on，民族精神，149，157
Schmitt, Carl，卡尔·施密特
    State, on，关于国家，71
Schutz, Alfred，阿尔弗雷德·舒茨
    Group identity, on，关于群体的身份，72
Simmel, Georg，格奥尔格·齐美尔
    Institutional forms, on，关于制度形式，16
    Stranger, on the，关于陌生人，71
Social, The，社会
    Austinian view of，奥斯丁式的社会观，40
    Complexity of，社会的复杂性，43—4，135，142
    Concept of，社会的概念，15—16，29，47
    'Death' of，社会的"消亡"，20
    Imperium view of，社会的绝对权力观，40，41，42
    Individualization and，个人主义与社会，20
    Juristic view of，社会的法律观，19，20，26
    Law and，法律与社会，49，50
    Legal images of，社会的法律图景，40，41
    Legal theory and，法律理论与社会，29—30，34
    Patterned differentiation of，社会的模式化差异，101
    Privatized lifestyles of，社会的私有化生活方式，161

Social theory and，社会理论与社会，16，26
Sociology of law and，法律社会学与社会，135，142
Transnational，跨国社会，26—7，28
See also Community
Social Theory，社会理论
Aims，目的，2，16
Definition，定义，1，15，29
Integrity of，社会理论的完整性，20
Law and，法律与社会理论，2—6，17—28，110—12
Methods，方法，2，17
Modernity and，现代性与社会理论，17
Object of，研究对象，16
Postmodernity，后现代性，see Postmodernity
Rational action theory，理性行动理论，3
Resource, as，作为资源的社会理论，3
Social, as study of the，对社会的研究，see Social
Society as object of，作为研究对象的社会，16，26—7
Sociology and，社会学与社会理论，3
See also Autopoiesis Theory
Society，社会
Community and，共同体与社会，7
Concept，概念，7，16，19—20，66，159
Differentiation of，社会的分化，23，154
Fragmentation of，社会的碎片化，66
Law as aspect of，作为社会组成部分的法律，54，57
Law constituting，构成社会的法律，49，54，60，66
Modern，现代社会，16
Political，政治社会，16，26，66—7，77
Sociolegal Studies，社会—法律研究
Multidisciplinary, as，作为多学科的社会—法律研究，6
Nature of，社会—法律研究的本质，49—50
Social theory and，社会理论与社会—法律研究，18—19
See also Sociology of Law
Sociological Jurisprudence，社会法理学
Nature of，社会法理学的本质，4—5，134
Pound's，庞德的社会法理学，129
Sociology，社会学
Aims of，社会学的目的，130—1
Art and，艺术与社会学，56
British，英国社会学，9
Discipline, as，作为学科的社会学，3，4，5—6，54，57
Economics and，经济学和社会学，56
History and，历史和社会学，56
Law creates objects of，法律创造社会学的对象，49

Law, interest in, 法律对社会学的兴趣, 3, 4
Legal theory and, 法律理论与社会学, 29—30
Literary fiction and, 文学小说与社会学, 55
Philosophy and, 哲学与社会学, 56
Research field, as, 作为研究领域的社会学, 9—10
Resource, as, 作为资源的社会学, 4
Status of, 社会学的地位, 4, 9
Theology and, 神学与社会学, 56
Transdisciplinary understanding, as, 作为超学科理解的社会学, 54—7, 134
Weaknesses of, 社会学的弱点, 47
See also Sociology of Law

Sociology of Law, 法律社会学
Aims of, 法律社会学的目的, 45—6, 49, 135
Comparative, 比较法律社会学, 8, 81, 82, 88
Comparative law and, 比较法与法律社会学, see Comparative Law
Critical, 批判法律社会学, 59
Ethnocentrism and, 民族中心主义与法律社会学, 141
Humanistic, 人文法律社会学, 133, 140
Internal and external views of law, and, 法律的内部观点和外部观点, 30—1, 33, 45, 46, 59, 60
Juristic attitudes and, 法理态度和法律社会学, 46
Law, allegiance to, 对法律的忠诚, 59, 60, 134
Legal ideas, and study of, 法律观念和关于法律社会学的研究, 45—63
Legal perspectives, broadening, 拓宽法律视角的法律社会学, 37
Legal philosophy and, 法律哲学与法律社会学, see Legal Philosophy
Legal pluralism in, 法律社会学中的法律多元主义, see Legal Pluralism
Methods, 法律社会学的方法, 60—1
Mirror theories in, 法律社会学的镜像理论, 109, 111—12
Moral meaning of law, and, 法律的道德理论和法律社会学, 32
Nature of, 法律社会学的本质, 31, 134—5
Sociology, as branch of, 作为分支学科的社会学, 58—9
State law and, 国家法与法律社会学, 42
Transdisciplinary field, as, 作为超学科领域的法律社会学, 5—6, 50, 54—5, 59, 134
See also Sociolegal Studies

State, 国家
Authority of, 国家的权威, 166—7

Community and，共同体与国家，75—6，164—5

Friend-enemy distinction and，敌友区分和国家，71

Law and，法律与国家，65—7，68，75—6，166—7

Monopoly of force，国家对武力的垄断，75，167

Nation，民族国家，66—7，159

Pluralist view of，国家的多元主义观点，39

Retreat of，国家的撤退，152

## T

Teubner, Gunther，贡塔·托依布纳

    Autopoiesis theory, on，关于自创生理论，137—8

    Good faith in contracts, on，关于合同中的诚实信用，120

    Legal transplants, on，关于法律移植，138

Timasheff, Nicholas，尼古拉斯·蒂玛谢夫

    Sociology's hostility to law, on，关于社会学对法律的敌视，3

Tönnies, Ferdinand，斐迪南·滕尼斯

    Communities, on，关于共同体，2

Tradition，传统

    Ambiguous virtue of，模棱两可的特质，107

    Culture as，作为传统的文化，104

    Law and，法律与传统，107

    Legal change and，法律变迁与传统，118

    Legal professional，法律职业传统，115—16，117

Traditional Community，传统型共同体

    Culture expressed in，表达在传统型共同体中的文化，104

    Language and，语言与传统型共同体，156

    Law of，传统型共同体的法律，107，119，121，156—7，166

    Lawyers and，律师与传统型共同体，121—2，157

    Legal transplants and，法律移植与传统型共同体，121—2

    Local communities，地方共同体，164

    Nation seen as，被视为传统型共同体的民族，76，166

    Nature of，传统型共同体的本质，68—9，119，156

    Transnational，跨国的传统型共同体，156—7，169

    Undermining of，受到削弱的传统型共同体，156，157

    Weak relationships, as，作为脆弱关系的传统型共同体，121，156，157

Trust，信任/信托

    Community, as basis of，作为共同体的基础，73—4，162

    Confidence and，信赖与信任，74，75

    Law of，信托法，61—2

    Legal support for，提供法律保障，75

Mutual interpersonal, 相互的人际信任, 7, 73—4, 162, 163, 164
Varieties of, 信任的种类, 164

## V

Values, 价值, *see* Community of Belief

## W

Wasserstrom, Richard, 理查德·瓦瑟斯特罗姆
  Social science and values, on, 关于社会科学和价值, 133—4

Watson, Alan, 艾伦·沃森
  Autonomy of law, 法律的自治, 109—10
  Comparative law, on, 关于比较法, 109—16, 135—6
  Law, concept of, 法律的概念, 114—16
  Legal culture, on, 关于法律文化, 114—15, 139
  Legal development, on, 关于法律发展, 109—16, 117, 136—7
  Legal professional communities, on, 关于法律职业共同体, 117, 118, 121, 123, 126
  Legal transplants, on, 关于法律移植, 118, 135—6, 138, 139
  Sociology of law, on, 关于法律社会学, 109—12, 114, 135—6

Weber, Max, 马克斯·韦伯
  Affective action, on, 关于情感行动, 157
  Cultural aggregates, study of, 文化集合的研究, 86, 91
  Ideal types, on, 关于理想类型, 7, 69, 104
  Kadi justice, on, 关于卡迪司法, 58
  Legal rationality, on, 法律理性, 17
  Modern law, on, 关于现代法, 16, 17, 24
  Modern society, on, 关于现代社会, 2
  Social action, types of, 社会行动的类型, 15—16, 69, 70, 119
  Sociology of law, 法律社会学, 33, 46, 111, 129, 132
  State, on, 关于国家, 75
  Styles of legal thought, on, 关于法律思维的风格, 86

## Y

Young, Iris Marion, 艾丽丝·马瑞恩·杨
  Group rights, on, 关于群体权利, 41

## Z

Zekoll, Joachim, 乔阿吉姆·泽科尔
  Comparative law, on, 关于比较法, 114

Zweigert, Konrad, 康拉德·茨威格特
  Methods of comparative law, on, 关于比较法的方法, 146

# 译后记

打开邮箱,查看邮件,没想到和王晶编辑的初次联系已是 2015 年中旬的事情。现在已经快 2020 年了,翻译工作拖拉这么久,甚是无奈。在这四年多的时间里,我从博士变成博士后,又变成研究员。学途覆盖中国、美国和加拿大。其间,我还先后出版了一部专著和一部译著。专著是基于我的博士毕业论文改写的,译著是出于我的研究兴趣完成的,也算是中国人民大学人权研究中心的成果。总之,在如此繁重的学术任务下,我又向北京大学出版社推荐了科特雷尔教授的这部作品。除了学术追求,恐怕没有别的理由了。不管怎样,书稿终于完成。我感到如释重负,本书的翻译质量至少达到了我自己的学术要求。事实上,科特雷尔教授的文风和用词给我带来的翻译挑战着实不小。能翻译到这个程度,我已尽到译者对作者的最大责任。当然,最终的评判还要交给广大读者朋友们。

在此,我不打算再说太多,因为我在译者导言里已经说得不少了。我只是希望那些内容可以让读者的阅读事半功倍,或是受到些许的智识启发。所以,我最后想把这些年在科际法律研究领域的智识心得和大家分享一下。在博士期间,我的研究方向是法律与发展。这个领域的大致内容是:西方法治发达国家向位处全球南方的后发法治国家输出法制改革和法律教育项目,以促进广大受援国的全面可持续发展。可到了 21 世纪,这一援助项目受到了普遍的质疑,政策制定者、理论研究者、实务工作者以及受援国当地的普通民众质疑援助项目的正当性和可行性。因此,越来越多的法律与发展学者开始呼吁从"法律与发展"向"发展中的法律"转变,即在后发法治国家,法律与其说是促进发展的工具,不如说是发展进程中的副产品。它有作用,但更多是保障性的、框架性的、程序性的,而政策的作用显得更重要。相应,政策制定者也开始寻求设计更符合本土经验和地方需求的法治援助项目,而不是一刀切式的法治一揽子方案。在博士后期间,我的研究方向转向了法律与社会,这一领域起初的思路是:通过法律促进社会变迁或是推动社会改革,以及用社会科学的理论和方法去研究作为社会现象的法律。然而,自 20 世纪 90 年代后,这一偏重本土法制改革的学术领域也发生了重要的解释性转向,即法律与社会学者开始主张"法律与社会"向"社会中的法律"的转变。他们认为之所以法制改革的实效甚微,且法律定量研究的结果可靠性不足,归根结底在于人们没有意识到法律是社会的产物,是文化的表达。它必须被定制,必须被解释,这显然不是一个即插即用的过程。由此一来,我发现两波看似没有交集的研究领域遭遇了共通的学术挑战,即发展是有阶段的、分领域的,社会是语境化的、场景化的,由此相对应的法律也是或是应当是多元的、复杂的、异质的,无论对于发达国家还是发展中国家。

按照作者科特雷尔教授的理解,当今西方法律研究的现实挑战已然从现代法的政治统一性转向了当代法的文化多样性。为了避免理解上的偏差或是方法上的误用,我要向读者强调这一论断主要适用于西方法治发达国家的内源、渐进的法律发展轨迹。这一过程大致经历了近代工业社会的法律规范体系、现代后工业社会的法律规制体系以及当代信息社会的法律治理体系。而对于广大后发法治国家而言,法律的政治统一性和社会多样性之间与其说在逻辑上是先后递进的,不如说在经验上是同频共振的。相应,这一更加外源、激进的法律发展过程往往意味着法律统一的体系建构、法律变通的规制模式以及法律治理的地方试验是勾联在一起的。从这个意义上讲,"中央顶层设计"和"摸着石头过河"相结合既是中国的改革经验,也符合后发法治国家的治理规律。

尽管如此,我依然认为科特雷尔教授所主张的法律共同体理论对我们是有学术价值的。因为对于后发法治国家的学者而言,他们的理论更多偏向批判诸如法治援助的政治性、法制改革的工具性、法律移植的功利性或是法律变迁的操控性,这些理论表达往往是解构性的、防御性的甚或是意识形态性的。而对于西方法治发达国家的学者,他们围绕法律多元主义概念先后阐发了一系列解决西方本土法律差异和法治挑战的视角和理论,例如法律的地方知识、文化表达、语境解释、多元视界、符号意义、智识话语、沟通系统等。显然,这些围绕法律多元主义的理论阐述是更具创建性和创新性的智识增量。如果把这些前沿的认知工具或是行动指南引进过来,无疑可以给后发法治国家的法律创新带来有益的智识原料。而这就是我翻译此书的初衷和苦衷。科特雷尔教授在书中直面当代西方法律研究的科际挑战和文化空洞,并提出了解释主义、人本主义导向的法律共同体进路,并在比较法领域进行了富有成效的应用。至于这些新观点、新理论以及新应用对我们有多大益助且如何有效运用,希望我国学者随着本书的顺利出版能够多多关注,多加品评。正如新中国马克思主义法理学科奠基人之一、已故的中国人民大学法学院教授孙国华老师常常告诫我们的:"不可妄自尊大,也不可妄自菲薄。"的确,我始终认为,学习西方法学的新智识固然重要,但同等重要的是能够抱有一种虚心的态度和自信的审慎。

借此机会,我要感谢一些在我这些年的学术研究中帮助甚多的师长和亲友。首先,我要感谢中国人民大学人权研究中心的韩大元老师、朱力宇老师、叶传星老师以及陆海娜老师对我长期的支持和关照。其次,我还要感谢朱景文老师、强世功老师、侯猛老师以及鲁楠老师对我研究成果的认可和鼓励。再次,我想感谢北大出版社的编辑老师们,特别是王晶和邓丽华两位编辑。最后,我要感谢一直默默支持我的家人们。没有大家的无私后援,我在学术前沿的攀爬是无以为继的。

郭晓明<br>
2019 年 11 月 28 日<br>
中国人民大学明德法学楼